생 선배가 들려주는 대학생활 이야기

대학 참살이의 길

박의수 · 김우창 · 이어령 외 공저

학지사

머리말

대학의 사명은 사회 변화를 적극 수용하여 미래 사회가 요구하는 인재를 양성하고 창조적 지식을 생산하는 데 있다. 지식과 정보가 홍수처럼 쏟아지며 하루가 다르게 급변하고 있는 21세기 사회 변화에 신속하게 대응하기 위하여 오늘날 세계의 대학들은 다양한 개혁을 추진하고 있다. 대학교육이 보편화되고 대중화됨에 따라 대학은 사회 곳곳에서 다양하게 활동할 수 있는 새로운 지식과 능력을 지닌 창조적인 인재 양성에 역점을 두고 있다.

이와 같이 대학 교육의 목표와 방향이 변화하고 있음에도 불구하고, 대학에 들어온 학생들이 방향 감각을 잃고 목표의식도 없이 1, 2년을 방황하며 허송하는 것을 볼 때 안타까운 마음을 금할 수 없다. 이러한 현상은 입시 위주의 경쟁 구도 속에서 왜 대학을 가야 하는지, 대학에서 과연 내가 무엇을 해야 하는지 등에 대해 진지하게 고민할 겨를도 없이 대학에 진학하기 때문이라고 본다.

이 책은 학생들이 대학 교육의 목표와 자신의 삶의 방향에 대하여 진지하게 성찰하고 21세기 사회가 요구하는 창조적인 인재로 성장하는 데 도움을 주기 위한 목적으로 기획되었다. 책은 전체 4장으로 구성되었다. 제1장 '대학과 학문' 은 대학과 학문의 본질에 대한 성찰을 담았고, 제2장 '대학생활'은 대학생으로 생활하는 동안 부딪히는 현실적인 경험을 실었다. 제3장 '취업과 진로'는 개인의 자질에 걸맞은 진로를 설계하는 데 도움이 될 만한 내용으로 구성하였고, 제4장 '나의 꿈 나의 삶'은 인생 선배들의 경험담을 통해 자신의 삶과 꿈을 되돌아볼 수 있는 글을 실었다.

보다 풍성하고 다채로운 내용을 담기 위해 다양한 영역의 필자들을 섭외하였다. 우리 시대에 명망 높은 스승, 사회 여러 분야에서 각자의 역할을 훌륭하게 담당하고 있는 전문가, 이제 막 대학을 졸업하고 사회에 진입한 새내기 사회인에 이르기까지 두루 포괄하고 있다. 이러한 이유로 글의 문체가 서로 다르게 느껴질 수 있으나, 필자들의 개성을 존중하여 가능한 그대로 수용하려고 노력했다.

이 책은 대학문화의 발전을 선도하기 위한 활동의 일환으로 강남대학교 강남문화발전위원회에서 기획하고 편찬하였다. 이런 취지에 화답하여 좋은 글을 써 주신 필자들에게 감사의 말씀을 드린다. 또한 윤신일 총장님의 적극적 관심과 배려가 큰 힘이 되었음을 밝혀 둔다. 아무쪼록 한국의 대학생들이 삶과 꿈을 설계하는 데 이 책이 많은 도움이 되기를 바란다.

2010년 6월

대학문화발전위원회 위원장 박 기 성

차 례

제3장 취업과 진로 … 168

제4장 나의 꿈 나의 삶 … 242

제1장

대학과 학문

대학이란 무엇인가 박의수

공부한다는 것의 의의에 대하여 김우창

물음표의 비밀 이어령

학문과 윤리 손봉호

나의 삶, 나의 학문 장회익

대학에서의 공부와 자아탐색 박철홍

구두닦이 소년, 덴마크 왕의 초청으로 유학길에 오르다 유태영

대학이란 무엇인가

대학의 탄생과 성장 그리고 기능

박의수
강남대학교 교육학과 교수

대학의 탄생

야스퍼스K. Jaspers는 일찍이 "대학은 지상에서 가장 아름다운 것"이라고 예찬했고, 어떤 이는 "대학은 지혜의 광장이요, 기회의 바다"라고 했다. 오늘날 모든 국가는 대학에 국가의 운명을 걸고, 대학의 발전과 육성에 심혈을 기울이고 있다. 대학이 발달된 나라가 세계사를 주도해 왔고, 첨단 지식과 기술을 바탕으로 하는 고도의 두뇌산업이 국가 경쟁력을 좌우하는 21세기 지식사회에서는 대학의 역할과 기능이 더욱 중요하기 때문이다. 그렇다면 도대체 대학이란 무엇이며, 대학은 언제부터 생겼는가? 그리고 대학의 기능은 무엇인가?

먼저, '대학大學'과 'University'라는 것이 언제 어떻게 생겨났는지 살펴보기로 하자. 고대 중국의 경우, 주나라BC 1046~BC 256에는 '상상上庠' '동서東序' 혹은 '성균成均', 당나라618~907에는 '국자감國子監'이라는 국립 최고의 교육기관이 있었다. 우리나라에도 삼국시대 이래 국가 최고 교육기관의 명칭을 '태학太學' '국학' '국자감' '성균관' 으로 불러 왔다. 고등교육기관을 가리키는 '대학' 이란 명칭은 서구의 영향을 받은 근대 이후부터라고 생각된다. 그 이전의 '대학' 은 유교 경전의 하나인 『예기(禮記)』 중 한 편篇의 명칭이며, '최고의 학문' 을 의미했다. 그 후 송나라 주희주자에 의하여 한 권의 책으로 분리된 후에는 『대학』은 유교적 전통교육의 핵심 교재가 되었다. 따라서 '대학' 이 교육기관을 가리키게 된 것은 서구의 'University' 를 '대학' 으로 번역한 것에서 유래한다고 볼 수 있다.

그렇다면 서양에서는 대학, 즉 'University' 가 언제부터 생겨났을까? 고대 그리스에는 BC 387년에 플라톤이 '아카데미Academia' 를 세워 교육에 의한 사회 개혁을 시도했다. 정문에는 "기하학을 모르는 자는 발을 들여놓지 마라!" 라고 써 붙여 놓았다고 한다. 아카데미는 플라톤이 죽은 후에도 약 900년이나 지속되었다. 17세기에 아카데미란 명칭이 부활되었지만, 그것은 실용적인 교육을 하는 중등교육기관으로 고대의 아카데미와는 다른 성격의 학교다. 따라서 아카데미가 현대 대학의 직접적인 조상이라고 할 수는 없다.

한편, BC 330년대에 알렉산더 대왕의 명령에 따라 건설된 알렉산드리아 도서관은 50만 권이 넘는 두루마리 문헌을 소장하고 100명의 학자들이 동시에 열람하고 토론할 수 있는 규모를 자랑했다. 알렉산드리아 도서관은 고대 서구세계의 학문의 중심지로 유클리드, 아르키메데스, 에라토스테네스 등 수많은 학자의 활동 무대가 되었다. 그러나 중세 이후 약 1,000년 동안 기독교 중심의 세계가 되면서

고대의 학문적 전통은 한동안 동면상태로 들어가게 되었다. 이 시기에는 수도원과 교회 그리고 성직자들이 교육과 학문의 중심을 이루었으며, 모든 학문은 일차적으로 신학을 위하여 존재했다.

서양에서 현대적 대학이 싹트기 시작한 것은 11세기 이후 십자군 전쟁에서 교황의 군대가 패배하여 교황의 권위가 흔들리고 중세적 질서가 서서히 붕괴되기 시작하면서부터다. 이 무렵 이탈리아에는 동서 문화의 교류가 활발한 항구를 중심으로 자유도시가 발달했고 르네상스의 기운이 싹트고 있었다. 11세기 중엽 나폴리 남쪽 살레르노 지방에서는 약 200여 년 전부터 고대 그리스의 의술을 가르치는 학교가 있었다. 이것이 살레르노 대학의 모태가 되었다. 이 학교에서는 의학백과사전, 약초학, 부인과의학 등의 이론과 실용적인 의료기술을 주로 가르쳤다. 그 덕분에 살레르노에서는 의학교육과정이 발달되었으며 다른 대학으로도 전파되었다. 그 영향으로 볼로냐 대학에서는 해부학이 발달되었는데, 재미있는 점은 그것이 수사에 필요한 법의학적 절차를 위해서라는 점이다. 오늘날의 '국립과학수사연구소'의 효시라고나 할까?

북부의 볼로냐에서는 상업과 도시 생활의 발달로 로마법을 연구하는 학자들이 모여 법률학을 가르치는 학교를 설립하여 로마법 부활의 중심지가 되었다. 이것이 볼로냐 대학의 기원이며, 현대 대학의 직접적인 조상이다. 초기에는 주로 교회법을 가르쳤는데, 법학은 교회의 성직 임명권 문제로 분쟁이 격화되면서 더욱 인기가 높아졌다. 그리하여 이탈리아뿐 아니라 알프스 이북의 여러 지역에서 수백 명의 학생들이 모여 대학도시를 형성하게 되었다. 각지의 학생들이 모여서 북적거리게 되자 물가와 방세가 오르게 되었고, 한편으로는 교수와 학교 당국에 대하여 자신의 이익을 보호하기 위하여 'nation' 이라는 지역별 학생단체와 중세의 동업조합guild을 모방한 조합universitas이 생겨나게 되었다. 이 조합은 지역 주민에 대항하여 자신의 권익을 보호하고, 한편으로는 교수 집단과 대항하여 교육권을 보호하기 위하여 필요한 장치였다. 후에는 학생 조합이 교권을 침해하거나 집단의 힘을 남용하게 되자 교수들도 조합을 형성하고, 입학과 졸업에 대한 자격을 엄격하게 심사하고, 자격증 제도와 학위 제도master, doctor가 생겨나게 되었던 것이다. 중세의 대학을 가리키는 말은 원래 '스투디움 게네랄레studium generale' 라고 하여 국적과 지역을 막론하고 먼 곳의 학생까지도 공부할 수 있는 시설을 의미했다. 오늘날의 대학을 의미하는 'University' 는 바로 학생조합 혹은 교수조합을 의미하는 'Universitas' 에서 유래된 것이다. 14세기까지도 볼로냐, 파리, 옥스퍼드, 파도바, 나폴리 대학은 '스투디움 게네랄레' 로 불렸다. 'University' 가 오늘날과 같은 대학이라는 의미로 정착된 것은 대체로 15세기 이후의 일이다.

프랑스에서는 12세기 초에 중세 기독교 본산인 노트르담 성당을 모태로 파리 대학이 생겨났고 신학과 철학을 중심으로 발달했다. 이어서 영국에서도 12세기 후반에 옥스포드 대학이 설립되고, 13세기 초에는 옥스포드에 불만을 품은 일단의 교수와 학생들이 케임브리지 대학을 설립했으며, 1386년 독일에서는 하이델베르크 대학이 설립되는 등 유럽 여러 나라에 많은 대학이 설립되었다. 1500년까지 유럽의 대학은 약 70개로 늘어났다.

대학의 성장과 발전

이처럼 12, 13세기에 탄생한 유럽의 대학들은 각각의 역사적 배경과 특성에 따라 독특한 교육방법과 이념을 형성하며 성장했다. 볼로냐 대학이나 파리 대학의 경우 복잡한 이해 당사자들과의 치열한 투쟁 과정을 겪으면서 대학으로 정착되게 되었다. 약간의 차이는 있지만, 대학들은 교수·학생과 지역 주민, 시 당국, 총장, 주교, 국왕, 교황 등과 다양한 형태의 대립과 충돌을 겪으면서 대학의 자유와 권리를 획득했다. 그 과정에 여러 가지 재미있는 일화들이 있는데, 그중 1200년의 사건 하나를 소개한다.

파리 대학에 유학 온 독일의 부유한 귀족 학생이 하인을 시켜 술을 사왔다. 먹어보니 술에 물을 타서 싱거웠다. 항의하러 갔던 하인이 맞고 왔다. 격분한 학생이 가서 주인을 때렸다. 맞은 주인은 시장에게 호소했고, 시장은 경찰을 동원하여 학생의 주거지역으로 진입했다. 이에 학생들은 무기를 들고 집단으로 대항하여 결국 시가전으로 확대되었고, 하인을 포함하여 5명의 학생이 희생되었다. 학교 전체가 국왕에게 항의하여 공정한 판결을 해 주지 않으면 대학이 도시를 떠나겠다고 위협했다. 당시의 대학은 건물이 고정되어 있다기보다 교수와 학생의 집합일 뿐이므로 마음만 먹으면 언제든 짐을 챙겨 떠나면 그만이었다. 그렇게 되면 도시는 인구가 격감하고 재정적으로 치명적인 손실을 입게 된다. 정부는 시장을 구금하고 대학측의 요구를 수용하여 결국 대학의 승리로 끝나고, 정부로부터 여러 가지 특권을 부여받게 되었다(김성식, 『대학사』).

볼로냐 대학은 교수보다 학생의 조합이 더 강했다. 각지에서 학생들이 몰리자 하숙비와 방세가 폭등했다. 도시 당국과의 싸움에 가장 큰 무기는 역시 도시를 떠나는 것이다. 볼로냐는 협박만 한 것이 아니고 실제로 몇 차례 인근 도시로 이주하면서 도시 당국과 대항했다. 결과는 이번에도 학생들의 승리로 돌아갔다. 이런 과정을 거쳐 대학들은 여러 가지 특권을 확보하고 제도적인 틀을 정비하게 되었다. 즉, 대학에 대한 자치권을 인정하고, 면역과 면세의 혜택을 부여하고, 독자적으로 학위를 수여하고, 학원 내의 범죄 행위에 대하여 재판을 할 수 있는 특권을 갖게 되었다. 이러한 전통에 따라 오늘날까지 학문의 자유와 학위 수여권이 대학의 고유한 권한으로 이어져 오고 있다.

영국은 16세기까지도 옥스포드와 케임브리지 외에 스코틀랜드의 4개의 대학이 존재해 왔다. 이 고전 대학들은 전통적 엘리트주의와 학사學舍, college와 개인교수제tutorial system를 특징으로 하며, 교과도 전통적인 7자유학과산수, 기하, 천문학, 음악, 변증법, 논리학, 수사학를 중심으로 한 교양교육 중심이었다. 즉, 퍼블릭스쿨public school이라는 귀족을 위한 사립중등학교 출신이나 11세에 조기 선발11+exam.되는 문법학교grammar school를 졸업한 상류 계층의 자제에게만 입학이 허용되었고(1836년

런던 대학이 설립될 때까지 여학생의 입학은 허용되지 않았다.), 학생들은 학사에서 공동생활을 하며, 생활지도와 개인면담을 통한 학습을 전통적인 교육방법으로 활용해 왔다. 당시 학사에서의 생활은 정해진 시간표와 규칙에 따라 매우 엄격하게 관리되었다.

18세기까지 유럽의 대학들이 대체로 이런 전통을 유지해 왔으나 18세기 중엽 독일에서는 할레 대학과 괴팅겐 대학이 독창적인 연구기관으로 출발했고, 1810년 훔볼트W. Humboldt에 의해 창설된 베를린 대학이 '고독solitude과 자유freedom'를 새로운 대학의 이념으로 제시했다. 대학은 비록 국가가 설립한 기관이라 하더라도 국가로부터 철저하게 자율이 보장되어야 하며, 외부로부터 어떤 통제도 받지 않고 고립된 상태에서 연구 활동이 이루어져야 한다는 것이다. 대학을 상아탑象牙塔, ivory tower이라고 부르게 된 것도 이 때문이다. 이러한 이념은 다른 대학에도 전파되어 풍부한 연구비와 장학금을 받으며, 철저한 자기 책임하에 학문 연구의 자유를 누렸다. 교수는 강의 계획서 작성이나 학생의 생활지도와 같은 사소한 책임으로부터 벗어나 오직 연구에만 몰두할 수 있었으며, 학생은 완전한 자유를 지닌 연구의 동반자로서 새로운 연구 결과를 발표하고 토론하는 세미나에 참석했다. 이미 널리 소개된 교과서의 지식은 새삼스레 대학에서 강의를 통하여 전달할 필요를 느끼지 않았다. 그리하여 1933년 히틀러의 나치 정권이 등장할 때까지 독일의 대학은 세계 학문의 중심지로, 특히 19세기 근대 과학의 요람으로 자리 잡았다.

한편, 미국에서는 이민 초기인 17세기부터 영국의 고전적 대학을 모방한 하버드 대학의 설립1636을 비롯하여 이른바 아이비리그ivy league로 불리는 동부의 명문 대학들이 생겨났다. 이들은 대체로 영국적 전통을 계승했다. 독자적인 미국 대학의 이념이 출현한 것은 남북전쟁이 끝난 19세기 후반부터다. 1862년 연방정부에서 주립대학에 대한 토지증여법Land Grant College Act 이 통과됨으로써 연방정부의 재정 지원을 받아 주립대학이 크게 발전하게 되었고, 대학에 대한 문호도 개방되어 다수의 학생을 수용하게 되었다. 유럽의 대학들이 엘리트주의의 전통에 뿌리를 두고 있는 데 비하여 미국의 대학들은 대중화 · 보편화를 지향하여 일찍부터 고등교육의 문호를 활짝 열어 놓았다. 미국의 주립 대학들은 정부의 재정 지원으로 운영되므로 입학생에 대한 선발 과정이 엄격하지 않은 대신에 철저한 강의와 과제와 시험을 통한 엄격한 학사 관리가 불가피하게 되었다. 미국의 주립대학들이 입학은 쉬우나 졸업이 어렵게 된 까닭이 여기에 있다. 어떤 대학의 경우 30% 이상의 학생이 중도에 탈락하는 것도 이 때문이다. 위스콘신 주립대학은 새로운 미국 대학의 이념을 창출하는 데 선구적인 역할을 했다. 미국의 대학에는 학자와 시민, 학문적 지식과 실용적 지식을 가로막는 장벽이 없다는 것이 중요한 특징으로 자리 잡게 되었다. 그리하여 산업사회의 다양한 요구에 맞추어 다목적 교육과정multipurpose curriculum이 개발되고 지역사회에 대한 대학의 봉사 기능이 강조되게 되었다.

대학의 기능

이상과 같이 영국 대학의 학사 중심의 개인교수를 통한 교육 기능, 독일 대학의 자유와 고독의 이념을 바탕으로 한 연구 기능, 미국 대학의 실용주의 이념을 바탕으로 한 봉사 기능은 서로 영향을 주고받으며, 세계 각국의 대학이 대학의 중요한 3대 기능으로 받아들이게 되었다. 따라서 오늘날 대학은 교육과 연구와 봉사의 기능을 얼마나 잘 조화시켜 대학의 사명을 다할 것인가를 고심하고 있다.

그러나 과연 교육과 연구와 봉사가 대등한 지위를 갖는 대학의 3대 기능으로 정립鼎立될 수 있는가? 다시 말하면, 이 세 기능이 같은 무게를 갖는 것인가 하는 점을 따져볼 필요가 있다. 대학은 분명 학생이 있고 그들을 지도하는 선생professor이 있으니 교육기관임을 의심할 여지가 없고, 따라서 교육혹은 교수이 대학의 핵심 기능 중의 하나라고 하는 점은 부인할 수 없다. 그러나 대학에서의 교수teaching는 객관적으로 공인된 자명한 진리만을 가르치는 곳이 아니라는 점에서 중등학교 이하의 단계에서 이루어지는 교수활동과 다르다. 오히려 객관적으로 공인되지 않은 논쟁의 여지가 많은 가설 혹은 진행 중에 있는 연구과제를 함께 탐구하고 토론하며 스스로의 판단에 의하여 진리를 찾아가는 과정을 통해 연구방법을 익히고 판단력을 기르며 아울러 인격적 수련을 쌓게 된다.

따라서 대학에서의 교육 기능은 연구과정의 일부이며 연구 기능과 분리할 수 없는 것이다. 야스퍼스는 "연구와 교수teaching의 결합이야말로 숭고하고 양도할 수 없는 대학의 기본 원칙"이며, 연구를 통하여 "기억력에 맡겨질 수 있는 생명 없는 결과보다는 학문적 탐구 정신에 생명을 부여해 줄 수 있다."라고 했다. 따라서 독자적으로 연구할 능력이 부족한 학생들은 대학이라는 학문공동체에서 연구 능력을 지닌 교수professor를 중심으로 다양한 연구활동 경험을 통하여 연구방법을 학습하며, 아울러 창조적이고 비판적으로 생각하는 힘을 기르는 과정이 대학에서의 '교육'의 특징이다.

다음으로 봉사의 기능을 생각해 보자. 대학이 무엇으로 봉사를 할 것이며 사회가 대학으로부터 기대하는 봉사의 내용이 무엇이겠는가? 대학으로부터 근로봉사를 바라지는 않을 것이다. 물론, 학생들이 학교 밖에서 근로봉사를 한다든가 하는 것은 다른 차원에서 교육적 의미를 갖는 것이므로 별개의 문제라고 볼 수 있다. 교수 혹은 대학에 기대하는 최고의 봉사는 대학만이 가지고 있는 특정 분야의 전문성을 바탕으로 한 새로운 정보의 제공이나 문제해결방법에 대한 조언이라고 볼 수 있다. 이미 교과서로 출판되어 누구에게나 공개된 보편적 지식을 전달하는 일이라면, 기존의 지식들을 잘 조합하고 구조화하여 유창하고 재미있게 강의하는 학원 강사나 대중강연의 강사가 더 유능할지도 모른다. 그러나 사회가 대학에 요구하는 전문적 봉사 기능은 학문적 연구성과가 축적되어 있지 않으면 불가능한 것이다.

따라서 대학의 세 기능은 결코 대등하게 정립될 수 있는 것이 아니다. 연구가 가장 본질적이고 1차적 기능이며, 다른 기능은 충실한 연구의 바탕 위에서 가능한 2차적 혹은 부수적 기능이라고 보아야 할 것이다. 이 경우 어느 것이 더 중요하고 가치 있느냐 하는 것은 별개의 문제다. 즉, 교육이 연구보다 덜 중요하고 열등한 가치를 지닌다는 의미는 아니다. 다만, 대학에서의 교육이 본래의 목적을 보다 충실하게 수행하기 위해서는 알찬 연구 기능이 선행되지 않으면 안 되며, 봉사 기능 또한 연구 기능을 바탕으로 할 때 사회적 기대에 부응할 수 있다는 뜻이다. 이것은 연구중심 대학이건 교육중심 대학이건, 시대의 변천에 관계없이 대학이라는 이름이 붙어 있는 한 변하지 않을 것이다.

그래서 야스퍼스는 "대학은 하나의 학교다. 그러나 매우 특수한 종류의 학교다. 대학은 교육을 위한 곳만도 아니다. 학생들이 적극적으로 연구에 참가함으로써 그 연구의 경험으로부터 일생 동안 간직할 지적 수양과 교양을 얻게 된다."라고 했던 것이다. 진리를 탐구하기 위한 자유로운 사색과 토론을 위하여 자유는 필수 불가결의 요소이며, 오직 이 목적을 위하여 대학의 자유는 정당화될 수 있다.

대학인에게 주어진 자유와 특권은 오직 진리를 탐구하고 이를 바탕으로 인류와 사회에 봉사함으로써 정당화될 수 있으며, 이는 역사에 대한 선택받은 자의 엄숙한 책임이기도 하다.

Profile

고려대학교 교육학과를 졸업하고, 고려대학교 대학원 교육학과에서 석사 및 박사학위를 받았다. 1986년부터 현재까지 강남대학교 교육학과 교수로 재직하며, 뉴질랜드 웰링턴빅토리아 대학교 교환교수, 교육철학회 회장, 한국교육학회 이사 등을 역임했다. 『인간주의 교육사상』(공저), 『좋은 교육』(공저), 『교육의 역사와 철학』(공저), 『문제의 교사』(공역), 『교육의 잠식』(공역), 『도산 안창호의 생애와 교육사상』 외에 다수의 저(역)서와 논문이 있다.

공부한다는 것의 의의에 대하여

김우창
이화여자대학교 석좌교수

사람이 왜 공부를 해야 하는지는 분명치 않다. 다만, 공부가 없이는 안 되게끔 되어 있는 것이 오늘의 삶인 것은 분명하다. 우리가 그 뜻을 제대로 이해하고 쓰는 것인지는 모르지만, 의무교육이란 말이 있다. 의무라는 말은 병역의무라는 말과 같이, 국민으로서 떠맡지 않으면 아니 되는 일이라는 뜻을 가지고 있다. 이것을 생각해 보면, 공부는 국가가 국민에게 부여하는 강제 의무를 말한다고 할 수 있다. 그러나 사회의 큰 테두리 속에서, 밖으로부터 하라는 것과 내 마음에서 하고 싶은 것 또는 해야겠다고 하는 것은 잘 구분되지 않는 것이 보통이다.

어쨌든 공부는 해야 하는 것이고, 의무 교육의 단계를 지나고 나면, 공부의 창구로 보이는 넓은 학문 분야 가운데 하나를 선택하여 공부하게끔 되어 있다. 이 선택은 대체로 세상에서 좋다는 것과 자기가 좋다고 생각하는 것이 적당히 얼버무려지는 어떤 분야가 된다. 여기에서 '좋다' 고 하는 것은 개인적 취향에 관계되는 것이지만, 대부분 선택한 분야가 어떤 직업으로 연결되기 때문에 좋다는 것이다. 전체적인 균형에 총괄될 수도 있고 그렇지 않을 수도 있지만, 사회의 모든 직업은 사회의 필요를 반영하는 것이라고 할 수 있다. 그런 의미에서, 그것은 사회가 요구하는 의무 사항의 변형이다.

그렇다고 우리 자신의 선택이 반드시 밖으로부터 강요받거나 마지못하여 수행된다고 할 수는 없다. 우리가 원하는 것이란 결국 사회가 종용하는 것일 가능성이 크다. 또 사회가 종용하고 원하는 것은 삶 전체의 필요 안에 있다고 할 수 있다. 그러나 이것은 이상론이고 삶의 관점에서 쓸모없는 것 또는 해로운 것을 사회가 종용하는 경우도 적지 않다. 문제는 나의 뜻과 사회와 삶 전체—이 셋의 진정한 필요가 어떻게 조화되고 그에 따라서 우리의 선호가 조정되느냐 하는 것이다.

나는 6.25 전쟁이 끝난 다음 해인 1954년에 대학에 입학하여 4년 후에 졸업했다. 우리는 전공을 선택할 때, 적어도 지금에 비하여 졸업 후의 직업에 대해서는 별로 큰 고려를 하지 않았던 것 같다(어느 대학을 골라 가느냐 하는 것도 그다지 중요한 관심사가 아니었다.). 역설적으로, 어떤 특정한 분야를 제외하고는 졸업 후 취직의 보장이 거의 없었기 때문인지도 모른다. 하여튼 전공 선택은 지금에 비하여, 직업에 대한 공리적인 고려보다는 본인의 자유로운 선택에 따라 이루어졌던 것 같다. 그렇다고 하고 싶은 공부가 무엇인지를 확실하게 알았다는 것도 아니다. 대학에 진학하며, 나는 주변의 종용에 따라, 또 그것이 별로 나쁠 것 같지는 않다는 생각에서 정치학을 전공으로 택하였다. 그러나 곧 전공을 영문학으로 부전공을 철학으로 바꾸게 되었다. 나의 취향은—다분히 청년기의 정신적 방황과도 관계된 일이었을 것으로 생각되지만—정치학보다는 내면적 지향을 가진 학문을 가깝게 여겼다. 사실, 이것은 고등학교 시절부터 그러한 것이었다. 그다음 미국에 가서 공부를 계속할 때에는 미국문학, 미국사, 철학 등을 전공하였다. 미국에서 공부한다면, 그곳의 현실에 관계되는 것을 공부하는 것이 좋겠다는 생각에서였다. 한국으로 돌아온 다음 대학에 봉직하게 되면서 한국의 현실과 전통에 대하여 관심을 가지게 되었다. 그러면서 시대적으로 현실 정치의 문제에도 끌려 들어가지 않을 수 없었다. 결국 공부의 방향을 결정하는 것은 내면적이든 아니든 간에 어떤 절실성이 아니었던가 한다.

이러한 선택들이 반드시 잘 한 것이었다고 할 수는 없다. 그것은 너무 자기중심적인 입장에서 이루어진 것이었다고 할 수 있고, 그것보다도 전공을 이리저리 바꾼 것이 한 분야나 과제에 대한 심도 있는 온축蘊蓄의 기회를 놓치게 되는 결과를 가져왔다고 할 수 있기 때문이다.

그러나 이상적으로 말하자면, 학문을 좁고 깊게 파내려 가면서 동시에 학문과 세계를 두루 살필 수 있는 개관槪觀의 능력을 갖는 일이 필요하다. 어떤 사람들은 한 문제를 깊이 연구하면 바로 그것이 넓은 세계를 여는 열쇠가 된다고 생각한다. 불교의 수행에서 하나의 짧은 화두를 오래 두고 생각함으로써 돌연한 깨우침을 갖게 되는 경우는 그러한 가능성을 예시하는 것이다. 그러나 『중용(中庸)』에

“넓고 큰 것에 이르러서 작은 것을 다 할 수 있다.”라는 말이 있다. 이것은 정신 수양의 방법을 말하면서 학문의 방법론을 말하는 것이라 할 수 있다. 이것이 쉬운 일인가 하고 반문할 수 있지만, 이것을 개인의 문제이면서 학문적 전통의 문제라고 보면, 전통이 확실한 곳에서는 크고 작은 것을 합치는 일이 과히 어렵지는 않다고 할 수도 있을 것이다. 그러나 학문과 문화의 전통이 깨진 곳에서 이것은 어려운 일이 될 수밖에 없다. 그런데 다른 한편으로 전통이 깨졌다는 것은 학문과 문화에 있어서 그리고 생활의 제도에 있어서, 새로운 가능성이 열리게 되었다는 것을 뜻할 수 있다. 어쨌든 전통이 깨진 대신 동서고금東西古今이 열리고 그것을 하나로 융합할 것을 기다리고 있는 것이 오늘의 상황이다.

지금의 대학생들이 혼자의 힘으로 광대한 것과 정미한 것을 하나로 합칠 수 있어야 한다는 것은 아니다. 정미한 것에 집중하는 것은 매우 중요한 정신적 훈련의 일부다. 그리고 그것은 직업의 선택에도 관계된다. 그러나 큰 것에 열려 있는 것은 우리의 공부를 내면적인 필요에 응하게 하는 데 중요한 역할을 하는 것이 아닌가 한다. 비교적 제한 없이 움직이는 지적인 호기심에 자극될 때, 지속적인 열림이 마음에 생기게 된다. 그러나 정미한 것에 주의하는 것은 정신 훈련에 필수적인 것이고, 세부의 알고리즘에 의한 정신 작용의 단련은 바로 정신을 개발하는 일이고, 정신이 개발된다는 것은 정신이 많은 것에 열려 있다는 것을 말한다.

다시 말하여 젊은 시절에 공부하는 사람이 할 수 있는 일은 작은 것의 단련과 함께 큰 것에 열려 있도록 노력하는 일일 것이다. 이와 관련하여 한 가지 기초가 되는 것은 여러 가지 언어에 대하여 열려 있는 것이다. 헤겔은 고등학교 교장을 하면서 고전어의 습득이 언어 능력뿐만 아니라 정신의 보편적 능력을 단련하는 데 도움이 되는 일이라고 말한 바 있다. 그의 생각으로는 고전어 공부는 나와 다른 것을 인지하고, 그것에서 나를 알게 되고, 또 이 두 가지를 포용하는 정신의 움직임을 아는 일이 되는 것이다.

영어 능력을 길러야 한다는 압력이 도처에서 느껴지는 것이 우리의 교육 현황이다. 이것은 영어의 실용성으로 인한 것이다. 그러나 우리는 그것을 넘어 헤겔의 말을 상기할 필요가 있다. 한국에서 전통적으로 행한 한문 공부는 헤겔이 고전어 공부에 대하여 말한 것과 같은 의의를 가지고 있었다고 할 수 있다. 외국어를 통한 언어의 논리를 익히고 의미 판별의 뉘앙스를 깨닫는 것은 정신 능력의 개발을 위하여 필수적인 일이다. 영어 능력이든지 다른 언어 능력이든지, 외국어는 단순히 공리적인 목적이 아니라, 보편적인 지적 능력의 개발을 위한 수단으로서 중요한 의의를 갖는 것이다. 나의 편견인지 모르지만, 나는 듣고 말하는 것을 강조하는 영어 공부에 회의를 가지고 있다. 정신 훈련으로서의 의의가 줄어든다는 뜻에서도 그러하지만, 실용의 관점에서도 그러하다. 영어로 접할 수 있는 문화적 내용을 익히지 않고 영어를 얼마나 잘 할 수 있을까 하는 의심이 있는 것이다. 깊은 것과 얕은 것은 따로 있는 것이 아니다.

그리고 외국어 공부를 구태여 영어에만 한정할 필요는 없다. 어떤 외국어든지 높은 정신적 단련의 수단이 될 수 있다. 그리고 또 이러한 목적을 위해서는 하나의 외국어보다 여러 외국어를 배울 것을 장려할 수도 있다. 요즈음 영어에 대한 강조에도 불구하고, 내가 대학에 다닐 무렵에 비하여, 외국어 공포증이 더 널리 퍼져 있는 것으로 보인다. 우리는 지금 역사적 · 지정학적 이유로 어느 시기에 있어서보다 동서의 여러 언어를 쉽게 접할 수 있는 위치에 있다.

외국어 훈련이 단순히 정신의 훈련이 아니라 문화적 내용에 접할 기회를 준다는 것은 이미 시사하였다. 조금 더 설명하면, 이것은 두 가지 의의를 갖는다. 하나는 다른 나라와 그 문화적 축적에 접하게 된다는 것을 말하지만, 다른 한편으로 그것은 우리 자신의 문화를 비교적으로, 즉 비판적으로 볼 수 있게 한다. '문화의 우리the cage of culture' 라는 말이 있지만, 정신의 개발과 자유가 보다 넓은 지평으로 나아가는 것을 겨냥한다면, '우리' 를 벗어나는 것은 열림의 조건 중 하나다(자족적인 행복과 자신감이라는 관점에서는 손해가 되는 일이지만). 우리 전통에서도 그러했지만, 세계적으로 보아도 모든 학문의 연마가 단일 언어와 문화 안에서 큰 진전을 보는 일은 드물다고 할 것이다. 타 언어, 타 문화에의 열림이 일시에 이루어질 수 있다는 것은 아니다. 여기서 말하는 것은 그러한 열림의 태도를 배워야 한다는 말일 뿐이다.

여러 언어와 문화에 열려 있다는 것 못지않게 중요한 것은(또는 그보다 더 중요한 것은) 학문 일체에 열리는 일이다. 세계에의 열림이 없이 우리의 삶이 어떻게 풍부한 것이 될 수 있겠는가? 이 세계는 경험적으로 체험될 수 있는 세계만을 말하지는 않는다. 그것은 정신 속에 종합되는 것이라야 한다. 체험의 중요성을 가볍게 보아서는 아니 되지만, 정신이 필요로 하는 것은 인식 또는 인지의 지도 안에 구성되는 세계다. 체험적 세계는 세계의 깊은 차원—그 시간과 공간—을 바르게 포용하는 데 충분한 것이 아니다. 이것을 넘어 우리에게 의미를 가지고 있는 것은 인간의 집단적 체험의 역사이고 거기에서 배울 수 있는 전범典範들이다. 물론, 이것은 다시 생물의 역사, 우주의 역사와 공간으로 확대된다.

그렇다고 이것이 우주만물에 대한 모든 학문을 다 배우고 익히는 것이 될 수는 없다. 박학다식博學多識은 학문의 추구에 있어서 그 나름대로의 자리를 차지하고 있지만, 그 말이 학문의 가장 높은 경지를 나타내는 말이 되지는 않는다. 이 경지는 넓이에 못지않게 조금 더 정신의 일체성에 관계되는 것이라 할 수 있다.

나는 대학원에서 미국 문학을 공부하면서 부전공과 관련하여 경제사라는 것을 주안점으로 하여 책을 읽고 시험을 보아야 했다. 많은 책을 보지도 못하였지만, 이에 관한 책을 읽을 무렵에 깨닫게 된 것은 현실의 인간문제에 대한 절실한 느낌을 가지고 쓴 역사책과 그렇지 않은 역사책 사이에 차이가 있다는 것이었다. 마르크스주의자들의 경제와 역사에 대한 저작이 학생들을 사로잡는 것은 그것이 현실 참여에 바탕하고 있기 때문이다(물론, 다른 한편으로 모든 것을 다 설명할 수 있다는 이데올로기의 공식처럼 재미없는 것도 없지만). 하여튼 중요한 것은 학문의 넓이에 못지않게 그 토대가 되는 인간에 대한 깊은 관심이다. 이것은 열려 있는 마음, 관심과 정열이 학문의 인식론적 동기가 된다는 말이고, 이점에서는 학문을 시작하는 젊은이의 경우에도–거친 형태일는지는 모르지만–갖추지 못할 것이 없는 마음의 준비라 할 것이다.

참으로 많은 것을 알게 되든 기본적인 것을 익히고 마음가짐을 열린 상태로 유지하든, 모든 사람들이 공부와 학문에 열중해야 하는 것일까? 학문을 직업으로 할 사람 또는 그것을 인생의 소명으로 생각하는 사람이라면 몰라도, 누구나 그래야 할 것인가? 대학에서, 또는 대학에 가지 않더라도, 사람이 자기 생업에 대하여 알 만한 것을 알도록 하여야 한다는 것은 말할 나위도 없다. 많은 직종이 산업 기술의 편제 속에 들어가게 된 지금 이것은 피할 수 없는 일이 되었다. 할 수 있는 데까지 한 전문분야에 정통하도록 노력하는 것은 삶의 조건이 되어 간다. 동시에 사람이 살아가는 데에는 전공만으로는 해결할 수 없는 인생의 지혜가 필요하다. 이것은 몇몇의 금언金言이나 잠언箴言 또는 처세훈處世訓으로 요약될 수 있는 것이 아니다. 앞에서 말한 바와 같은 고전적 정신 훈련은 지혜를 얻을 준비를 하는 일이다. 끊임없이 세상 눈치를 살피고 심지어 복술가의 도움을 받아야 하는 것은 이것이 부족하기 때문이다. 이 두 가지 이외에, 한없는 지적 탐구의 여행은 모든 사람의 몫이라고 할 수는 없는 것인지 모른다. 제일 중요한 것은 전문적 지식이고–이것은 그 나름의 정신적 훈련의 방법이지만–그 이상의 정신 모색은 허황된 것이 될 수 있다. 그러나 참으로 그런가?

오늘날은 탐욕의 시대다. 돈을 모으고 재산을 모으고 명예를 모으고—이 모음에 끝이 없는 것이 현대 경제를 움직이고 현대인의 마음을 움직인다. 그러나 이것은 이해가 되면서도 쉽게 이해되지 않는 일이다. 기본적인 의식주를 해결하고 난 다음의 재화는 어디에 쓸 것인가? 금은보화를 음식으로 바꾸고 또 안락을 확보하는 수단으로 삼는다는 점에서는 그에 대한 욕심을 이해할 수 있겠지만, 그 외의 의미에서 그 소유의 의미를 알기는 쉽지 않다. 구태여 해석한다면 그것은 세상을 내 것으로 한다는 것이고 그것은 다시 세상과의 긴밀한 관계를 가지고 있다는 느낌을 가지고자 하는 것이라 할 수 있다. 그런데 여기에 금관이 있다고 할 때, 그것을 그저 소장하고 있는 것과 그 역사와 물리학과 미학과 사회학을 아는 것과, 어느 쪽이—세상과 긴밀한 관계를 갖는다는 점에서—소유를 깊이 있게 하는 것일까? 사실 세상을 소유하는 데는 그 아름다움을 알아보고 그 내력과 작용을 이해하는 것 이상의 방법이 없는 것이 아닐까?

그러나 소유의 가능성은 지적인 의미에서도 그렇게 크다고 할 수는 없다. 얼마 전 인문과학에 대한 공개강좌를 하면서, 나는 강좌의 제목을 '기이한 생각의 바다에서' 라고 부쳤다. 그것은 영국의 시인 워드워즈가 케임브리지 대학에 진학을 하고 기숙사에 들었을 때 창밖으로 보이는 뉴턴의 상을 보고 느낀 것을 적은 말에서 따온 것이다. 그에게 뉴턴의 상은 '기이한 생각의 바다에 영원히 홀로 항해하는 영혼의 표지' 로 보였다. 사람은 이 한없는 바다에서 항해하고 생각하고 경이를 느끼고 그리고 그것으로 학문을 만든다. 그 학문이 만든 문화와 기술의 바다 위에서 삶의 항해를 계속한다. 사람이 이왕에 살아가는 것이라면, 자신의 삶이 어떤 세계 속에서 어떤 위치를 가지고 있는가를 알고 사는 것은, 자신의 삶이면서도 완전하게는 자기 것으로 소유할 수 없는, 자신의 삶을 어느 정도는 소유하는 것이 될 것이다. 그래도 사람이 알고 받아들이는 삶은 광대한 우주의 작고도 작은 한 부분에 지나지 않는다. 뉴턴은 자신의 학문을 되돌아보며, "아직 탐험되지 않은 대양이 내 앞에 놓여 있는데, 바다 기슭에서 노는 소년처럼 나는 이 진리의 바닷가에서 조금은 더 매끄러운 돌과 예쁜 조개껍데기를 발견하고 좋아했을 뿐이라."고 하였다. 널리 열린 마음을 갖는다는 것은 자갈돌을 줍는 일이면서 그것의 밖에 거대하게 놓여 있는 바다의 미지未知를 의식하는 것이다.

이 작은 앎과 그 너머의 미지는 뉴턴과 같은 물리학자만이 아니라 보통 사람도 때때로 갖지 않을 수 없는 느낌이다. 미지를 아는 것은 무능력의 자각이지만, 그 자각은 커다란 만족과 경이와 감사의 원천이 되기도 한다. 이러한 의미에서 공부는 자신의 삶을 소유하고 포옹하고자 하는 모든 사람에게 필요한 것이라고 할 수 있다. 그리고 그것은 우리를 보다 겸손하게 하고 보다 조심스럽게 사람과 사물을 대하게 한다. 그리고 그것은 우리를 압도한다. 그러면서 우리는 보다 가라앉은 마음으로 주어진 일로 돌아간다.

"넓고 큰 것에 이르러서 작은 것을 다 할 수 있고 높고 밝은 것의 끝에 이르고서 여느 삶을 말할 수 있다." 이것을 말하는 것은 나의 학문의 역정이 여기에 이를 수 있었다는 것이 아니라, 이것이 내 학문의 지리멸열함 속에서 더욱 이르렀어야 할 지혜로 생각되기 때문이다.

Profile

서울대학교 문리과대학 영문학과를 졸업하고, 미국 코넬 대학교 대학원에서 석사, 하버드 대학교 대학원에서 박사학위를 받았다. 서울대학교 문리과대학 전임강사를 거쳐 1974년부터 2003년까지 고려대학교 교수로 재직했고, 현재 대한민국예술원 회원, 이화여자대학교학술원 석좌교수로 있다. 『지상의 척도』, 『정치와 삶의 세계』, 『행동과 사유』, 『궁핍한 시대의 시인』, 『정의와 정의의 조건』 외에 다수의 저서와 논문이 있다.

물음표의 비밀*

이어령
이화여자대학교 명예석좌교수

학교에서 선생님께 무엇을 물었니?

이지도어 아이작 라비 Isidor Isaac Rabi는 원자시계의 개념을 최초로 발견한 물리학자로 1944년에 노벨상을 탔습니다. 우리가 지금 카 내비게이션을 이용해 편하게 길을 찾아다니는 것도 바로 이 학자 덕택이지요. 그가 아무도 생각지 못한 핵의 자기 공명 기술을 개발해 냈을 때 기자들이 그 비결을 물었습니다. 어떻게 그런 생각을 해냈느냐고 말이지요. 그때 그는 이렇게 대답했습니다. "내가 어렸을 때 학교에서 돌아오면 어머니는 늘 이렇게 물으셨지요. '얘야, 오늘 공부 시간에는 선생님에게 무슨 질문을 했니?' 그것이 바로 오늘의 나를 있게 한 비결이지요."

라비 학자만의 비결이 아닐 것입니다. 유대인들이 노벨상을 많이 타게 된 이유 가운데 하나가 바로 질문하는 버릇을 어린아이 때부터

* 이 글은 『젊음의 탄생』(이어령, 생각의나무, 2009)에서 발췌하여 재수록하였습니다.

길러 준 가정교육 때문이라고 합니다. 그런데 한국의 어머니라면 어떻게 했을까요? 모르긴 해도 그저 막연하게 "학교에서 공부 잘했니?" "선생님 말씀 잘 들었어?"라고 물었을 겁니다. 한국의 경우에는 선생님도 부모님도 아이들이 질문하는 것을 귀찮게 여기는 경우가 많습니다. "선생님 말씀 잘 들었느냐?"는 말은 남들이 만들어 놓은 지식과 해답을 꼬박꼬박 외우고 잘 따라 했는가를 확인하는 물음입니다. 남들이 생각지 못한 것을 오로지 자기만이 해낼 수 있는 비결은 라비의 말대로 '해답'이 아니라 '질문'에서 비롯되는 것인데도 말이지요.

질문을 잃어버린 아이들

물론 우리라고 의문과 물음의 중요성을 몰랐을 리 있겠습니까. 추사 김정희 선생은 제주도 유배 시절, 대정 향교의 유생들 공부방인 동재에 '의문당疑問堂'이라는 현판을 써 주었다고 합니다. 스승의 말을 듣고 그냥 따르는 것이 아니라 항상 마음속에 의문을 품으며 학문에 정진하라는 가르침이었지요.

생각해 보세요. 누구나 어렸을 때에는 어른들에게 많은 질문을 했을 겁니다. "새는 왜 울어?" "밤이 되면 어디에서 자?" "별은 낮이 되면 어디로 가?" 꼬치꼬치 캐묻다가 야단을 맞은 적도 많았을 겁니다. 그런데 학교에 들어가자마자 묻는 것은 선생님 몫이고 아이들은 대답을 해야 합니다. 시험이라는 것이 바로 그렇지요. 그래서 주눅이 든 아이들은 더 이상 질문하는 버릇을 잃게 된 겁니다. 더 이상 묻지 않아도 태양은 뜰 것이고 바람은 불 것입니다. 여러분도 그랬을 것입니다.

물음표 없이도 새가 울고 구름들은 떴다가 사라진다는 걸 알면서 차차 어른이 되어 가는 것이지요. 사실은 아무것도 모르는데 남들이 다 알고 있는 것 같으니까 자기도 안다고 여기면서 나이를 먹어 가는 것입니다.

물음표 속의 물음표

근대에 와서 서양문명이 동양문명을 제압한 가장 큰 무기는 무엇이었을까. 여러분은 강화도 앞바다에 나타난 거함거포巨艦巨砲라고 말할지 모릅니다. 그러나 나는 알파벳 문장의 맨 끝에 찍힌 물음표가 아니었을까 하는 생각이 듭니다. '?' 이 간단한 부호가 과학과 기슬을 낳고 위대한 문학과 철학을 태어나게 한 부적이었던 것이지요.

그 유명한 소크라테스의 '산파술' 이라는 것도 실은 대화를 통해서 지知를 낳게 하는 방법인데, 대화란 곧 의문과 물음을 주고받는 행위지요.

그런데 우리에게는 대화 문화, 의문과 질문을 나타내는 물음표의 문화가 부족했습니다. 한국, 일본 그리고 중국에서는 각자 자기의 고유한 문자를 사용하고 있지만 물음표만은 서양의 것을 그대로 따다 쓰는 것을 보아도 짐작이 갑니다.

그것까지는 참을 수 있지만 남의 물음표를 사용하면서도 그것이 언제 어디에서 생긴 것인지, 어떻게 해서 그런 모양이 되었는지 궁금증을 품고 있는 사람이 거의 없다는 것은 가슴을 칠 일이지요. "그러한 사소한 일을 가지고……." 라고 웃어넘겨서는 안 됩니다. 생각해 봐요. 다른 것도 아닌 물음표를 앞에 놓고서도 한 번도 그에 대해서 의문을 품거나 질문을 해 본 적이 없다면 오히려 놀라워하지 않은 것이 이상스러운 일 아니겠습니까.

물음표의 고향

이지도어 아이작 라비 정도는 아니지만은 나의 경우에 있어서도 오늘의 나를 있게 한 것은 어렸을 때 얻은 '질문대장' 이라는 별명 덕분이 아닌가 생각합니다. 어렸을 때부터 물음표에 대해서 선생님에게 질문을 했던 기억이 있으니까요. 물음표는 누가 만든 것이며 왜 모양이 그렇게 생겼는지 말입니다. 선생님은 쓸데없는 질문을 한다고 노여워하셨지요. 그리고 그런 건 몰라도 되니 공부나 잘하라는 거였습니다.

공부라는 것이 따로 있는 것일까요. 궁금한 것을 푸는 것. 그것이 공부라고 생각하고 있던 나는 굴하지 않고 계속 주변 사람들을 찾아다니며 물음표의 내력에 대해서 묻고 물었습니다. 형님에게 누이에게 모든 어른들에게 물어봤더니 여러 가지 대답이 나오는 겁니다.

물음표는 로댕의 조각 작품〈생각하는 사람〉처럼 고개를 숙이고 무엇인가 골똘히 생각하고 있는 사람의 모양을 본뜬 것이라고 했습니다. 또 누군가는 귀의 모양을 그린 것으로 사람이 무엇을 잘 들으려고 할 때 귀 기울이는 형상을 나타낸 것이라고 했습니다.

그럴듯한 풀이기는 하지만 내 마음속 의문은 꼬리에 꼬리를 물고 계속 이어져 갔고 결국 대학생이 된 다음에야 스스로 그 궁금증을 풀게 됐습니다. 물음표는 Quaestio라는 라틴어에서 비롯되었음을 알게 된 것이지요. 그것은 영어의 Question과 같은 말로 '의문' 이란 뜻입니다. 그런데 문장 끝에 일일이 이 말을 쓰다 보니 번거로웠던 모양입니다. 그래서 머리글자의 Q와 꼬리글자의 o만 따 'Qo' 라고 표시했다는 겁니다. 그러다가 그것도 복잡하다고 생각해 아예 Q자 아래에 o자를 붙여 한 글자로 합성해 버렸다는 거지요. 그 글자 모양이 점차 바뀌어 오늘 같은 물음표가 된 것이라고 말입니다.

꼬리에 꼬리를 무는 물음표

하지만 이런 설도 완전히 믿어서는 안 됩니다. 이 세상에 '정설' 이란 없습니다. 영어권 인터넷 사이트를 뒤져 보면 이밖에도 많은 이야기들이 '현대의 전설' 로 떠돌고 있습니다. 의문이 꼬리에 꼬리를 물고 나타난다고 했는데 정말 이 물음표가 꼬리에서 나왔다는 설도 있거든요. 그중에서도 가장 많이 유포되어 있는 것이 호기심 많은 고양이의 꼬리와 항문이라는 것인데, 꽤 소구력은 있지만 사실 무근인 게 학자들 간의 일치된 견해지요.

또 다른 것으로는 발음기호설도 있습니다. 9세기경 유럽에서는 글맺음을 나타내는 표기로 점을 찍고, 그 위에 어미를 올리라는 표시인 '~' 를 적은 데서 유래된 것이라는 주장입니다. 문장을 읽을 때 마지막에 가서 소리를 올려 의문형임을 나타내는 뜻이지요. 하지만 물음표가 문장에 나타난 것이 천 년 전인 9세기로 추정하는 학자들도 있으니 그때 당시의 일을 우리가 어떻게 확인할 수 있겠습니까.

중요한 것은 꼬리에 꼬리를 물고 나타나는 물음 그 자체의 지적 호기심입니다. 얼마나 그 물음이 잦았기에 Quaestio란 단어가 줄고 줄어 외자의 부호로 축약되었겠는가. 어제까지 친숙하게 보아 오던 낯익은 사물이나 개념이라고 해도 이 물음표만 달면 마치 처음 보는 것처럼 낯선 얼굴을 하고 우리 앞으로 다가옵니다. 그것을 문학에 사용한 것이 러시아 형식주의자들의 '오스트라네니(낯설게 하기)' 라는 이론이지요.

지적 호기심에서 미래가 핀다

묻는 말에 잘 대답한 덕분에, 그러니까 시험을 잘 치른 덕분에 여러분은 대학 입시에 합격했습니다. 그런데 잘 들으세요. 이제부터는 여러분이 물을 차례입니다. 그래야 참된 대학생이 되는 것입니다. 지금까지 누구도 물어보지 않았던 본질적인 문제를 찾아내어 물음을 던지는 것. 이것이 대학생활과 그 연구의 성패를 가를 요인이라고 할 수 있습니다.

누구나 당연하게 생각하는 것에 의문을 품는 것. 그래서 기성관념에 본질적인 의문을 던지는 것. 이것이 대학생의 시작이며 젊은이의 모든 지적 활동의 출발점입니다.

그렇습니다. Quaestio라고 말해 보세요. 내가 지금까지 배운 지식, 알고 있는 모든 사물들에게 물음표를 달아 보세요. 그러면 세상을 덮고 있던 먼지와 때가 벗겨지면서 낯설게 보일 것입니다. 물음표는 요술지팡이처럼 보일 겁니다. 그것이 닿는 곳마다 천지가 창조되던 태초의 아침처럼 눈부시게 빛날 것입니다. 구구단을 외우느라 잃어버렸던 것들, 역사책의 연표를 외우다가 상실한 시간들이 푸성귀 같은 초록빛 냄새를 풍기며 되돌아올 것입니다.

더러는 물음표에 걸려 넘어질 수도 있겠지요. 탈레스가 하늘을 보고 생각에 잠겨 걷다가 수챗구멍에 빠졌던 것처럼, 때때로 우리를 비웃는 이오니아의 시민들이 있을지도 모릅니다. 하지만 누가 시키지 않아도 무릎을 다치며 몇 번이고 다시 일어나 걸음마를 배웠던 것처럼, 멍이 든 나의 젊음을 새롭게 불러일으키는 것은 바로 이 지적 호기심의 물음표입니다.

이런 때에는 물음표가 요술지팡이가 아니라 발목을 걸어 쓰러뜨리는 갈고리처럼 보일 것입니다. 젊음을 멈춰 서게 하는 그 갈고리 때문에 아무것도 아닌 사과가 떨어지는 광경을 보고서도 뉴턴은 만

유인력을 발견합니다. 아닙니다. 뉴턴처럼 되지 않아도 좋습니다. 그냥 넘어져 무릎을 깨는 일이 있어도 절대로 겁내지 말아요. 과학은 물음에 대한 확실한 대답을 요구하지만 질문만 있고 영원히 해답이 없는 것에서도 값진 창조가 이루어질 수 있습니다.

그것이 바로 시요 예술입니다. 물음의 상처에는 흐르는 그 내출혈이 값진 보석으로 결정結晶되는 것을 우리는 너무나 많이 보아왔지요.

시는 해답 없는 물음이다

해답을 구하지 않고 그냥 질문을 던지는 사람들은 우리는 시인이라고 부릅니다. 예술가라고 부릅니다. 누가 그랬지요. 과학은 설명할 수 있는 것을 설명하는 것이요, 예술은 설명할 수 없는 것을 설명하는 것이고, 종교는 설명해서는 안 되는 것을 설명하는 것이라고 말입니다.

그래서 그 깐깐한 유학자들이었던 우리 조상들도 시를 쓸 때만은 "나도 몰라 하노라."라고 탄식할 수 있는 권리를 허락받지 않았습니까. 또 단지 "취하라"는 해답밖에 주지 않은 샤를 보들레르Charles-pierre Baudelaire의 아름다운 물음들을 기억하고 있지 않습니까.

> 그리하여 당신이 때로 고궁의 계단이나 도랑의 푸른 잔디 위에서 또는 당신 방의 삭막한 고독 속에서 취기가 이미 줄었든가 아주 가 버린 상태에서 깨어난다면 물으시오. 바람에게, 물결에게, 별에게, 새

에게, 벽시계에게, 달아나는 모든 것, 탄식하는 모든 것, 구르는 모든 것, 노래하는 모든 것, 말하는 모든 것에 물으시오. 지금 몇 시냐고. 그러면 바람은, 별은, 새는, 벽시계는 대답하리라. "지금은 취할 시간이다! 당신이 시간의 학대받는 노예가 되지 않으려면 취하시오. 쉬지 않고 취하시오! 술로, 시로, 또는 도덕으로, 당신의 취향 따라."

샤를 보들레르의 〈취하시오〉에서, 번역 김봉구

지금 몇 시냐고 묻는 시인의 말에 "취할 시간"이라는 것은 대답이 아니지요. 취한다는 것은 시간이 아니라 시간에서 벗어나는 것. 시간을 뛰어넘는 것이니까. 물음은 물음 자체로 메아리 없이 술에서 깨어날 때까지 지속되어 갈 것입니다. 반드시 취하는 시간이 아니어도, 시인의 시간이 아니어도, 우리는 물음을 통해서 일상의 시간에서 벗어나 어린 시절로 돌아갈 수 있습니다.

그래요. 어렸을 때처럼 꽃에게 바다에게 그리고 멈추지 않는 구름에게 다시 물어보세요. 다 안다고 생각한 것들을 묵은 문제집 꺼내듯 다시 물어보세요. 똑같은 해가 똑같은 동쪽에서 떠올라도 질문 속에서는 처음 보는 해처럼 빛날 것입니다.

어째서 어둠속에 번져 가는 새벽노을이 그토록 가슴을 뜨겁게 물들이는지, 왜 저녁놀은 똑같은 빛인데도 그렇게 가슴을 아프게 하는지를 물어보는 것이지요.

베토벤의 심포니 9번, 마지막 악장의 〈합창〉처럼 태양이 함성을 지르며 솟아오를 때 여러분은 대학생이 되어 있었고, 시인이 되어 있었고, 인문학자와 과학자가 되어 있었음을 깨닫게 될 것입니다. 의문의 어두운 터널을 지나면 눈부신 초원의 빛이 날 기다리고 있기 때문입니다. 물음표의 마지막에는 느낌표가 번득입니다.

Profile

서울대학교 국어국문학과를 졸업하고, 서울대학교 대학원에서 문학박사학위를 받았다. 문학사상 주간, 초대 문화부 장관을 역임하고, 대한민국 청조훈장, 대한민국예술원상(문학부문) 등을 받았다. 현재 대한민국예술원 회원, 이화여대 명예석좌교수, 중앙일보 상임고문 등을 맡고 있다. 『신한국인』, 『축소지향의 일본인』, 『흙속에 저 바람 속에』, 『축소지향의 일본인』, 『젊음의 탄생』 외에 다수의 저서와 논문이 있다.

학문과 윤리

손봉호
고신대학교 석좌교수, 서울대학교 명예교수

아는 것과 행하는 것의 일치 知行合一

"배운 사람이 그럴 수 있나?" 고등교육을 받은 사람이 끔찍한 죄를 저질렀을 때 자주 듣는 반응이다. 우리 사회에는 교육을 많이 받으면 나쁜 짓을 하지 않을 것이란 막연한 기대가 있다. 실제로 교육을 많이 받은 사람들 가운데 범죄율이 낮은지는 확실하지 않다. 절도나 강도 같은 눈에 잘 띄는 범죄는 교육수준이 낮은 사람들이 많이 저지르는 것 같으나 사회 전체에 큰 해를 끼치는 사기, 횡령 같이 은밀히 이루어지는 범죄는 오히려 고등교육을 받은 사람들이 더 많이 저지르는 것 같다. 그러므로 어느 쪽이 더 비도덕적인지는 분명하지 않다.

옛날에는 교육을 많이 받은 사람들이 확실하게 도덕적으로도 우월했다. 그럴 수밖에 없었던 것은 그때의 교육이 사람, 자연, 사회 등에 대한 객관적 지식보다는 사람들과 어떤 관계를 맺고 살아야 하는가에 치중되어 있었기 때문이다. 중국의 공자나 고대 그리스 철학자 플라톤은 제자들을 교육시켜 훌륭한 통치자로 만드는 것이 그들 교육의 한 중요한 목적이었다. 인간과 세상을 올바로 알아야 올바로 행동할 수 있고 올바로 행동해야 다른 사람들을 이끌 수 있기 때문에 진리를 아는 것은 필요하지만, 아는 것 자체가 최후의 목적이 아니었다. 공자는 "군자가 학문을 널리 공부하고 예로서 단속을 한다면 비로소 도를 어기지 않게 될 것이다."라고 했다. 그러나 배운 대로 행하지 않으면 제대로 배웠다고 할 수 없고, 공부를 많이 하지 않아도 올바로 행하는 사람은 오히려 배운 사람으로 취급했다. 그래서 공자는 "일에는 민첩하고 말에는 신중하며, 올바른 도를 지닌 이를 따라 올바르게 행동한다면, 학문을 좋아하는 이라고 말할 수가 있을 것이다."라고 가르쳤다. 배우고 아는 것은 이미 그것을 인정하고 그에 따라 행동하는 것과 같으므로 배운다는 것은 곧 배운 대로 행동하고 산다는 것을 뜻했다. 그러므로 그때는 '알면 행할 것' 이란 주장은 전혀 이상하지 않았다. 그래서 배운 사람이 못된 짓을 하면 사람들은 매우 이상하게 생각했다.

힘을 추구하는 과학지식

그러나 그런 성격의 지식은 오늘날 인문학에만 조금 남아 있을 뿐, 거의 교육되거나 추구되지 않고 있다. 오늘날 대학이 주로 교육하고 연구하는 지식은 과학적 지식이다. 과학적 지식은 인간관계보다는 자연, 사회 등에 대한 객관적 사실과 법칙을 아는 것에 치중하고 있다. 과거와 같이 착하고 아름다운 것에는 관심이 적고, 발견한 법칙을 이용하여 자연과 사회를 지배하고 이용하는 것을 목적으로 하고 있다.

반세기 전까지만 해도 대학이 추구하는 지식은 주로 지식 그 자체를 위한 지식이었다. 그래서 대학이란 현실 문제에 무관심한 채 자연과 사회에 대한 객관적 지식 그 자체에 전념하였다. 그래서 사람들은 대학을 '상아탑象牙塔, ivory tower'이라고 불렀다. 상아탑이란 고상하고 순수하다는 뜻을 가지고 있는데, 대학 교수와 학생들은 이 세상의 잡다한 문제들에 초연超然하여 오직 진리탐구에만 정진함으로 자신들은 순수하고 고상한 척한다고 비아냥거린 것이다. 물론, 어떤 학문에는 지금도 그런 요소가 전혀 없어지지 않았다. 예를 들어, 철학, 논리학, 수학, 이론 물리학, 천문학 같은 것은 당장 어디에 써먹기 위해서가 아니라 그 자체가 흥미롭고 중요하기 때문에 대학이 교육하고 연구하는 것이다. 그러나 학문 자체를 위한 학문, 지식 자체를 위한 지식의 추구는 이제 점점 옛날이야기가 되고 있다. 다만, 수학, 이론 물리학 같은 것은 다른 학문을 위해서 필수적인 기초학문이므로 어느 정도 존중되고 있지만, 그나마도 그 인기가 점점 약해지고 있다. 20세기 초에는 미국 대학에서 철학교수가 가장 높은 보수를 받았으나 오늘날에는 철학교수들이 푸대접을 받고 있다. 이제 대학을 상아탑이라고 부를 사람은 아무도 없다.

오늘날 대학교육과 연구를 지배하고 있는 이념은 실용성이다. 어던가 이용할 수 있어야 지식이란 것이다. 특히, 직접 혹은 간접으로 돈 버는 데 도움이 되어야 좋은 학문이고 좋은 연구라는 인식이 점점 강해지고 있다. 20세기 중반까지만 해도 이론적인 경제학이 실용적인 경영학보다 더 존중되었지만 지금은 완전히 역전되고 말았고, 한 때는 공학도가 물리학도 앞에 열등감을 가졌지만 지금은 완전히 바뀌었다.

현대 학문의 이런 성격을 가장 먼저 지적한 사람은 17세기의 영국 철학자 베이컨Francis Bacon이었다. 그는 "아는 것이 힘"이라고 주장했고, 우리가 자연의 법칙을 알고자 하는 것은 그 법칙을 이용하여 자연을 정복하기 위함이라고 했다. 그렇다. 우리가 물은 0도에서 얼고, 얼면 부피가 팽창한다는 것을 알기 때문에 내일 기온이 0도 이하로 내려간다는 일기예보가 있으면 수도꼭지가 얼지 않도록 보온장치를 해 주는 것이다. 그러나 그런 법칙을 모르는 사람은 수도가 동파되어 낭패를 볼 것이다. 수요가 공급보다 많으면 물가가 오르고 공급이 더 많으면 물가가 내린다는 법칙을 알면 거기에 따라 계획을 세워서 경제적 손실을 막을 수 있으나, 모른다면 엉뚱한 투자를 해서 손해를 볼 것이다. 즉, 법칙을 알면 미래를 예측할 수 있고, 예측할 수 있으면 큰 힘을 행사할 수 있다. 그래서 지금 전 세계적으로 강한 나라는 러시아, 인도네시아, 몽골 같이 천연자원이 많은 나라가 아니라, 과학적 지식의 수준이 높은 미국, 독일, 일본 같은 나라다. 우리나라가 60년 전만 해도 세계에서 가장 가난한 나라에 속했는데, 지금 선진국에 진입할 수 있게 된 것도 천연자원이 많아서

가 아니라 교육열이 높고 과학적 지식수준이 높아졌기 때문이다. 만약 우리가 조선시대의 선비처럼 글을 배워 점잖게 행동하는 것만 강조하고 자연과 사회를 지배할 수 있는 과학적 지식을 갖지 못했더라면, 오늘과 같은 경제적 성취는 불가능했을 것이다. 20세기 초 서양의 침략을 받은 중국에 대해서 "(서양의) 총기에 대한 (중국의) 유교적 원칙의 대응은 의심할 여지없이 고귀한 것이었다. 그러나 그것은 효과적인 대응이 되지 못했다."라고 한 크릴H. G. Creel의 지적은 뼈아픈 것이지만 적절했다. 지식이 곧 힘이며, 지식의 경쟁은 곧 힘의 경쟁이 되고 말았다.

그것은 국가에만 타당한 것이 아니라 개인에게도 마찬가지다. 정보사회에서는 육체적으로 기운 센 사람이 강한 사람이 아니라, 과학적 지식을 소유한 사람이 강한 사람이다. 그러므로 세계 모든 나라에서 젊은이들이 가능한 한 대학교육을 받으려고 안간힘을 쓰는 것이다. 그래야만 생존경쟁에서 이길 수 있고, 그만큼 풍요로운 삶을 살 수 있는 것이다.

힘은 책임을 요구한다

우주의 원리와 인간의 본성에 근거하여 올바로 행동하고 고상하게 사는 것에 주로 관심을 기울인 고대의 지식은 다른 사람에게 해를 끼칠 수가 거의 없었다. 올바로 산다는 것은 다른 사람에게 해를 끼치지 않도록 사는 것이다. 그러므로 그들은 다른 사람들의 흠모와 존경의 대상이 되었다. 그러나 힘의 획득을 주 목적으로 하는 현대 학문은 그 힘을 잘못 사용할 유혹을 항상 함축하고 있다. "모든 힘은 부패하기" J. D. Acton 때문이다. 과학적 학문 그 자체가 비도덕적인 것은 아니지만 전통적인 학문에 비하면 비도덕적으로 될 위험을 훨씬 더 많이 가지고 있다. 힘을 생산할 수 있기 때문이다.

힘이 있으면 모든 사람의 이익을 위하여 선하게 사용하기 보다는 그것을 이용하여 자기가 덕을 보려는 유혹이 앞서기 때문에 힘이 크면 클수록 그것을 남용하고 오용할 가능성이 그만큼 더 커진다. 그러므로 오늘의 지식인들은 과거의 지식인들에 비해서 자신이 가진 지식을 올바로 사용할 책임이 크다. 칼을 가진 사람의 책임과 총을 가진 사람의 책임은 다를 수밖에 없고, 달구지를 몰고 다니는 사람의 책임과 버스를 운전하는 사람의 책임이 같을 수 없다. 해를 끼칠 가능성이 크면 그에 상응하는 책임감을 가져야 하는 것이 정상이다.

그런데 불행하게도 오늘날 대학에서는 윤리적 행동이나 교육이 그렇게 강조되지 않고 있다. 윤리란 직접 혹은 간접으로 다른 사람에게 해가 되지 않도록 행동하는 것을 뜻한다. 아무도 다른 사람에게 해를 끼치는 것이 옳다고 주장할 사람이 없기 때문에 모든 사람이 윤리적이어야 한다는 데 이의를 제기할 사람은 없다. 그런데도 오늘날 윤리는 돈, 명예, 권력을 얻는 데 큰 도움이 되지 않기 때문에 다른 사람들은 윤리적이어야 한다고 생각하지만, 자신은 윤리적으로 되는 것을 그렇게 좋아하지 않는다. 만약 대학생들의 윤리 문화가 정립되지 않으면 책임의식이 약한 지식인들이 많이 배출되어 결과적으로 사회에 큰 해를 끼칠 수 있고 자신의 삶조차 비참해질 수 있다.

윤리적 훈련이 필요하다

불행하게도 우리나라 학계와 대학의 윤리적 수준은 매우 낮다. 사회 전체의 윤리적 수준이 그렇게 높지 않기 때문이다. 경제적으로는 우리나라가 세계에서 14위 정도로 선진국 수준이지만, 정직성을 나타내는 투명성은 세계에서 40번째로 아프리카의 보츠와나보다 더 불투명하다. 대학은 사회보다 윤리수준이 좀 더 높아야 하는데 불행하게도 그렇지 못하다. 황우석 사건은 우리나라 대학의 연구윤리 수준을 반영하고 있으며 학생들의 시험 부정행위와 보고서 베끼기는 국제적 망신감이다. 정보기술은 세계 최고수준이나 소프트웨어의 불법복제는 OECD 30개국 가운데 7위이며, 대학과 대학생들도 이런 잘못에서 자유롭지 못하다. 경제적으로는 선진국이면서 윤리적으로는 후진국인 우리 사회를 닮아 대학도 학문적으로는 선진적이지만 윤리적으로 후진적이다. 그러므로 이런 대학문화에 그대로 젖어 버리면 윤리적으로 책임 있는 지식인이 배출되기는 매우 어렵다.

우리 윤리문화에서 특히 약한 것은 정직성transparency과 공정성fairness이다. 그런데 이 두 가지 덕목은 세계화된 오늘의 사회에서 가장 기본적인 덕목이다. 오늘날에는 정보가 자원이나 인구보다 더 중요하기 때문에 그 정보가 부정확하고 객관적이지 못하면 쓸모없게 된다. 그리고 우리는 경쟁심이 유달리 강한 유교사회에 속하고, 경쟁이 중요한 시장경제 제도를 채택하고 있는데, 이 치열한 경쟁에서 가장 중요한 것이 공정한 규칙과 공정한 규칙의 준수fair play다. 그런데 만약 시장경제에서 공정성이 사라지면 약육강식의 야만사회가 될 수밖에 없다. 그러므로 무엇보다 우선 우리가 정직하고 공정해져야 진정한 선진국이 될 수 있다.

윤리적 수준이 낮으면 사회가 불행해진다. 지금 우리나라의 행복지수는 97개국 가운데 60위로 우리의 경제수준에 비해서 매우 불행하다. 오늘날 우리의 삶 대부분이 다른 사람과 관계를 맺으며 이루어지는데, 윤리 수준이 낮기 때문에 서로 해를 끼치고, 그 때문에 상대적으로 불행하게 살고 있다.

그러므로 우리 사회는 윤리적인 지도자, 윤리적인 지식인을 매우 필요로 한다. 배가 고프면 음식을 찾듯 윤리적인 지도자들이 부족하기 때문에 그런 사람을 더 요구하는 것이다. 앞으로는 윤리성이 결여된 사람은 아무리 지식이 많아도 지도자가 되기는 어렵게 될 것이고, 조만간 사회에서 도태되고 말 것이다. 많은 사람들은 아직도 정직하면 손해 본다고 착각하고 있다. 그러나 이제는 우리 사회도 어느 정도 성숙해져서 거짓이 계속 이득을 보도록 하지는 않는다. 윤리적인 행동은 그 자체로 옳을 뿐 아니라 평화롭고 성공적인 사회생활의 필수조건이 되고 있다.

그러므로 우리 학생들은 이제 대학 생활에서 윤리적 행동을 연습해야 한다. 윤리적 행동이란 그때그때마다 따지며 이루어지는 것이 아니라 개인의 인격과 습관에 의하여 거의 무의식적으로 이루어진다. 그러므로 윤리적인 사람이 되려면 훈련을 통하여 올바른 행동과 판단이 습관화되어야 한다. 그런 습관을 기르기 위해서는 그다지 많은 윤리적 이론이나 지식을 필요로 하지 않는다. 매일매일 좀 더 정직하고 좀 더 공정하려고 의식적으로 노력하면 자신도 모르게 그것이 습관이 되고 인격의 일부가 될 수 있다.

대학은 물론 학문하는 곳이다. 그러나 윤리적 훈련이 동반되어야 그 학문의 가치와 효용성이 올바로 발휘될 수 있게 될 것이다.

Profile

서울대학교 영문과를 졸업하고, 네덜란드 암스테르담 자유대학교에서 철학박사학위를 받았다. 한국외국어대학교 교수, 서울대학교 사회교육과 교수, 한성대학교 이사장, 동덕여자대학교 총장 등을 역임하고, 현재 서울대 명예교수, 고신대 석좌교수로 재직하고 있다. 기독교윤리실천운동, 성숙한사회가꾸기운동, 공명선거실천시민운동 등의 대표로 사회운동에도 적극 참여하고 있다. 『오늘을 위한 철학』, 『고통받는 인간』, 『고상한 이기주의』, 『나는 누구인가』 외에 다수의 저서와 논문이 있다.

나의 삶, 나의 학문

체험적 학문론

장회익
서울대학교 명예교수

내 삶과 학문에서 가장 중요한 결정을 했던 순간은 아마 대학 입시를 얼마 앞둔 시기에 물리학과를 지원하기로 결정했던 때인 듯하다. 그 이전에도 물론 대학에서 전공할 학문에 대해 생각해 보지 않았던 것은 아니다. 나는 이미 중학교 졸업 시기에 공업고등학교 기계과를 선택했을 정도로 공학을 하려 했고, 고등학교 3년 내내 공과대학 기계공학과로 진학하려는 생각을 하고 있었다. 그런데 돌연, 그것도 대학 입시를 앞두고 전공을 물리학으로 바꾸어버린 것이다.

그런데 이러한 전환이 뭐 그리 중요하다는 것인가? 그 이유는 내 삶을 한층 더 학문중심적인 형태로 바꾸는 계기였기 때문이다. 물론, 기계공학도 학문이고 기계공학을 했던들 학문을 떠났다고는 말할 수 없을 것이지만, 물리학이야말로 기초학문 가운데서도 기초학문이기에 이제는 꼼짝없이 학문을 하지 않으면 안 되는 신세가 되고 말았던 것이다. 이것은 주위의 만류를 뿌리치고 내가 자진해 결정한 것이었는데, 그런 만큼 여기에 대한 기대도 무척 컸다. 하지만 실제 대학에서 물리학을 학습하는 과정은 그리 순탄하지 않았다. 욕심이나 기대는 항상 앞서갔지만 제대로 그 내용을 이해했다는 느낌이 별로 들지 않았던 것이다.

그래서 시작한 것이 철학공부다. 물리학이 잘 이해되지 않는 것은 그 바탕에 깔린 철학을 잘 몰라서 그렇다고 여겼기 때문이다. 대학 3학년 때부터, 철학 그 가운데서도 특히 과학철학 과목을 여럿 이수했다. 하지만 이것이 학문에 대한 식견을 넓히고 과학의 바탕에 깔린 논리를 이해하는 데 어느 정도 보탬이 되기는 했으나, 기대했던 만큼 물리학 공부에 큰 도움이 된 것은 아니다. 어찌 보면 공부할 내용만 더 늘여 놓고 그 어떤 것도 제대로 수습하지 못한 꼴이 되고 만 것이다. 그렇게 우물우물 대학을 졸업했다.

졸업 후, 공군장교로 공군사관학교에서 물리학을 가르치게 되면서 '나 홀로' 물리학 학습이 시작되었다. 4년간이나 복무를 해야 하는 만큼 서두르지도 않고 천천히, 대학에서 제대로 학습했어야 할 내용을 새로 다지고, 대학원에서 공부하게 될 내용을 혼자 더듬어 나갔다. 결과적으로 이 기간이 내게는 무척 유익했다. 학문은 내 힘으로, 내 보조에 맞추어 천천히 해 나가야 한다는 사실을 깨닫게 된 것이다. 제대 후 미국 대학원에 유학을 하면서 물리학 정규과정을 마치고 반도체의 일종인 GaSb의 에너지 밴드구조라는 제목의 연구로 박사학위를 받았다.

그런데 이 무렵 나에게 중요한 새 변화가 찾아왔다. '생명'에 대해 본격적인 공부를 하고 싶다는 생각이 들었던 것이다. 이것 또한 상식적인 차원에서 보자면 엉뚱하기 그지없는 일이다. 이제 겨우 물리학을 공부하여 본격적인 연구과정에 들어가려는 차에 전혀 관련이 없어 보이는 생명이란 주제에 관심을 빼앗기다니! 그러나 사실은 꼭 그렇게만 생각할 일이 아니다. 중·고등학교에서 배웠던 생물학과는 달리 현대생물학, 특히 분자생물학은 기본적으로 물리학과 화학에 바탕을 두고 있는 학문이어서 이것을 제대로 이해하려면 이들에 대한 예비지식이 필요한 것이다. 나는 이러한 목적과 전혀 무관하게 물리학 공부를 했지만, 이것이 이제 현대생물학을 이해하는 데 아주 적합한 바탕을 갖추게 되었던 것이다. 그 무렵 현대생물학의 획기적 발견이라 할 만한 유전자의 DNA구조가 밝혀져 분자생물학이라는 새 분야가 활발하게 개척되고 있었는데, 나는 우연히 이에 관련된 책 한 권을 읽다가 그만 여기에 빠져들고 말았던 것이다. "이하, 생명 현상이라는 것을 이렇게 이해할 수도 있구나!"

이로 인해 생명에 대한 연구로 아예 전향을 하느냐, 아니면 물리학을 더 공부하면서 이에 대한 관심을 지속하느냐를 놓고 한 동안 저울질을 하다가, 결국 후자의 길을 택하고 말았다. 그래서 1년간 물리학 박사 후 과정Post-Doc을 더 거친 후 국내로 돌아와 대학에서 물리학을 가르치며 정년 때까지 30여 년을 보냈다. 이렇게 해서, 표면상으로는 아주 단순한 물리학자로서의 한 생애를 보낸 셈이 되었지만, 그 내용을 들여다보면 전형적인 물리학자의 모습과는 사뭇 다른 길을 걸었다.

이미 말한 대로 생명에 대한 관심을 지속적으로 가졌으며, 특히

"생명이란 도대체 무엇인가?" 하는 데 나의 관심을 집중했다. 여기서도 물리학에 대한 내 바탕 지식이 큰 도움이 되었다. 물리학적인 자연 이해를 바탕에 둘 때 생명이라고 하는 것은 어떻게 정의될 수 있는가, 다시 말해, 생명체 또한 물질로 구성되어 있을진대, 이것이 도대체 어떻게 되면 그 안에 생명이라는 현상이 나타나는가 하는 문제를 놓고 많은 고심을 했다. 그렇게 십여 년을 숙고한 끝에 나는 생명에 대한 우리의 개념이 크게 잘못되었다는 사실을 발견했다. 생명이란 우리가 흔히 생각하듯이 토끼 한 마리, 사람 한 사람과 같은 '낱생명' 속에 들어 있는 것이 아니라, 태양과 지구를 포함한 '온생명'을 이룰 때 비로소 나타나는 것임을 깨달았던 것이다. 여기서 말하는 '온생명'과 '낱생명'이라는 개념 또한 내가 만들어 낸 것이다. 그 이전에는 아무도 이런 사실을 몰랐기에 이러한 용어도 당연히 없었다.

이렇게 생명을 이해하고 나니 인간 또한 독자적인 단위라기보다 온생명의 한 부분으로 이해되어야 하며, 따라서 인간과 주변 사이의 관계도 종래의 인간과 환경의 관계가 아니라 인간과 온생명의 나머지 부분 곧 '보생명'과의 관계로 이해되어야 함을 알게 되었다. 이렇게 볼 때 자연을 주로 극복과 개발의 대상으로 삼아 온 현대문명은 그 근본에 있어서 크게 잘못되었음을 알게 되었고, 인간의 삶이라는 것 또한 개체로서의 삶보다는 온생명으로서의 삶이 진정한 삶임을 깨달아 알게 되었다. 이러한 이해는 자연히 이른바 자연과학의 영역을 넘어서서 인문학 분야에 들어서는 결과를 가져와 요즈음은 자연과학보다 오히려 인문학적 관심사에 더 깊이 관여하고 있는 형편이 되고 있다.

그렇다고 물리학의 영역을 사뭇 벗어난 것은 아니다. 물리학에 대한 내 관심사는 물리학의 학문적 바탕, 특히 양자역학을 비롯한 현대물리학의 철학적 이해를 추구하는 쪽으로 돌려졌고, 그 결과 기왕의 양자역학 해석과는 다른 대안적 해석을 내어놓게 되었다. 이와 함께 현대과학과 동양사상, 과학과 종교 등 과학과 문명 전반에 관련된 다양한 주제들에 대해서도 그때그때 주어진 계기에 따라 연구를 해 오다 보니 결과적으로 과학과 인문학의 거의 전 분야를 드나드는 결과가 되었다.

이처럼 일견 학문의 전 분야를 무작위하게 휘젓고 다닌 듯한 내 학문 이력을 간략히 요약해 본다면 아마도 '연결'과 '수렴'이라는 두 마디로 특징지을 수 있을 것 같다. 여기서 '연결'이라 함은 물리학을 그 바탕에 놓고 모든 학문적 활동을 이것의 연장선에서 혹은 이것과의 관련아래 수행했다는 것이다. 학문의 세계에서는 고립된 섬이 살아남을 수 없다는 것이 내 기본 생각이었고, 내 학문 활동은 이에 맞추어 진행되었다. 이것은 바둑의 세계와 아주 흡사하다. 최소한 두 집을 포함한 연결된 모든 돌은 죽지 않을 뿐 아니라, 멀리 뻗어나가면 나갈수록 그 세를 키우게 된다. 그러나 아무리 연결된 돌들이라 하더라도 두 집을 만들어 내지 못하면 그 전체가 죽어 버린다. 마찬가지로 학문의 세계에서도 두 개의 집, 곧 하나의 학문과 그 철학적 바탕에 대한 단단한 이해를 추구한 후 이에 연결하여 여러 방향으로 뻗어 나가면 많이 뻗어 나갈수록 더 큰 기여를 하게 된다. 내 경우에는 물리학과 그 바탕에 대한 철학적 이해가 이러한 두 집 노릇을 했다고 할 수 있다. 그리고는 모든 방향의 앎에 대해 내 힘이 닿는 데까지 밀고 나가보려 했던 것이다. 이러한 성과들 가운데 중요한 일부를 모아 최근에는 『물질, 생명, 인간 : 그 통합적 이해의 가능성』(돌베개, 2009)이라는 제호의 책을 내기도 했다. 이 책은 이러한 연결이 어떻게 통합된 하나를 이룰 수 있는지를 보여 주려는 시도라 할 수 있다.

다음에 '수렴'이라고 하는 것은 이 모든 학문 활동이 결국은 인간의 삶, 특히 나 자신의 삶이라고 하는 하나의 목표로 수렴된다는 것이다. 나는 처음부터 내 학문과 삶을 분리하려 하지 않았다. 내 삶에 그 어떤 의미를 부여하지 않는 학문이라면 그것은 별로 추구할 가치가 없다고 늘 생각해 왔다. 이러한 점은 사실 우리 동아시아의 전통 학문이 지닌 중요한 특징이기도 하다. 우리 선조들은 항상 바른 삶의 길을 추구한다는 것을 최종적인 목표로 삼고 학문을 수행해 왔다. 그러나 현대과학을 비롯한 서구의 학문들은 이러한 연계를 무시하거나, 심지어 고의로 단절시키고 이른바 학문을 위한 학문에 매달리고 있다. 학문의 순수성과 객관성을 수호하는 방편으로 이러한 정신이 어느 면에서 요청되기는 하지만, 삶과 학문의 본질적 분리는 결과적으로 오늘의 문명을 위기로 치닫게 하는 한 원인이 되고 있다. 사실 나 자신은 서구과학 그 가운데서도, 특히 삶 자체와 가장 멀리 떨어져 있는 듯이 보이는 물리학에서 출발했지만, 삶과의 연계를 항상 염두에 두고 있었고 궁극적으로는 삶이라고 하는 하나의 목표로 수렴하는 구조를 이루어 내도록 노력해 왔다.

내 학문의 성격이 이렇게 된 것은 결과로서 나타난 것일 뿐, 그 어떤 의도적 계획에 따른 것은 아니다. 나도 모르게 내 안에 있는 어떤 학문적 성향이 나로 하여금 이러한 길로 가도록 이끌어 주었다고 하는 것이 아마 더 적절한 표현일 것이다. 실제로 내 지난 과정 안에는 적지 않은 방황도 있었고 또 불필요한 우회로를 거친 일도 없지 않았지만, 그 큰 줄거리에서 보자면 대략 앞에서 말한 학문적 성향에서 크게 벗어난 적이 없었다. 이 점에 대해서는 지금 이 시점에서도 무척 다행스럽게 생각하며 적지 않은 보람을 느끼고 있다.

이러한 점에서 지금 내가 젊은이로 다시 태어나 학문의 세계에 새롭게 뛰어든다 하더라도 여전히 비슷한 경로를 밟게 되지 않을까 하는 생각이 든다. 그렇지만 이것은 어디까지나 내 생각이고 지금 학문을 시작하는 젊은이들에게 이를 따르라고 권하고 싶은 마음은 없다. 지금의 젊은이들은 이미 나 자신과는 상당히 다른 감수성을 지니고 있으며, 또 내가 이미 살아온 세계와는 크게 다른 세계를 살아갈 것이기 때문에 이들의 앞날에는 이들에게 가장 적합한 진로가 있을 것이다. 그렇기는 하나 이들이 만일 학문에 관심을 가지고 학문이 인도하는 길로 살아가기를 원한다면, 앞서 간 사람으로서 몇 가지 전해 줄 말이 없지 않을 듯하다. 말하자면, 학문의 속성상 그리고 삶의 속성상 변하지 않을 방법론적 노하우가 있을 수 있겠는데, 그 몇 가지를 추려서 말해 보고자 한다.

먼저 한 가지는 앎의 뿌리와 줄기를 항상 의식적으로 다듬어 나가라는 것이다. 학문을 한다는 것은 앎을 단순히 받아들여 기억의 공간 안에 무작위로 쌓아 두는 것이 아니라, 자기 속에 이미 마련된 앎의 뿌리와 줄기를 찾아 이를 바른 자리에 접목시켜 나가는 것을 의미한다. 그렇기 때문에 본격적으로 학문을 수행하기 위해서는 먼저 가장 기반이 되는 앎의 뿌리를 마련하고 모든 것을 이에 연결해 나가려는 노력을 해야 한다. 물론, 처음부터 앎의 뿌리가 무엇이 될지를 설정하는 일은 쉽지 않다. 시행착오를 거치면서 이러한 작업을 시도하다 보면 자연히 어느 쪽은 뿌리로 깊어지고 또 어느 쪽은 줄기로 뻗어 나가게 된다. 이러한 일은 우리 안에서 무의식적으로 진행되기도 하지만 진지하게 학문을 하려는 사람이라면 이를 위해 의식적인 노력을 기울임으로써 자기 학문의 토대를 확고하게 닦아야 한다. 그러니까 적어도 한번은 현재 내가 아는 앎의 가장 기반이 되는 부분이 무엇인지를 냉철하게 살펴보고, 잘 모르겠다는 생각이 들면 임시로라도 이것에 해당하는 것을 설정하고 모든 다른 앎을 여기에 연결시켜 하나의 통합된 전체가 이루어지는지를 살펴보는 것이 좋다. 그렇게 하다 보면 더 확실한 뿌리가 무엇인지를 알게 되고, 다시 이를 바탕으로 한 더 나은 체계가 얻어지게 된다. 가장 가깝게는 자기가 현재 전공하고 있는 분야 안에서 이러한 작업을 수행해 볼 수 있다. 그리고는 전공을 넘어 이를 확산시켜 나간다. 이렇게 항상 자신이 새롭게 받아들이는 모든 앎을 여기에 연결하고 수시로 그 전체를 점검해 나가다 보면 자기도 모르게 매우 체계적인 앎의 대륙이 자기 안에 이루어짐을 알게 될 것이다. 이것이 바로 내가 앞에서 말한 '연결'을 이루어 내는 구체적 방식이다.

그리고 또 한 가지는 앎의 즐거움을 의도적으로 추구하라는 것이다. 앞의 것이 주로 앎을 담아낼 지적 바탕을 의식적으로 정리하는 것이라고 한다면, 이것은 앎을 추구할 심적 바탕을 의도적으로 관리함을 의미한다. 배우는 과정 그 자체가 늘 즐겁기만 하다면 얼마나 좋겠는가? 하지만 이것은 거저 얻어지는 축복이 아니다. 그렇게 되도록 주변에서도 도와야 하지만 가장 중요하게는 이를 위해 스스로 노력해야 한다. 그렇게 해서 일단 배우는 과정이 즐거워지기만 하면 공부는 저절로 된다. 문제는 어떻게 해야 그렇게 되겠는가 하는 점인데, 나는 두 가지 점만을 강조하고 싶다. 첫째는 절대로 무리를 하지 말고 천천히, 그리고 내 힘으로 확실한 앎을 얻어 내는 경험을 쌓는 일이다. 하나의 즐거운 경험은 더 큰 즐거움을 추구할 가장 확실한 동기가 된다. 그리고 둘째는 학문과 삶을 결코 유리시키지 말라는 것이다. 삶과 본질적으로 관련되지 않은 학습에는 깊은 즐거움이 따르지 않는다. 반면, 자신의 삶과 본질적인 관련을 가진 앎을 얻을 때 즐거움은 저절로 솟는다. 그리고 이것은 학문과 삶을 일치시킬 때 그 절정에 이르게 된다. 장인匠人의 정신이 바로 그런 것이라 할 수 있다. 장인이란 자기의 앎을 삶의 예술로 승화시켜 낸 사람들을 일컫는 말이다.

내가 지금 거의 만년에 이르러 무엇보다 다행스럽게 여기는 것은 아직도 나는 앎의 추구를 가장 큰 즐거움으로 느끼며 살고 있다는 점이다. 지금도 나는 잘 다듬어진 앎의 내용을 접하면 마치 잘 차려 낸 요리 상이나 받은 듯 그 참맛을 음미하기에 바쁘다. 그러나 나도 이제는 누리고만 있을 것이 아니라 누린 것을 갚아야 할 때가 다가 오는 것 같다. 내 생애가 끝나기 전에 남들을 위한 학문적 요리를 만들어 내는 일이다. 단순히 학자를 위한 학문이 아닌 대중을 위한 학문, 그리고 이 안에 학문의 진수가 모두 녹아 있는 영양가 있는 요리를 만들어 제공하고 싶은 것이다. 이것이 바로 내게 즐거운 한 생애를 선사해 준 이 세계의 모든 이들에게 내가 베풀어야 할 마지막 도리가 아니겠는가 하는 생각을 해 본다.

Profile

서울대학교 문리과대학 물리학과를 졸업하고 미국 루이지아나 주립대학교 물리학과에서 박사학위를 받았다. 미국 텍사스 대학교 연구원을 거쳐, 30여 년간 서울대학교 물리학교수로 재직했고, 현재 서울대학교 명예교수로 있다. 학문적 관심분야는 물리학 외에 과학이론의 구조와 성격, 생명문제, 동서학문의 비교연구 등이며, 『과학과 메타과학』, 『삶과 온생명』, 『공부도둑』, 『온생명과 환경, 공동체적 삶』 외에 다수의 저서와 논문이 있다.

대학에서의 공부와 자아탐색

박철홍
영남대학교 교육학과 교수

획일적인 교육에 대한 반성

대학은 문자적인 의미로 보면 '큰 배움을 성취하는 곳' 이다. 그런데 필자가 보기에 우리나라의 중 · 고등학교 교육은 물론, 대학교육도 큰 배움을 성취하는 데 그다지 성공하지 못하고 있다고 판단된다. 여기에는 공부에 대한 그릇된 생각이 널리 퍼져 있기 때문이다. 큰 배움을 성취하기 위해서는 무엇보다도 공부에 대한 그릇된 생각을 바로 잡는 것이 중요하다.

오늘날 한국 교육을 캐리커처로 표현한다면, 한 쪽 발은 침대에 올려놓은 채 한 손에는 톱을 들고, 다른 한 손에는 인간을 손에 움켜쥐고 있는 프로크루스테스Procrustes를 그리는 것이 적절할 것이다. 그리스 신화에 의하면 아테네 교외에 있는 캐피소스 강가에 살았다는 프로크루스테스는 쇠침대를 갖고 있었는데, 모든 사람의 키가 그 쇠침대와 일치해야 한다고 생각했다. 그는 다리 위를 지나가는 사람을 집으로 잡아 와서는 쇠침대에 눕히고 키가 침대보다 크면 다리를 잘라 죽이고, 침대보다 짧으면 몸을 늘여 죽였다고 한다. 이 신화가 시사해 주는 한 가지 사실은 일정한 길이를 가진 쇠침대라는 잣대에 모든 사람의 키를 맞추는 것과 같은 획일적인 사고는 인간을 죽이는 결과를 가져온다는 것이다.

획일적인 교육은 오늘날 한국의 중 · 고등학교 교육을 지배하고 있는 가장 두드러진 특징이다. 우리나라 교육이 동일한 내용과 획일적인 사고방식을 기르는 일을 하게 된 데에는 우리나라에서 대학 입시가 차지하는 중요성과 관계가 있다. 수학능력고사와 같이 전국의 모든 학생들을 대상으로 실시하는 객관식 고사나 내신 성적과 같이 동일한 내용을 교내 모든 학생들을 대상으로 실시하는 시험이 대학입학전형의 중요한 척도가 되는 한 교육은 동일한 교육내용을 가르치며, 동일한 문제에 대해 동일한 정답을 암기하도록 할 수밖에 없다. 그런데 큰 배움은 획일적인 정답을 암기하는 식의 시험용 공부를 통해서는 결코 성취될 수 없다.

심성함양을 위한 공부

교육은 교과를 가르치고 배우는 일이며, 이 과정을 통해서 학습자의 마음에 무엇인가를 길러 주는 것, 즉 '심성을 함양하는 것' 이다. 인간은 배운 것을 마음에 저장함으로써 인간이 되며, 배운 것의 총체로서 마음을 가지고 인간으로 살아간다. 늑대소녀 이야기－1920년 인도의 늑대 굴에서 발견된 2세의 아말라Amala라와 8세의 카말라Kamala라는 여자아이에 관한 이야기—에서 알 수 있는 바와 같이 생물학적인 면에서는 인간으로 태어났다고 하더라도 교육을 받지 않은 사람은 정상적인 인간이 될 수 없다. 그것은 잘 익어서 제 맛이 나지 않는 과일을 진정한 의미의 과일이라고 볼 수 없는 것과 같은 것이다. 인간은 교육받음으로써 비로소 인간이 되며, 교육받은 만큼 진정한 의미의 인간이 된다고 할 수 있다. 이때 인간이 된다는 것은 교육받은 결과 인간으로서의 심성을 갖추었다는 것을 의미한다. 사람은 보다 바람직한 심성을 갖추는 만큼 인간다운 인간이 되며, 그만큼 삶의 질이 향상된다. 바로 이런 점에서 교육—학교를 비롯하여 삶 전체에서 이루어지고 있는 교육을 포함하는 교육—은 인간을 만드는 일이며, 삶의 질을 향상시키는 일이다.

정답을 암기하는 공부와 심성함양을 위한 공부가 교육 실제에서 얼마나 다른 모습을 띠게 되는지, 그리고 정답암기식 공부에 어떤 문제가 있는지를 알아보기 위하여 하나의 에피소드를 살펴보도록 하겠다.

> 10여 년 전 '농무'의 시인 신경림 씨가 경상북도의 한 중학교를 찾아갔다. …… 신씨와 이야기를 나누던 교사들이 재미있는 제안을 했다. 참고서에 나오는 국어 시험문제를 풀어 보라는 것이었다. 그것도 신 씨의 작품 〈가난한 사랑 노래〉에 관한 문제들이었다. '가난하다고 해서 외로움을 모르겠는가 / 너와 헤어져 돌아오는 / 눈 쌓인 골목길에 새파랗게 달빛이 쏟아지는데……'로 시작하는 시에 대한

객관식 문제 10개를 신 씨가 즉석에서 풀었다. 결과는 겨우 30점. 세 문제밖에 맞히지 못한 것이다.

중앙일보, 2004. 5. 26.

우리가 쉽게 짐작할 수 있듯이, 이 문제를 푼 대부분의 중학생들은 신경림 시인보다 더 높은 성적을 받았을 것이며, 적지 않은 학생들이 만점을 받았을 것이다. 정답암기식 공부의 관점에서 보면 높은 성적을 받은 학생은 우수한 학생이며, 학생들이 시에 대한 실력이 신경림 시인보다 더 우수하다고 말할 수 있다. 그러나 시를 배우면서 길러야 할 마음의 능력, 즉 심성함양의 관점에서 보면 시를 배우는 것은 학생들에게 신경림 시인이 시를 쓸 때에 가지고 있는 것과 유사한 시적 심성이나 심적 상태를 함양하기 위한 것이다. 이때 학생들이 〈가난한 사랑 노래〉라는 시에 대해 신경림 시인보다 더 잘 안다는 것은 거의 불가능한 일이다. 이런 점에서 보면 소위 만점 맞은 학생들은 도대체 무엇을 배운 것인가 하는 의문이 생기게 된다. 그리고 학생들이 높은 점수를 획득했다는 것은 과연 제대로 공부한 증거가 될 수 있는가 하는 문제를 제기하게 된다.

심성이 함양된다는 것은 내면의 눈, 즉 안목을 갖는다는 것을 말한다. 우리는 사물을 볼 때 신체적인 눈만을 가지고 사물을 본다고 생각하는 경향이 있다. 그러나 우리는 신체적인 눈으로 사물을 보는 것 이상으로 내면의 눈, 즉 '안목' 을 가지고 사물을 본다. 엄밀히 말하면 사물 자체는 신체적인 눈을 가지고 보지만 사물의 의미는 내면의 눈을 가지고 본다. 단지 신체적인 눈만 가지고 본다면 그림이 그려져 있는 천이나 태극기는 차이가 없다. 그러나 내면의 눈으로 보면 그림이 그려져 있는 천과 태극기는 엄청난 차이가 있다. 그런데 대한민국 국민으로 교육받은 사람, 보다 구체적으로 대한민국 국민의 심성을 가진 사람만이 이 두 가지가 서로 다르며, 태극기가 그려진 천을 소중하게 생각하는 마음을 가질 수 있다.

이와 마찬가지로 미술에 대한 이해가 전혀 없는 사람에게는 피카소의 그림이나 추상파 화가의 그림 같은 것은 전혀 이해할 수 없는 색채의 덩어리로밖에 보이지 않을 것이다. 미술을 공부하고 미술적인 심성을 함양하지 않으면 우리의 눈은 단지 색채에 대한 물리적 반응만 있을 뿐 아름다움을 포착하지 못하는 '심미적' 장님에 지나지 않게 된다. 심청전에서 심청이 아버지의 눈을 뜨게 하기 위해 목숨을 바쳤던 것처럼, 신체적 눈이 멀어 장님이 된다면 사람들은 전 재산을 투자해서라도 개안 수술을 하려고 할 것이다. 그러나 내면의 눈을 아름답게 하는 것이 인간 삶의 질을 결정하는 중요한 척도라는 것을 인정하는 사람들이 있기는 하지만, 내면의 눈을 뜨게 하기 위해 전 재산을 투자하겠다고 할 만큼 그 중요성을 절실하게 느끼는 사람은 쉽게 만날 수 없다.

자아의 탐색과 확립

이 글의 주제와 관련하여 말한다면 단순한 암기식 공부는 건전한 안목이나 자아정체성을 형성시켜 주지 못한다는 데 문제가 있다. "그리스의 철학자 탈레스는 '만물의 근원은 물이다.' 라고 말했다."는 교육내용을 예로 들어 암기식 공부의 문제를 살펴보도록 하겠다. 필자가 고등학교 다닐 때의 경험에 비추어 보면 고대 그리스 철학자들의 낯선 이름과 그들이 만물의 근원이라고 주장한 내용이 이렇다 할 설명 없이 제시되어 있었다. 이런 내용을 두고 출제되는 시험문제는 주로 다음과 같은 형태를 띠게 된다. 예를 들면, "'만물의 근원은 물이다.' 라고 말한 사람은 다음 중 누구인가?" 또는 "탈레스는 '만물의 근원은 ( )이다.' 라고 말했다. ( )에 알맞은 말을 넣으시오."와 같은 4지 선다형 또는 단답형 질문이 나온다. 이러한 시험문제에 익숙한 학생들은 "탈레스 물, 탈레스 물, 탈레스 물, ……" 하는 식으로 입으로는 중얼거리고 손으로는 연습지 위에 휘갈겨 써 가면서 무의미 철자를 계속해서 머릿속에 집어넣게 된다(학생들과 이야기를 해 보면 이러한 경험은 오늘날의 교육현장에서도 크게 달라지지 않은 것 같다.).

제시된 철학자들의 이름과 그들이 만물의 근원이라고 주장한 것들을 완전하게 일치시켜 암기하기 위해서는 무수한 반복이 요구된다. 그렇지만 정작 그러한 주장이 어떤 의미를 가지고 있으며, 그러한 지식이 우리의 앎과 삶에 어떤 관련이 있는가 하는 점은 중요하게 다루어지지 않으며, 학생들도 그런 문제에 대해서는 별로 생각하려고도 하지 않는다. 공부의 과정에서 학생들의 주된 관심은 시험에 나오는 문제이며, 학생들은 시험에 나오는 문제를 풀 수 있는 것만 알면 충분하다고 생각한다. 어떤 정보나 사실을 암기하는 것 그 자체를 문젯거리라고 할 수는 없다. 그런데 이러한 공부 행태가 제기하는 중요한 문제 중의 하나는 공부하는 사람들에게 공부에 대한 왜곡된 생각을 갖게 만든다는 점이다. 암기식 공부에 의해서는 배운 내용에 대해 내면화가 일어나지 않으며, 그러한 것을 배우는 것이 어떤 점에서 의미 있고 가치 있는지를 알게 할 기회를 제공해 주지 못한다.

원래 공부는 시험을 위한 것이 아니다. 공부는 무엇보다도 보다 나은 삶을 살기 위하여 하는 것이며, 보다 나은 삶을 살기 위하여 삶을 구성하는 다양한 영역에 대하여 삶의 의미와 가치를 탐구하는 일이다. 따라서 공부는 좋은 삶을 살기 위해서는 필수적인 요소이며, 살아 있는 동안 계속해서 해야 하는 삶의 일부분이다. 암기식으로 공부하게 되면 사람들은 공부가 삶을 사는 동안 삶 속에서 끊임없이 이루어지고 있으며 의미 있는 삶을 위해서는 반드시 해야 하는 필수불가결한 일로 인식되기보다는, 시험에 좋은 성적을 얻고 그 결과 주어질 보상을 얻기 위한 것으로 생각하게 된다. 곧 공부는 시험을 위한 것이라는 생각을 갖게 한다. 그렇게 되면 사람들은 시험과 같이 강제적으로 부과되는 경우를 제외하고는 공부를 불필요한 것으로 생각하게 되며, 나아가 공부 자체를 지긋지긋하고 혐오스러운 것으로 보게 된다.

학습내용의 내면화가 이루어지는 것은 배운 내용들이 학습자의 심성의 형성과 함양에 어떤 식으로든지 영향을 미친다는 것을 의미한다. 가장 일반적인 의미에서 배운 내용이 심성함양에 영향을 미친다는 것은 배운 내용이 안목이 된다는 것을 뜻한다. 어떤 지식을 내면화하는 데에는 삶의 경험의 결과 획득된 총체, 즉 삶에서 획득하고 내면화된 모든 것으로서 총체적 지식이 반드시 관여하며, 그 결과 다시 총체적 지식을 형성하게 된다.

'만물의 근원은 물이다.' 라는 문장을 가지고 이 점을 좀 더 자세히 살펴보도록 하자. 자신의 삶의 경험에서 갖는 의미를 중심으로 지식을 배우는 학습자에게 있어 이 문장을 누가 이야기했느냐 하는 것은 특별한 경우를 제외하고는 중요한 문제가 아니다. 중요한 것은 '만물의 근원은 물이다.' 라는 문장의 내용에 있다. 그런데 자신의 경험에 비추어 사고하는 일을 한다면 이 내용을 접하는 순간 학습자는 '만물의 근원이 과연 물인가?' 하는 의문을 갖게 된다. 필자의 경험이나 지식에 비추어 보면 '만물의 근원은 물이다.' 라는 말은 수학적으로 보면 2×3=8이라는 잘못된 풀이에 해당된다. 물이 인간 삶에 중요한 요소라는 것을 인정한다 하더라도, 8이 정답이 아니듯이 물은 만물의 근원이 아니다(곰곰이 생각해 보면 정답을 요구하는 시험문제에 대답하기 위하여 '탈레스-물' 이라고 연결하여 반복해서 암송하는 공부 방법은 실로 한편의 '코미디' 라고 할 만하다.).

여기서 이 지식을 공부하는 학생들은 '그렇다면 과연 만물의 근원은 무엇인가?' 하는 질문을 갖게 된다. 만일 이 질문에 대하여 스스로 대답하려고 하면 자신의 삶의 경험과 자신이 가지고 있는 모든 지식을 총동원하여 이런저런 답을 찾아보는 도리밖에 없다. 그리고 그 답을 찾기 시작하는 순간 여기서 말하는 근원은 도대체 어떤 종류의 것을 말하는가-그것은 정신적인 것인가 아니면 물질적인 것인가?-하는 질문도 갖게 된다. 또한 그 순간 여기서 말하는 만물은 무엇인가, 여기에는 인간도 포함되는가 하는 등등의 질문이 꼬리에 꼬리를 물고 일어나게 된다.

이런 상태에 이르게 되면 학습자는 자신의 생각을 넘어서서 다른 사람들에게 자신의 의문에 대한 조언을 구하는 단계에 이르게 된다. 다른 사람의 조언을 구하는 방법은 관련된 서적을 읽는 것과 선생님이나 동료를 비롯하여 주변에 있는 다른 사람들과 관심 있는 문제에 대해 함께 생각해 보거나 토론하는 것으로 발전하게 된다. 바로 이런 과정을 통하여 학습자들은 자신의 의견을 명료화하며, 다른 사람들의 견해도 확인하게 된다. 그리고 자신의 의견과 다른 사람의 견해 사이의 차이점도 파악하게 된다. 그리고 차이점을 조정하면서 보다 바람직한 생각을 정립하는 과정을 갖게 된다. 이런 과정을 통해서 사람들은 자신만의 독특한 총체적 지식의 체계, 즉 자신의 안목과 개성을 확립하게 된다.

요즈음 우리나라 고등학생들은 아침부터 저녁 늦게까지 학교와 학원에서 교과공부에 시달리고 있다. 이러한 공부 행태는 다양한 문제를 야기하겠지만 중요한 점은 획일화된 '교과' 공부만이 있을 뿐 학생들 자신의 마음을 형성하고 표현할 수 있는 삶이 없다는 것이다. 인간은 자신을 형성하고 자신을 표현할 수 있는 삶을 통하여 소위 자아정체성을 형성하게 된다. 인간으로 산다는 것은 자신이 어떤 사람이며, 어떤 일에 관심을 가지고 있으며, 어떤 꿈을 성취하기 위해 사는 존재인가 하는 자신에 대한 모습을 가지고 사는 것이다. 넓은 의미에서 삶과 교육은 그러한 자아정체성을 형성하며, 자아정체성에 따라 살며, 자아정체성을 재형성하는 연속적인 과정으로 이루어져 있다.

일정한 안목이나 건전한 자아를 갖는다는 것은 자신의 삶의 의미를 실현할 수 있는 일이나 활동을 갖게 된다는 것을 의미한다. 건전한 자아를 발견하지 못할 때 사람들은 은연중에 사회 속에 널리 퍼져 있는 교육에 대한 사고방식, 즉 이데올로기에 사로잡히게 된다. 학교교육에서 학생들을 사로잡는 것은 '성적' 이데올로기다. 학부모가 학교에 다니는 자녀에게 하루에도 몇 번씩 묻는 질문이 "공부 잘 하고 있느냐?" 하는 것이며, 친척이나 동네 어른들이 학교에 다니는 아이들을 만났을 때 가장 흔히 하는 질문도 "공부 잘 하고 있느냐?" 하는 것이다. 이 질문은 대부분 심성함양에 대한 질문이라기보다는 "성적이 몇 점이냐?" 하는 질문이며, 더 구체적으로 "몇 등 하고 있느냐?" 하는 질문이다. 이런 질문을 받으면서 학생들은 '성적'과 '등수'를 중요한 자아로 갖게 된다. 이런 질문의 배경에는 학생들을 독특한 개성을 가진 인격체로 존중하기보다는 성적과 등수에 의해 일률적으로 평가하고 서열화하는 생각이 들어 있다.

자유로운 사고와 탐구 정신을 기르는 공부

공부가 삶의 경험과 분리되고 자아정체성 형성에 의미 있는 영향력을 행사하지 못할 때 공부의 결과를 외적인 가치와 연결 짓는 것은 교육의 목적을 설정하는 자연스러운 방법이다. 문제는 성적과 등수에 대한 자아는 일상적인 사회생활과 관련된 정상적인 자아가 아니며, 인간이 살면서 행하는 일과 관련된 건전한 자아가 아니라는 사실이다. 이런 경우에 학생들은 사회에서 널리 인정되는 유익한 것을 추구하려는 열망을 갖게 된다. 자신의 삶의 이상을 반영하는 구체적인 자아정체성을 형성하지 못할 때, 사회생활에서 가장 강력한 힘을 가진 돈과 돈을 획득하기에 용이한 권력이 교육의 중요한 목적이 되는 것은 너무나 당연한 일이다.

결국 성적과 등수에 대한 광적인 열망은 따지고 보면 자신이 원하는 것은 무엇이든지 획득할 수 있게 해 줄 수 있는 것으로 보이는 돈에 대해 광적으로 열망하는 자아, 즉 '돈狂자아'로 발전하게 되는 것은 불을 보듯 뻔한 일이다. 이러한 사실을 잘 보여 주는 것 중의 하나가 학생들이 대학에 진학할 때 대학과 학과를 결정하는 방식이다. 우리나라에서 대부분의 학생들은 대학을 선택할 때 자신의 능력을 발휘하고 극대화하기에 적합한 대학보다는 조금이라도 더 서열이 높은 대학에 진학하기 위하여, 그리고 학과의 선택에 있어서도 적성과 관심보다는 돈과 권력을 획득하는 데 용이한 학과를 선택하기 위하여 수단과 방법을 가리지 않는 경향이 있다.

이상의 논의에 비추어 볼 때, 오늘날 한국 교육은 잡다한 지식은 많이 갖고 있으나 삶에 대한 신념, 즉 '얼' 이 없는 사람, 그리하여 돈과 권력만이 중요한 삶의 척도라고 생각하는 인간을 양성하는 속류 자본주의 사회의 하수인 노릇을 충실히 하고 있는 것 같다. 그런데 교육과 공부를 이런 식으로만 생각하고 그런 목적으로만 이용하는 것은 교육에 대한 이상적인 생각과 교육제도를 발전시켜 온 인류의 삶과 지혜에 역행하는 것이다. 원시시대에는 인간도 동물과 크게 다를 바 없었다. 그 당시에 인류는 우리가 지금 당연시하며 누리고 있는 그 어떤 것도 가지고 있지 않았다. 그때는 안락한 삶을 보장해 주는 주택이나 가재도구도 없었으며, 필요할 때 사용할 수 있는 기계나 자동차도 없었다. 삶을 풍요롭게 해 주는 음악도 미술도 없었으며, 문학과 시도 없었다. 심지어 인간다운 삶을 보장하는 정의에 대한 생각이나 도덕규범도 없었다.

이 모든 것은 우리의 조상인 인류가 지식과 지혜를 탐구하고 발전시켜 온 결과로 오늘날 우리가 누리게 된 것이다. 대학교육은 바로 인류가 발전시켜 온 최상의 지식과 지혜를 다음 세대에게 전달해 주며, 그것을 더 발전시킬 수 있는 가능성을 길러 주는 것이다. 인류가 지식과 지혜를 축적하고 발전시킬 수 있었던 것은 인간 특유의 사유능력, 즉 자유로운 사고가 있었기 때문이며, 자유로운 사고를 바탕으로 삶의 세계에 대한 진지한 탐구와 성찰이 있었기 때문이다. 그러므로 '큰 배움' 의 과정을 통하여 습득해야 할 것은 시대가 지난 죽은 지식의 덩어리를 암기하는 것이 아니라, 자유로운 사고를 마음껏 구사하며 삶의 세계에 대한 진지한 성찰과 탐구의 방법과 태도를 함양하는 것이다.

사실, 삶과 인생의 모든 문제에 대해 진지하게 사고하고 탐구하면서 자신의 자아정체성을 확립해야 할 나이에 있는 대학생들이 아무런 의미도 없는 죽은 지식을 시험에 나오는 정답이라는 이유로 기계적으로 암기하는 것은 자신의 자유로운 영혼을 말살시키는 죄악에 해당한다. 대학교육이 추구하는 큰 배움은 우리가 자유로운 존재이며 사고할 줄 아는 존엄한 존재라는 사실을 각성하는 데에서 시작된다. 그리고 큰 배움은 자유로운 사고를 마음껏 발휘함으로써 실제로 삶의 세계를 성찰하고 탐구할 때 성취할 수 있다. 큰 배움을 실천할 때 우리는 비로소 진정한 의미의 인간으로 태어나는 것이며, 그 배움을 실천하는 만큼 인간다운 인간이 되며 인간다운 삶을 사는 것이다. 인간다운 인간으로 거듭나며, 인간다운 삶을 사는 방법을 실행하는 것, 이것이 바로 대학에서 배우고 익혀야 할 가장 중요한 목표다.

Profile

서울대학교 교육학과를 졸업하고, 서울대학교 대학원에서 석사학위를, 미국 뉴욕주립대학교에서 존 듀이 연구로 박사학위를 받았다. 현재 영남대학교 교육학과 교수로 재직 중이며 한국도덕교육학회회장을 역임했다. 『경험과 이해의 성장』, 『학교가 무너지면 미래는 없다』, 『학교교육과정 개발』, 『도덕성 회복과 교육』, 『아동과 교육과정』, 『아이를 위대한 사람으로 만드는 55가지 원칙』 등의 저(역)서와 다수의 논문이 있다.

구두닦이 소년, 덴마크 왕의 초청으로 유학길에 오르다

류태영
농촌 · 청소년 미래재단 이사장, 건국대학교 명예교수

마음에 뿌려진 세 가지 씨앗

어린 시절 나는 먹을 것이 없어 두어 달 동안 쌀이나 보리 같은 곡식을 한 톨도 입에 넣지 못하는 때가 많았다. 그래서 산에 가서 소나무 속껍질을 벗겨 삶아 먹고, 도토리도 따 먹고, 칡뿌리도 캐 먹고, 솔잎과 쑥 같은 것을 뜯어 먹었다. 때론 고구마만으로 며칠씩 연명했다.

그렇게 가난하던 초등학교 5학년 때 어머니 손에 잡혀서 교회를 나가기 시작했다. 볏짚으로 만든 쌀가마니를 땅바닥에 깔고 예배를 드리는 교회였다. 어른들이 20명, 아이들이 20명 정도 되는 교회에서 신앙의 세 가지 씨앗이 내 어린 마음에 뿌려졌다.

첫째, 전지전능하신 하나님이 살아 계시다는 사실
둘째, 그 하나님이 우리가 아닌 '나 류태영' 을 사랑하신다는 사실
셋째, 기도를 통해서 하나님과 커뮤니케이션을 할 수 있다는 사실

어린 시절 내 마음에 뿌려진 이 세 가지 씨앗은 일평생 신앙의 뿌리가 되었고, 나를 키워 준 원동력이 되었다. 어머니는 나를 위해 365일 하루도 안 빠지고 새벽기도를 다니셨는데, 나도 초등학교 5학년 때부터 새벽기도를 따라다녔다. 그때부터 시작된 새벽기도는 지금까지 계속되고 있다. 이 신앙이 내게 용기와 희망과 소망을 주고 어떤 어려운 현실과 상황에서도 미래에 대한 꿈과 희망이 넘쳐나게 한다.

꿈은 어려운 환경에서도 나를 지탱해 주는 힘

초등학교를 졸업한 후, 중학교는 부잣집 아이들이나 가는 곳이라 생각한 나는 지게를 지고 산으로 들로 일하러 다녔다. 남의 집 마당, 남의 밭, 남의 논에 가서 일하고, 남의 돼지를 먹이는 생활을 했다. 어느 날 산에서 내려오는데 초등학교 때 반장도 못 해 보고 우등상도 못 타고 개근상도 못 타 본 아이가 중학교 모자를 쓰고 가는 모습을 보면서 엉엉 울며 하나님께 기도했다. "하나님, 저 친구들은 나보다 공부도 못하고 개근상도 못 탔는데 중학교를 다니고, 나는 이렇게 지게 지고 땀을 뻘뻘 흘리며 남의 집 일을 하고 지내야 하나요? 나도 공부하고 싶어요."

그때 나는 내 일생을 통해서 할 수 있는 한 끝까지 공부를 하겠다는 꿈을 갖게 됐다. 공부를 많이 해서 가난한 농촌을 위해서 살겠다고 서원誓願기도를 했다. 나처럼 먹을 것이 없어 굶주리는 농민들의 참혹한 현실을 보며, 우리 농민들이 가난이란 굴레에 갇혀 있는 노예 같다는 생각이 들었다. 어떻게 해서든 농민들을 가난의 굴레에서 해방시키고 싶었다. '반드시 이들을 해방시켜야 한다.' 나는 다짐하고 또 다짐했다.

꿈을 가지니 희망이 생기게 되면서 현실의 상황과 여건에서 최선을 다해야 한다는 생각이 들었다. 그래서 당장 집 모퉁이에 토끼를 몇 마리 키우기 시작했다. 다 기른 토끼 몇 마리를 내다 팔아 『중학교 강의론』이라는 책을 샀다. 그걸 가지고 3년 동안 죽어라 독학을 했다. 이 사실이 동네에 소문이 났고, 열여덟 살 되던 해에 내 소문을 듣고 감동을 받은 임실교회 엄병학 장로님께서 나를 테스트한 후 그 집 두 남매의 가정교사로 채용해 주셨다. 그 집에서 먹고 자면서 열여덟 살에 중학교에 들어가게 된 것이다.

중학교는 졸업했으나 당시 임실에는 고등학교가 없었다. 나는 어머니에게 차비를 마련해 달라고 해서 무작정 서울로 올라왔다. 미군부대에서 구두닦이를 하면서 야간고등학교에 들어갔는데 미군부대에 왔다갔다하는 사람들 중 유학을 간다는 사람도 있었다. 그때 유학이라는 단어를 처음 들었다. 그때부터 나도 유학을 가야겠다고 생각했다. 그리고 류달영 박사께서 쓰신 『새 역사를 위하여』라는 책에서 덴마크의 가난한 농촌이 세계적인 복지국가가 되는 과정을 읽고 덴마크로 유학을 가야겠다고 생각하게 됐다. 그곳에서 가난한 농촌이 어떻게 잘 사는 복지국가가 되었는지 배워 우리나라의 가난한 농촌을 살려보겠다고 결심했다.

꿈은 이루어진다

꿈은 원대했지만 내 현실은 아사 직전이었다. 구두닦이해서 번 돈으로 야간고등학교를 다니고 있었는데, 한 달에 한 번씩 수업료를 내려니 당연히 굶는 날이 많았다. 너무 많이 굶어서 빈혈이 심해 학교에 가다가도 여러 번 쓰러졌다. 아스팔트 길이 한쪽으로 기울어진 것 같고 어질어질해서 한참을 전봇대를 붙들고 있다가 가기도 했다. 그러다 아예 잔디밭에 드러누우면 1천 미터, 2천 미터 가라앉을 것 같은 느낌이었다. 이런 느낌은 영양실조에 걸려 보지 않은 사람은 모른다. 나는 이런 경험을 숱하게 했다. 구두닦이만 해서는 안 되겠다는 생각에 쓰레기를 주워 팔기도 하고, 못이나 쇳조각도 모아 팔기도 하고, 방학 동안에는 행상도 했다. 정말 안 해 본 일이 없다.

그렇게 힘겹게 야간고등학교를 졸업하고 대학도 야간대학을 갔다. 대학을 가려면 저축을 해야 하는데, 저축하려면 먹는 것을 줄이는 방법밖에 없었다. 쓰레기통에 버려진 밥을 더럽다는 생각도, 남들의 눈치를 볼 겨를도 없이 얼른 집어 들고 연탄재와 먼지 묻은 것을 털어 내고 먹었다. 곰팡이 핀 버려진 빵도 곰팡이가 많이 핀 부분을 잘라 내고 먹기도 했다. 공장 청소부로 들어가 오후 4시까지 언 손을 녹여 가며 걸레질을 하고 겨우 연명했는데, 그것도 나중에 공장이 부도가 나서 월급도 못 받고 오도 가도 못하는 신세가 된 적도 있었다. 그렇게 간신히 대학을 졸업했다.

나는 덴마크로 유학을 가기로 결심했던 것을 어떻게 이룰 수 있을지 생각했다. 어느 날 기도하는 중에 농촌에 대한 논문을 써야겠다는 생각이 들었다. 우리나라 농촌의 현실을 살펴보고 어떻게 발전해야 할 것인지에 관한 논문을 써서 자기소개서와 함께 덴마크로 보내기로 했다. 두 달이 걸려 논문과 자기소개서를 영어로 번역했는데 지도해 주는 사람이 아무도 없다 보니 관계대명사, 전치사 등이 잘못 쓰인 실수투성이 문장이 많았다.

나름대로 서류는 준비했는데 이것을 어디로 보내야 할지 몰랐다. 새벽기도를 드리던 중 해답을 얻었다. '그렇지! 내가 아무도 모를 바에는 그 나라에서 가장 높은 사람한테 보내야지.' 도서관에 가서 대백과사전을 들여다보니 덴마크의 가장 높은 사람은 왕이고, 왕의 이름은 프레드릭 9세라고 되어 있었다. 봉투를 만들어 논문과 편지를 다 넣고, "To: 프레드릭 9세 임금님 귀하" 이렇게 썼다. 그런데 주소를 알 수가 없었다. 그 이튿날 다시 기도를 드렸다. 하나님이 "걱정 말아라, 그 나라 편지배달부가 임금님이 어디 사는지 모르겠느냐."라고 대답하시는 것 같았다. '그렇지! 임금님은 그 나라 서울인 코펜하겐에 살겠지.' 그래서 봉투에 코펜하겐 덴마크라고 썼다.

20여 일 후 기적 같은 회답이 왔다. 덴마크 왕궁 사무실에서 온 것이었다. "왕께서 당신의 편지를 읽으시고 감동하시어, 당신의 뜻을 이루어 주도록 행정부에 이첩했습니다." 얼마 안 되어 덴마크 외무성 차관보가 사인한 정식 초청 편지가 또 도착했다. "당신이 원하는 기간, 원하는 장소에서, 원하는 분야를 공부할 수 있도록, 우리 정부가 책임을 지기로 했습니다." 드디어 꿈이 이루어진 순간이었다. 현실적으로 보면 한 대목 한 대목이 모두 불가능한 일이었다. 꼴머슴이었던 내가 중학교, 고등학교, 대학을 가고 유학을 가는 것이 전부 불가능한 일이었다. 그런데 아는 사람 하나 없는 덴마크에 전액 장학금을 받고 유학을 갈 수 있게 된 것이다.

덴마크 공항에 내리니 사람들이 말을 하는 것이 아니라 마치 새떼가 지저귀는 것 같았다. 그러나 기숙사에서 짐을 정리하고 나니 갑자기 앞이 캄캄해졌다. '새가 지저귀는 소리 같은 덴마크 말을 언제 배워서 대학에서 공부하나. 대학은 그 나라 말로 가르칠 텐데…….'

겁이 덜컥 났다. 더 이상은 염치가 없어 하나님께 뭘 더 해 달라는 말을 못하고 그저 "하나님!" 하고 부르기만 했다. 내가 그렇게도 원하던 유학까지 올 수 있게 해 주셨는데 더 이상 할 말이 없었다. 간절한 마음으로 기도를 드리는데, 구약성경 창세기에 바벨탑이 무너지는 모습이 머릿속에서 그려졌다.

거기서 하나님께서 각국의 모든 말을 만드셨다는 생각이 떠오르면서 저절로 내 입에서 "말을 만드신 말의 주인이신 하나님이시여, 내 입의 굳은 혀를 풀어 주시고, 머리를 명석하게 하셔서 말 배우는 지혜를 주옵소서!"라는 기도가 나왔다. 그렇게 간절히 기도하는데 하나님이 이렇게 물어보시는 것 같았다.

"너, 한국말을 어떻게 배웠느냐?" 나는 바로 대답했다. "어떻게 배웠냐고요? 아빠, 엄마, 까까 하면서 배웠지요." 맞다! 막 태어난 아기는 엄마 아빠 말소리를 흉내 내다가 말을 배우지 않는가. 그래서 나도 그 사람들이 하는 말소리를 흉내 내기로 결심했다. 몇 마디나 흉내를 내면 될까? 사람들이 일상적으로 쓰는 말이 몇 문장이나 될까?

노트를 꺼내서 "I am a boy, You are a girl……." 이렇게 영어로 쓰기 시작했다. 90문장쯤 쓰니까 더 이상 떠오르지 않았다. 그리고 새벽부터 밤까지 몇 문장을 외울 수 있나 생각했더니 10문장 정도 외울 수 있을 것 같았다. 새벽부터 밤까지 죽어라고 외우면 매일 10문장을 외우고, 한 달이면 300문장을 외울 것이니 그만큼만 외우면 의사소통을 할 수 있을 것 같았다. 그러나 10문장을 외우면 7문장을 잊어버릴 것이므로 기간을 석 달로 늘렸다.

3개월 만에 덴마크어 정복

석 달 동안 죽어라고 외우면 900문장을 외울 것이고 700문장을 잊어버려도 200문장은 남을 것이므로 목표량을 채우기 위해 최선을 다했다. 그 결과, 3개월 만에 덴마크 말을 할 수 있게 되었다. 나는 이 일로 덴마크 신문에도 대서특필되었다.

덴마크에서 공부하면서 이 나라는 우리보다 한참 앞서 있어서 우리가 따라가기에 적합한 모델이 아니라는 생각이 들었다. 농촌개발을 시작한 지 얼마 안 되는 나라가 좋겠다는 생각을 했는데 이스라엘이 적격이었다. 이스라엘은 1948년에 나라를 세워 부강한 국가를 만들어 가고 있었다. 그래서 덴마크 유학 중 이스라엘에 견학을 가기도 했다. 그리고 언젠가 이스라엘에 가서 그들의 노하우를 배워야겠다고 생각했다.

2년간의 덴마크 유학을 마치고 귀국하여 건국대학교 축산대학 장학생들의 정신교육을 담당하는 수련관 관장으로 재직하면서 농촌운동을 본격적으로 추진하기 시작했다. 그러던 어느 날 청와대의 부름을 받고 청와대에 새마을 담당관실을 만들어 새마을 운동에 참여했다. 새마을 운동에 참여한 지 약 2년, 다시 이스라엘 유학에 대한 욕구가 되살아나기 시작했다.

예루살렘 대학 20년의 기록을 깨고

드디어 이스라엘로 유학을 갔다. 1973년 봄, 내 나이 37세 때였다. 석 · 박사학위를 받으려면 8, 9년을 더 공부해야만 했다. 그러나 내 나이를 생각할 때 그 기간은 너무 길었다. 나는 석 · 박사학위를 4년 만에 최고 성적으로 끝내겠다는 계획을 세웠다. 어떻게 보면 무모하기 짝이 없는 계획이었다. 그래서 하나님께 기도했다.

"하나님, 제게는 8, 9년이란 기간이 너무 깁니다. 그러니 4년 안에

석 · 박사학위를 받도록 도와주옵소서."

작은 일에서 자신감을 얻으면 큰일도 해낼 수 있는 자신감이 축적되어 어떤 상황도 이겨 낼 수 있는 에너지가 생긴다. 나는 그동안 크고 작은 기적을 체험했다. 그러나 자신감만 가지고 다 되는 것이 아니다. 다시 구체적이고 치밀한 계획을 세웠다. 그리하여 덴마크에서 했던 방식 그대로 3개월 만에 이스라엘 일상용어를 마스터하고 3개월간은 전문용어를 공부하여 대학원 입학시험을 치렀다.

석사과정을 공부하며 지도교수에게 특별히 관심 가는 주제를 혼자 연구해 보겠다고 지도를 부탁했다. 교수는 숙제도 제대로 못하는 학생이 많은데 따로 연구까지 하겠다는 나를 기특히 여겨 성의껏 지도해 주었다. 나는 그 주제로 박사논문을 쓰기 시작했고 박사 필수 이수과목을 마치며 논문을 완성하여 석사과정 때부터 그 주제를 지도해 준 교수에게 논문을 제출했다.

지도교수는 "당신은 예루살렘 대학 20년간의 기록을 깬 사람이다."라고 했다. 4년 만에 최고 성적으로 석 · 박사과정을 마치겠다는 꿈이 현실화되었다. 나이의 많고 적음, 머리의 좋고 나쁨에 관계없이 꿈을 꾸고 계획을 세우고 하나님께 기도하고 노력하면 반드시 그 꿈이 이루어진다는 것을 다시 한 번 체험한 것이다.

나는 대학원에 입학한 지 4년 만에 박사학위를 받고 이스라엘 벤구리온 대학교의 초빙교수로 부임하여 히브리어로 농촌사회학 강의를 하게 되었다. 구두닦이 출신이 다른 나라에서 그 나라말로 강의하는 교수가 된 것이다.

신념은 태산도 옮긴다

살다보면 우리는 인생에서 크고 작은 문제를 만나게 된다. '이 문제는 내게 너무 커' '난 도저히 이 문제를 해결할 수 없어.' 거대한 산이 버티고 있는 느낌이다. 그러나 믿음은 태산도 움직일 수 있다. 산을 움직이는 믿음은 실은 나를 움직이는 믿음이다. 내가 내 인생을 가로막고 있는 산을 움직일 수 있다는 자신감을 가지면 산은 이미 옮겨진 것이나 마찬가지다. 그러나 산보다 더 옮기기 힘든 것이 내 마음이다. 차라리 산을 옮길지언정 내 마음을 바꾸기는 힘들다는 말이다. 거기서 얻어진 지혜와 깨달음으로 '할 수 있다'는 믿음과 확신을 가지고 구체적인 목표와 계획을 세우고 노력하면, 어느새 내 앞에 버티고 있던 산이 비켜 가고 새 길이 열리는 것을 경험하곤 한다. 삶 속에서 문제를 만날 때마다 이런 체험을 반복적으로 하면서 나는 점점 더 자신감과 힘을 축적할 수 있었다.

"나는 충분히 해낼 수 있다는 승리자의 마음을 가져라"

스스로를 하찮게 여기지 말라. 대신 '나는 충분히 해낼 수 있다'는 승리자의 마음을 가져라.

Profile

건국대학교를 졸업하고, 덴마크 노르딕 농과대학을 수료하고, 이스라엘 예루살렘히브리 대학교에서 석사 및 박사학위를 받았다. 이스라엘 벤구리온 대학교 교수, 건국대학교 교수를 역임했다. 대통령비서실 초대 새마을담당관으로 한국 새마을운동의 기초를 다졌고, 도산아카데미 원장 등을 역임했으며 현재 건국대학교 명예교수, 청소년미래재단이사장, 한국 · 이스라엘친선협회 회장으로 재직하고 있다. 『천재는 없다』, 『언제까지나 나는 꿈꾸는 청년이고 싶다』, 『나는 긍정을 선택한다』 외에 다수의 저서와 논문이 있다.

제2장

대학생활

젊은 날의 고뇌와 낭만

황필호
(사)생활철학연구회 회장

시간의 속성

언젠가 '만약 그대가 10년이 젊어질 수 있다면, 현재 당신이 가지고 있는 것 중에서 어떤 것을 버릴 수 없겠습니까?' 라는 질문을 받은 일이 있다. 평소에 시간이 한 방향으로만 흘러가는 속성과 어떤 경우에도 더욱 빨리 가거나 더욱 천천히 갈 수 없는 속성을 잘 알고 있는 나로서는 10년이 젊어질 수 있다는 가정 자체가 말이 되지 않는다. 한번 떠나간 시간은 영원히 다시 돌아올 수 없기 때문이다. 시련을 당한 사람이 아무리 울어도 시간은 무정하게 자기 발길을 걷고 있을 뿐이다. 그럼에도 나는 이런 결론을 내렸다. '만약 내가 10년이 젊어질 수 있다면, 나는 내가 지금까지 배운 모든 지식과 모든 지성을 당장 버릴 수 있을 것이다.' '시간 내內존재' 인 인간은 시간의 지배하에 살 수밖에 없기 때문이다.

그렇다면 우리는 이 짧은 시간을 어떻게 보내야 하는가? 무엇에 집중하면서 살아야 하는가? 물론, 이 문제는 각자의 삶의 유형에 따라서 다를 수밖에 없다. 잘못된 인간관을 가지고 평생을 살다가 이 세상을 떠날 때 '결국은 나의 실패일 뿐이야.' 하며 한숨을 쉬는 사람이 여기에 속한다. 이것은 우선 내가 무엇을 하거나 하지 않거나의 문제가 아니라, 마치 나의 삶이 영원히 지속될 것이라는 잘못된 인생관에서 오는 것이다.

젊음의 속성

한때 '청춘 영화'가 유행한 일이 있다. 원래 일본에서 유행했던 청춘이란 영화 트렌드가 마침 한국에서도 눈부시게 찬란했던 신성일·엄앵란류의 영화와 동일시되면서 생겨난 현상이다. 아마도 옳은 말일 것이다. 그러나 여기서 우리가 추구하는 것은 청춘이라는 말에 담긴 대중 문화적 발생 과정이 아니라 청춘의 본성 그 자체다.

자칭 천재이며 또한 천재란 오직 백 년에 한 사람씩만 탄생할 수 있다는 뜻에서, 한국 현대사에는 춘원 이광수가 천재였기 때문에 더 이상의 천재가 존재할 수 없다고 큰소리치던 양주동 박사는 청춘을 '선행사先行詞'로 설명한다. 이리 뛸 수도 있고 저리 뛸 수도 있기에 심사숙고하기도 전에, 막상 뛰어 놓고 보자고 훌쩍 행동하는 것이 청춘의 속성이라는 것이다. 그러니까 앞으로 전개되는 일에 대한 구체적 사전 분석 이전에, 긍정적이거나 부정적 결과를 구체적으로 예상하지도 못하면서 행동을 개시하는 속성이 있다는 뜻일 것이다.

여드름이 생기고 젖가슴이 볼록해지는 질풍노도의 시기에는 방콕(방 안에 콕 들어박혀 있는 것)보다는 드넓은 세계로 첨벙 뛰어드는 속성이 있기 마련이다. 참으로 축복받은 시절이다. 그래서 이 시기의 활동은 주로 가능성의 상태로 남아 있기도 한다.

이런 청춘 예찬은 평생 어린애의 삶으로 일관된 금아 피천득 선생에 이르러 정점에 이른다. 그의 수필 〈봄〉에서 그는 이렇게 말한다. "젊음은 언제나 한결같이 아름답다. 지나간 날의 애인에게서는 환멸을 느껴도, 누구나 잃어버린 젊음에는 안타까운 미련을 갖는다."

나이를 먹으면 젊었을 때의 초조와 번뇌를 해탈하고, 마음이 가라앉는다고 한다. 그러나 이 '마음의 안정'이라는 것도 무기력으로부터 오는 모든 사물에 대한 무관심을 말하는 것이다. 즉, 무디어진 지성과 둔해진 감수성에 대한 슬픈 위안의 말이다. 늙으면 플라톤도 허수아비가 되는 것이다. 아무리 높은 지혜도 젊음만은 못하다. 결론은 '인생은 40부터'라는 말은 '인생은 40까지'라는 말이다. 다른 것은 몰라도 내가 읽은 소설의 주인공들은 93%가 40세 미만의 인물이다. 그러니 40세부터는 여생餘生인가 한다. 40년이라면 인생은 짧다. 그러나 생각해 보면 그리 짧은 편도 아니다.

민들레와 제비꽃이 피고, 진달래와 개나리가 피고, 복숭아꽃과 살구꽃 그리고 라일락과 장미가 연달아 피는 봄, 이러한 봄을 40번이나 누린다는 것은 작은 축복이 아닐 수 없다. 더구나 봄이 40세가 넘은 사람에게도 온다는 것은 참으로 다행스러운 일이다.

청춘의 특권, 순수하고 떨리는 사랑

그러면 우리는 어떻게 청춘을 보낼 것인가.

첫째, 청춘이 아름다운 것은 어쩌면 그 시절이 미완성의 계절이기 때문이다. 그것은 제 색깔을 찾지 못한 빈 캔버스 같기도 하고, 제 모양을 찾지 못한 찰흙 덩어리 같기도 한 시절이다. 무언가를 채워 넣고 채워 넣어도 포만감을 느낄 수 없다는 사실은 그 시절이 무엇으로도 채울 수 없는 공허한 시절이기 때문일지도 모른다. 그것을 우리는 젊은 시절, 즉 '청춘'이라고 부른다.

그럼에도 청춘의 아이콘은 사랑이다. 사랑이 없는 청춘은 한여름에 마른 나무처럼 어울리지 않는다. 한 살 한 살 나이를 먹으며 세상에 노출되어 인생이라는 공해에 물들어 가다 보면, 사랑이라는 감정도 현실이라는 세속적 가치로 귀속되어 버리는 것을 목격하곤 한다. 인생에서 가장 사랑을 사랑답게 꿈꿀 수 있는 나이 역시 청춘이 아닐까. 순수한 설렘, 그 섬세한 떨림의 결정 같은 마음을 아름답게 유지하고 지켜 낼 수 있는 시절은 분명히 청춘이라는 시절에 주어진 자격이다.

둘째, 노인은 세상을 보는 눈이 커졌다고 믿는다. 나이를 먹을수록 자신이 살아온 역사와 취득한 지식에 반하지 않으려고 자기를 합리화하는 데 관대해진다. 자기합리화에 부끄러운 정보는 버리고 비슷한 기억은 미화하고 왜곡하여 재기억한다. 그러나 실제로 편견과 속단은 점점 가속한다. 세상 만물의 이치에 대한 판단은 점점 더 편견과 속단으로 이른다. 보고 싶은 것만 보고, 일부를 보고 전체를 판단한다. 자기만의 그곳에 들어 있는 자유에 대해서 관대해지는 대신 반민주, 자유의 억압에도 관대해진다.

셋째, 청춘 시절의 황금률은 뭐니 뭐니 해도 일촌광음불가경一村光陰不可經이다. 시간의 속성은 그것이 언제나 일방통행이고, 또한 어떤 외부의 조건에 의해서도 자신의 속도를 변경시키지 않기 때문이다. 다시 말하지만 인간은 시간 내의 존재다.

누가 만년 청춘인가

나는 지금까지 시간과 젊음의 속성을 간단히 기술했다. 여기서 나오는 결론은 무엇인가. 그것은 바로 인간이란 호기심의 존재라는 것을 말한다.

'인생은 50부터' 라는 말도 있고 '늙어도 마음만은 청춘' 이라는 말도 있고, '매일 새롭게日新又日新' 라는 말도 있다. 아마도 사람은 늙으면서도 항상 젊은 청춘으로 살 수 있다는 뜻일 게다.

그러나 다른 한편으로 '한번 흘러간 시간은 영원히 되돌아오지 않는다.' '마음은 원이로되 육신이 약하다' '죽음은 지치지도 않고 거두어들인다.' '권세도 10년을 넘길 수 없다權不十年' '인생은 한 마당의 꿈人生一場春夢' 이라는 말이 있다.

여기서 우리는 과연 어느 것이 옳은가 하는 질문을 던질 수 있다. 사람은 진정 만년 청춘으로 살 수 있는가? 그렇지 않으면 만년 청춘으로 살려는 욕망 자체가 우주의 법칙에 어긋나는 인간의 오만일 뿐인가? 그리고 이러한 욕망은 마치 50대의 남성이 청바지를 입고 젊은이가 된 듯한 착각을 하고, 주름살을 감추기 위해 짙은 화장을 한 여성이 껌을 질겅질겅 씹어서 젊어질 수 있다고 착각하는 꼴불견과 다름이 없는 일인가? 이 질문에 답변하기 이전에 우리는 먼저 청춘, 젊은이, 만년 청춘의 본질적인 속성이 무엇인가를 물어야 할 것이다.

젊은이의 속성은 자라나는 것이다. 봄에 새로운 싹이 무럭무럭 자라듯이 육체와 정신이 싱싱하게 자라나는 것이다. 자라나지 않는 젊은이는 이미 애늙은이에 불과하며, 성장하지 않는 청춘이란 마치 '원사각형'과 같이 모순된 말일 뿐이다.

그런데 인간이란 원래 육체와 정신으로 구성되어 있다. 정신이 빠진 육체는 사람이 아니라 돼지에 불과할 것이다. 그러므로 젊음이란 바로 인간의 육체와 정신이 드높은 가을 하늘을 향하여 뻗어 가는 높은 나무와 같이 무럭무럭 성장한다는 뜻이다.

그러나 육체에 관한 한 사람은 절대로 만년 청춘일 수 없다. 물론, 요즈음에는 눈의 쌍꺼풀도 만들고 얼굴의 주름살도 없애는 성형수술이 발달되어 있다. 그러나 감히 누가 늙어 가는 육체의 기능과 조직 자체를 정지시킬 수 있겠는가. 모든 사람의 육체는 30세를 지나서는 절대로 더 젊어질 수 없다. 오직 내리막길이 있을 뿐이다.

그러나 인간의 정신은 죽을 때까지 성장할 수 있다. 이렇게 늙어서도 만년 청춘으로 살았던 사람으로는 피카소를 들 수 있다. 그는 만년에 굉장히 젊은 여성과 결혼을 했다. 너무 밤늦게까지 작업에 몰두하는 피카소를 옆에서 지켜보다가 그의 부인은 자신도 모르게 깜빡 잠이 들곤 했다. 그러나 그녀가 깜짝 놀라서 다시 눈을 떴을 때 피카소는 이미 목욕을 마치고 다시 작업에 열중하고 있었다는 것이다. 그는 늙어서도 젊게 살 정도로 왕성한 정신력을 소유한 화가였다.

그러면 우리는 어떻게—적어도 정신적으로는—피카소와 같이 만년 청춘으로 살 수 있는가? 어떻게 몸은 늙어도 마음만은 항상 성장하면서 이 세상을 살 수 있는가?

육체가 성장하려면 음식을 먹어서 영양분을 섭취해야 된다. 영양분을 섭취하지 않는 육체가 성장하기를 바라는 것은 마치 돼지에게 왈츠를 부탁하는 어리석은 행위와 다름이 없다. 입력入力이 있어야 출력出力이 있을 수 있다. 이와 마찬가지로 정신이 성장하려면 정신적인 영양분을 섭취해야 한다. 영양분을 섭취하지 않는 정신은 물을 주지 않는 화병의 꽃과 같이 조만간 시들고 말 것이다.

정신적 영양분이란 무엇인가? 그것은 바로 책을 읽는 것이다. 책을 읽는 사람의 정신만이 성장할 수 있다. 그저 남의 말을 듣기만 하는 사람, 텔레비전의 연속극을 보고 국사國史를 배울 수 있다고 착각하는 사람, 영화를 보고 그 영화의 원작을 읽었다고 착각하는 사람, 그리하여 어느 경우에는 "나는 로미오는 읽었지만 줄리엣은 읽지 않았다."라는 기상천외한 발언을 할 수 있는 사람, 요약판이나 해설문고를 읽고 원작을 읽은 체하는 사람, 이런 사람들의 영혼은 절대로 성장할 수 없다. 그들의 영혼은 늙어 가는 육체보다 더욱 빨리 쇠퇴하고 말 것이다.

물론 현대인의 삶이란 절대로 한가롭지 않다. 나의 직장 생활만이 아니라 모든 사람의 삶이 피곤하다. 이것이 바로 번갯불에 콩 볶아 먹듯이 하루하루를 팔딱팔딱 뛰어야 하는 현대인의 특성이다. 그러나 우리는 육체적인 삶이 아무리 바쁘더라도 마음의 양식인 책을 포기하지 말아야 한다. 책을 읽는 국민만이 민주주의를 실현시킬 수 있다. 그리하여 안중근 의사는 "하루 독서를 하지 않으면 입에 가시가 돋는다."라고 경고했던 것이다.

인간은 호기심의 동물

사람은 호기심의 동물이다. 호기심을 잃은 사람은 이미 죽은 사람과 다름이 없다. 그래서 옛날부터 사람은 자연을 관찰하고 세계를 탐구하고 동물이나 식물을 연구했다. 왜 여름에 푸르렀던 나뭇잎이 가을에는 붉게 물들며, 앙상하게 가지만 남았던 나무가 어떻게 봄에 다시 잎이 돋아나는지를 연구했으며, 더 나아가서는 태양과 천체를 관찰하기도 했다.

그리하여 하늘을 관찰하기에 바빴던 그리스의 철학자인 탈레스는 땅을 볼 사이가 없어서 구덩이에 빠져 죽었다는 말까지 전해지고 있다. 물론, 기원전 585년에 일어났던 월식 현상을 정확히 미리 예언했다는 탈레스에 대한 이야기는 사실이 아닐 수도 있다. 그러나 인간의 호기심이 주위의 사물에 대한 끝없는 탐구로 전개되어 왔다는 것은 엄연한 사실이다.

그러나 얼마 동안 밖으로 향했던 사람의 호기심은 어느 때가 지나면 자기 자신에 대한 호기심으로 변하게 된다. 어린아이들이 주위의 환경과 다른 사람에게만 관심을 가지고 있다가 청소년이 되면 자신에 대한 관심을 갖게 되는 것과 다름이 없다. 그리하여 서양에서도 자연철학은 다시 인간에게 관심을 둔 궤변론으로 변했던 것이다.

인간이 그 무엇보다도 더욱 열심히 알고 싶은 존재는 바로 인간이다. 그리하여 "인간은 자연 중에서 가장 연약한 갈대에 불과하다. 그러나 그는 생각하는 갈대"라는 명언을 남긴 파스칼은 "자연 중에서 인간에게 가장 경이로운 실체는 바로 인간" 이라고 말했다.

사람은 사람을 알려고 한다. 이것이 바로 철학의 시초이며 철학의 궁극적 목표다. 그러므로 인간을 떠난 철학은 진정한 철학이 아니라 사이비 철학에 불과하며, 인간 실존을 외면한 모든 학문은 정신적 자위행위에 불과하다.

우리가 젊은 시절에 고뇌와 낭만을 다 같이 추구하고, 온몸을 부딪치면서 살아야 하는 이유가 여기에 있다. 그리고 고뇌와 낭만의 빛과 그림자를 다 같이 끌어안고 살려고 발버둥 쳐야 하는 이유도 여기에 있다.

Profile

서울대학교 종교학과를 졸업하고, 미국 오클라호마 대학교 철학과에서 석사 및 박사학위를 받았다. 한국종교학회 회장을 역임했으며, 동국대학교 교수를 거쳐 강남대학교 신학부 교수로 재직했다. 현재는 '생활철학' 의 기치를 내걸고 사단법인 생활철학연구회를 설립하여 회장으로 활동하고 있다. 저서로 『이데올로기, 해방신학, 의식화 교육』, 『분석철학과 종교』, 『문학철학 · 종교철학』 등이 있다.

지식정보사회와 정보검색

곽철완
강남대학교 문헌정보학과 교수

오늘날 인터넷은 우리가 원하는 많은 정보를 제공하지만, 우리는 인터넷을 통하여 원하는 모든 정보를 찾을 수 없다. 왜 이런 일이 발생하는 것일까? 우리 사회가 지식정보사회로 변화되면서 우리는 일상생활에 필요한 정보에서부터 전문적인 학술정보에 이르기까지 다양한 정보를 인터넷을 통해서 제공받을 수 있다. 우리는 인근의 맛집에 대한 정보를 찾거나 시골 버스 시간에 대한 정보를 얻기 위해서 인터넷을 이용한다. 인터넷은 매일매일 우리에게 다양한 일상 정보를 제공해 주고 있다. 하지만 우리는 강의 시간에 제출할 보고서를 작성하는 데도 이처럼 쉽게 인터넷을 통해서 정보를 얻을 수 있을까? 어떤 사람은 쉽게 얻을 수 있다고도 하고 그렇지 못한다고도 한다. 이러한 일이 발생하는 것은 우리가 인터넷에 있는 학술정보를 찾는 방법에 대해 잘 모르기 때문이다. 우리가 인터넷에서 원하는 모든 정보를 얻기를 원한다면 우선 우리는 정보 찾는 방법을 알아야 한다. 그러므로 인터넷을 통하여 학술정보를 쉽게 찾기 위한 방법에 대해 기술하고자 한다.

정보검색이란 무엇인가

우리의 일상생활은 찾기의 연속이다. 아침에 학교에 오기 전에 입을 옷을 찾으며, 학교에 오는 버스를 찾고, 버스에 올라와서는 앉을 자리를 찾는다. 학교에서는 강의실을 찾고, 친구가 어디에 앉아 있는지 찾는다. 어떤 경우에는 잘 정돈된 물건 중에서 필요한 물건을 찾는 경우가 있으며, 또 다른 경우에는 정돈되지 않는 곳에서 물건을 찾을 수도 있다. 책상에 쌓여 있는 책 속에서 필요한 책을 찾는 일과 잘 정돈하여 배열된 책 속에서 필요한 책을 찾는 일 중 어떤 방법이 더 쉬운지 비교하면, 당연히 잘 정돈된 책 중에서 필요한 책을 찾는 일이 쉬울 것이다.

정돈된 물건 속에서 물건을 찾는 것처럼, 잘 정돈된 정보 속에서 필요한 정보를 찾는 활동을 학술적인 용어로 표현하면 정보검색이라 한다. 즉, 정보검색이란 잘 정돈된 정보원으로부터 정보를 얻기 위한 과정과 활동이다. 여기에서 우리가 주의해야 할 부분은 우리가 물건을 잘 정돈하지 않는 것처럼 우리 주위에 있는 정보들 역시 항상 잘 정돈되어 있지 않다는 것이다. 누군가 정보를 정돈하여야 하지, 정보 스스로 정돈되지 않는다. 정보를 정돈하는 일을 학술적인 용어로 정보 조직이라 부른다. 종합하면 조직된 정보원 속에서 정보를 찾는 과정과 활동을 정보검색이라 한다.

▲ 구글 홈페이지 메인 화면

대표적인 정보원은 책이며, 인터넷에서는 WWW의 웹사이트다. 도서관에서는 책을 잘 조직하여 우리가 원하는 책을 쉽게 찾을 수 있도록 도와주고 있다. 인터넷의 웹 검색 포털사이트(예: '네이버' '다음' '구글' 등) 역시 도서관처럼 웹사이트혹은 웹페이지를 잘 조직하여 우리가 필요한 웹사이트를 쉽고 정확하고 빠르게 찾을 수 있도록 도와준다. 예를 들면 우리는 구글에 접속하여 검색어 입력창에 '강남대학교'를 입력하면 구글은 강남대학교에 관련된 웹 사이트 혹은 웹 페이지를 제시해 준다.

어떻게 정보가 조직될까

웹 검색 포털사이트에서는 정보를 조직할 때 주로 두 가지 방법을 사용한다. 첫째, 포털사이트의 web crawler라 불리는 프로그램이 자동적으로 인터넷 웹사이트나 웹페이지를 돌아다니면서 웹사이트의 정보를 수집해 와서 포털사이트의 색인에 일정한 방법으로 저장해 놓는다. 색인에 저장된 웹사이트에 관한 정보는 키워드와 해당 웹사이트의 URL이 포함되는데 키워드는 주로 자모순혹은 알파벳으로 배열된다. 포털사이트를 이용하는

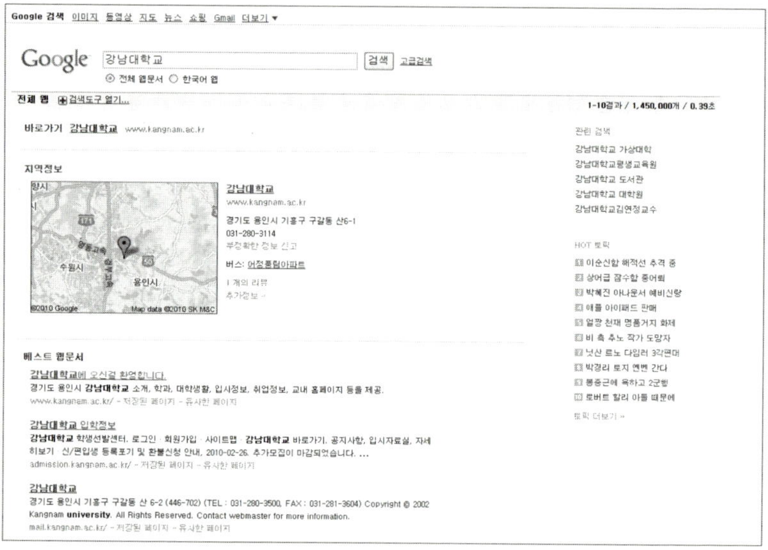

▲ 구글에서 강남대학교를 검색한 결과

사람이 검색어키워드를 검색어 입력창에 입력하면, 포털사이트는 색인에 동일한 키워드가 있는지 확인하고, 동일한 키워드가 있으면 포털사이트 화면에 결과물을 URL과 함께 제시한다.

둘째, 포털사이트에서 크게 웹사이트 범주(예: 구글의 블로그에는 연예, IT/과학, 경제, 스포츠, 건강, 문화, 정치, 사회로 구분하였음)를 정해 놓고, 개별 웹사이트의 정보를 해당 범주에 포함시킨다. 이때 이 작업은 인터넷 전문가, 웹사이트 관리자, 혹은 포털사이트에서 자동적으로 수행한다. 즉, 인터넷 전문가가 직접 웹사이트를 내용을 보고 이 웹사이트가 어떤 주제에 포함되는지 결정한다. 강남대학교 웹사이트를 예를 들어 설명한다면 다음과 같다. 네이버의 디렉터리는 주제별 범주를 크게 13가지(예: 뉴스, 미디어; 엔터테인먼트, 교육, 학문;

게임 등)로 정하고 있다. 강남대학교를 찾아가려면 교육, 학문〉학교〉대학교 순으로 찾아가야 한다. 이 방법은 초기 포털사이트에서 인터넷 웹사이트를 검색하기 위한 방법으로 많이 사용되었지만 오늘날에는 많이 사용하지 않는다. 대신 대부분의 포털사이트에서는 뉴스 혹은 블로그 중심으로 디렉터리를 만들어 제공하고 있다.

정보검색 방법은 무엇이 있을까

정보검색 방법은 크게 정보탐색과 브라우징으로 구분된다. 정보탐색은 포털사이트 검색어 입력창에 검색어를 입력하여 정보를 찾는 방법이며, 브라우징은 포털사이트에서 뉴스와 같은 정보를 디렉터리에 나열해 놓은 것을 읽어 보면서 찾아가는 방법이다. 정보탐색을 위해서는 우리는 찾고자 하는 정보에 대해서 명확히 표현할 수 있어야 한다. 예를 들면, 과제가 대학도서관에 대한 조사라면 'academic libraries' 를 검색어 입력창에 입력해야 한다. 찾고자 하는 정보에 대해 정확히 알지 못하면 정보탐색을 이용한 정보검색은 어렵다.

브라우징은 찾고자 하는 정보를 정확히 알지 못하거나 특별한 목적이 없이 어떤 이야기가 있는지 훑어보는 데 사용된다. 우리나라 포털사이트에서 강조하는 정보검색 방법은 브라우징 방법으로, 포털사이트에 접속한 대부분의 이용자는 브라우징을 통하여 인터넷 정보를 찾는다. 특히 이용자가 브라우징을 통하여 정보를 검색하면 이용자는 포털사이트 목적에 따라 찾아갈 수밖에 없다. 우리가 네이버나 다음에 접속한다면 각 포털사이트에서 제공하는 다양한 정보에 우선적으로 접할 수밖에 없고 그 정보를 읽는 데 많은 시간을 소비할 수밖에 없다.

우리나라 포털사이트의 특성은 무엇인가

우리나라의 대표적인 포털사이트는 네이버와 다음이다. 세계적으로 인터넷 정보 검색을 위해 사용되는 대표적인 검색사이트는 구글이지만, 우리나라에서는 구글이 네이버나 다음의 위세를 좇아가지 못한다. 우리나라에서 네이버와 같은 포털사이트가 발전된 이유는 우리나라 인터넷 이용자의 특성과 밀접한 연관이 있다고 생각된다. 우리나라의 상당수 인터넷 이용자는 인터넷을 통하여 일상생활에 관련된 다양한 정보를 얻고 제공한다. 이용자들은 일반적인 단순한 정보에서부터 매우 전문적인 정보까지 인터넷을 통하여 서로 교류한다. 네이버나 다음은 초기화면에 다양한 정보를 제시하여 이용자로 하여금 브라우징을 통하여 정보 찾기를 권장하고 있다. 이러한 형태를 수동적인 정보검색이라 말할 수 있다. 반면에 미국의 구글은 이용자가 구글 홈페이지에 접속하면 초기화면에서 검색어 입력창을 만난다. 이용자는 검색어 입력창에 찾고자 하는 정보에 관한 키워드를 입력하여 원하는 정보를 찾아간다. 이러한 형태를 능동적인 정보검색이라 말할 수 있다.

검색 결과물의 제시에 있어서도 네이버와 구글은 차이를 보이고 있다. '네이버' 에서는 대학도서관에 관한 검색 결과를 보면 파워링크, 사이트, 지식iN, 사전, 블로그, 웹문서, 카페, 동영상, 전문정보, 지도, 뉴스, 책 본문, 이미지 등으로 크게 구분된 정보들을 제시하고 있다. 반면에 미국의 '구글' 에서 대학도서관에 관한 검색 결과는 웹사이트 중심의 결과물만 보여 준다(물론, 우리나라의 구글은 네이버와 유사한 형태로 보여 준다). 즉, 네이버를 주로 이용하는 우리는 네이버에서 구분해 준 정보를 우선적으로 만나기 때문에 먼저 어디에 우리가 찾고자 하는 정보가 들어 있는지 판단해야 한다. 이렇듯이 우리나라 포털사이트를 이용하기 위해서 이용자들은 포털사이트에서 구분해 놓은 기준에 따라 선택해야 하는 수동적인 정보검색 위주로 되어 있다.

종합하면 우리나라 포털사이트는 일반 사람들이 관심을 가질 수 있는 정보를 자체적으로 구분하여 제공하고 있다. 그러므로 포털사이트는 학술적인 정보를 직접적으로 제공하지 않아서, 우리들이 학술정보를 찾기 위해서는 다른 방법을 사용해야 한다.

어디에서 학술정보를 찾을 수 있을까

대학생들이 필요한 학술정보를 제공하는 웹사이트는 무궁무진하다. 국내 및 국외의 다양한 웹사이트에서 다양한 형태의 학술정보를 제공하고 있다. 특히, 최근에는 디지털도서관이 구축되어 인터넷을 통해 다양한 학술정보를 제공하고 있다. 이들 정보를 이용하기 위해서는 해당 웹사이트에 접속하여야 한다.

백과사전

백과사전은 학문의 개념을 간략하게 제공하는 정보원으로 기본적인 내용을 파악하는 데 매우 중요하다. 포털사이트에서도 백과사전을 제공한다(예: 네이버). 최근에 인터넷의 '위키피디아Wikipedia'라는 온라인 백과사전이 활발하게 이용되고 있는데 이는 누구나 자유롭게 글을 쓸 수 있는 백과사전이다. 특히, 미국의 위키피디아(http://www.wikipedia.org)는 다양한 학술정보를 제공하는 온라인 백과사전으로 대학에서 많이 활용되고 있다. 한글판 위키피디아의 URL은 〈http://kr.wikipedia.org〉이다.

법률 및 통계 정보

대학에서 연구의 기본으로 사용되는 데이터 중 많이 쓰이는 것은 법률과 통계 데이터다. 법제처에서 운영하고 있는 '국가법령정보센터'(http://www.law.go.kr/LSW/Main.html)에서는 다양한 법령정보를 제공하고 있다. 또한 통계청에서는 통계 정보를 체계적으로 모아서 제공하는 KOSIS국가통계포털를 운영하고 있다. 이전의 통계자료는 각각 다른 곳에서 제공하고 있었기 때문에 어느 곳에서 어느 정보를 제공하는 알지 못하면 이용하기 어려웠지만, 국가통계포털(http://www.kosis.kr/index.jsp)에서는 마치 네이버와 같은 포털사이트로 국가에서 승인한 통계 전체를 한 곳에서 이용할 수 있도록 서비스를 제공하고 있다.

학술지 논문

학술지 논문은 핵심적인 학술정보로 최근에 연구된 결과를 공식적으로 발표한 것이다. 특히, 지식정보화시대로 발전되면서 학술지에 포함된 논문에 대한 검색에서 커다란 변화가 일어났는데, 그 변화는 논문 원문을 인터넷을 통하여 볼 수 있다는 것이다. 대표적인 학술지 논문을 제공하는 웹사이트는 '과학기술학회마을'로 국내의

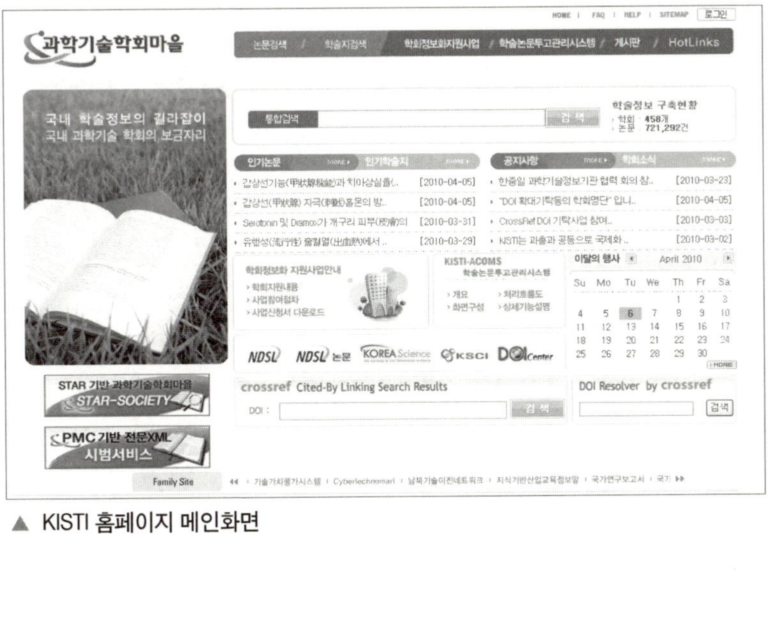

▲ KISTI 홈페이지 메인화면

과학기술 분야의 학회에서 발간하는 학회지를 중점적으로 제공하고 있다. 이용자는 과학기술학회마을 웹사이트(http://society.kisti.re.kr/main.html)의 통합검색 입력창에 논문의 키워드, 저자 등을 입력하면 관련 논문의 리스트가 검색되어 제시되며, 결과물 중 원하는 정보의 Fulltext를 클릭하면 논문의 원문을 PDF 파일로 다운 받을 수 있다.

또 다른 웹사이트로 한국교육학술정보원에서 제공하는 RISS가 있다. RISS(http://www.riss4u.net/index.jsp)에서는 전국 대학에 소장하고 있는 학술지논문, 학위논문 등을 제공하며, 외국의 논문도 일부 제공한다. 이용 절차는 앞서 언급한 과학기술학회마을과 유사하다. 단, 학술지 논문을 이용하기 위해서는 회원에 가입해야 한다.

▲ RISS 홈페이지 메인화면

통합과학기술정보

국내외의 산재해 있는 핵심적인 과학기술정보를 서로 연결하여 한 곳에서 찾을 수 있도록 만든 NDSLNational Digital Science Links이 있다. NDSL(http://www.ndsl.kr/index.do)은 네이버나 구글과 같은 과학기술정보의 포털사이트로 국내 학계, 연구계, 산업계의 과학기술 연구자들의 연구개발 활동을 지원하기 위한 사이트다. 이곳에서 학술논문, 특허, 연구보고서, 기술동향분석, 산업표준, 과학기술인력 및 사실정보 등을 통합 검색할 수 있다.

▲ NDSL 홈페이지 메인 화면

정리하며

지식정보화사회로 들어오면서 누구나 쉽게 정보에 접근하고 찾을 수 있게 되었지만, 학술정보와 같은 전문적인 정보는 일반적인 방법을 통해서는 접근하기 어렵다. 인터넷의 웹 정보를 안내해 주는 우리나라의 네이버 혹은 다음 같은 포털사이트는 브라우징을 통한 정보검색을 강조하여 사람들이 흥미를 갖는 정보 위주로 찾아갈 수 있도록 안내하는 수동적 정보검색 서비스를 제공하고 있다. 그러므로 인터넷을 통해 학술정보를 찾고자 할 때는 네이버를 통한 일반적인 방법으로는 적합하지 않고, 학술정보를 제공하는 웹사이트에 직접 접속하여 정보검색을 하여야 한다. 중요한 학술적인 정보검색을 위해서는 해당 웹사이트 주소를 알고 있어야 하는 것이 중요하다.

Profile

성균관대학교 문헌정보학과를 졸업하고, 미국 메릴랜드 대학교 문헌정보학과에서 석사학위를, 미국 위스콘신 대학교 문헌정보학과에서 박사학위를 받았다. 현재 강남대학교 문헌정보학과 교수로 재직하고 있으며, 한국비블리아학회 회장을 맡고 있다. 정보조직, 정보검색, 정보형태 등에 관심이 많으며, 연구논문으로 「지식구조에 미치는 요소에 대한 연구」, 「한국 지리구분 분류체계에 관한 연구」, 「인터넷 지리정보 체계화에 대한 연구」등이 있다.

리더십을 갖춘 대학생이 되자

오세진
강남대학교 경영학부 교수

리더십의 이해

리더십은 우리 사회를 살아가는 데 있어서 갖추어야 할 중요한 덕목으로 인식되고 있다. 나는 과연 리더인가? 나는 과연 괜찮은 리더인가? 나는 과연 남들이 인정해 주는 리더인가? 우리는 누구나 리더가 되길 원하고, 좋은 리더십을 발휘하길 원한다. 그렇다면 리더십이 왜 필요할까? 대학생으로서 갖추어야 할 리더십은 무엇이고, 대학생활에서 리더십을 어떻게 배워야 할까? 리더십에 대한 관심과 호기심만큼이나 이에 대한 다양한 이론과 학습 프로그램이 개발되고 있다. 요즘에는 대학에서뿐만 아니라 학원 및 기업 연수원 등 각종 교육훈련기관에서도 리더십 관련 프로그램을 쏟아 내고 있다. 따라서 리더십을 올바로 이해하고 각자 자신의 리더십을 갖추려는 노력이 필요하다.

leadership에서 lead는 통로, 길, 또는 배의 경로를 의미하고 ship이 배라는 뜻이라면 leader는 배에서 선장을 의미한다. 그런 의미에서 리더십은 배에서 선장과 같이 조직을 운영하는 최고 책임자가 가져야 할 능력, 기술, 덕목 등을 지칭한다고 할 수 있다. 한마디로 리더란 사람이 따르는 사람이요, 리더십이란 사람을 따르게 하는 기술이다. 리더십은 '특정한 동기와 목적을 가진 리더가 자원을 활용하여 구성원에게 동기를 부여하고 참여시켜서 목적을 달성하는 능력'이라고 정의할 수 있다. 이러한 리더십의 개념에는 영향력, 의도, 책임, 변화, 공유가치 등으로 구성된다. 그렇다면 리더와 리더십은 타고나는 것인가, 아니면 상황이나 환경 또는 개인의 능력에 의해 만들어지는 것인가?

리더와 리더십은 타고나는 것이 아니라 학습과 노력에 의해 발전되고 개발될 수 있다. 리더십 관련 학습 방법과 내용이 풍부해지고 있어서 누구나 충분히 리더로서 성장할 수 있고, 훌륭한 리더십을 발휘할 수 있는 기회가 있다. 리더는 타고나는 것이 아니라 만들어지는 것이므로 자아정체성을 찾아 인생목표를 세우는 등 누구나 자신 스스로 만들어 가는 노력과 열정이 제일 중요하다. '하늘은 스스로 돕는 자를 돕는다.' 는 성경 구절같이 리더가 되고 안 되고는 내 자신에 달려 있다. 스스로 리더다운 리더가 되는 길을 위해 노력하면 훌륭한 리더가 될 수 있다.

변화와 리더십

변화하지 못하거나 변화에 적응하지 못하면 도태될 수 있다. 오늘날 가속화되어 가는 세계 변화의 속도는 리더에게 가장 큰 도전이라고 할 수 있다. 실제로 변화를 이끌어 내고 대비 전략을 세우는 것이 리더와 리더십이다. 그래서 리더에게는 리더십이 필요하다. 변화의 끊임없는 도전을 받고 있는 우리의 리더들은 글로벌화를 이해하고이에 대비하여 변화를 일으키는 선두주자가 되어야 한다. 변화는 성장과 발전을 위해 기본적인 요소가 되고 있다. 리더는 현재를 변화시킬 수 있는 새로운 기회로 받아들이고 우리가 직면하고 있는 고착화된 문제를 해결할 수 있는 새롭고 혁신적인 방법을 개발해야 한다.

리더십을 가진 사람은 자신이 속한 조직과 시스템을 변화시킬 능력이 있어야 한다. 성공하는 리더십은 조직을 현재에서 미래로 움직이게 하고, 조직의 잠재적인 기회를 비전으로 창조하며, 구성원을 변화에 동참하도록 이끌고, 에너지와 자원을 동원하고 집중할 수 있도록 새로운 조직문화를 조직 내에 전파시키는 것이다. 구성원으로 하여금 일을 하는 새로운 방법을 찾도록 자신감과 능력을 북돋워 조직의 변화를 주도한다. 조직이 새로운 업무를 완벽하고 확실하게 해냈을 때 달성될 미래의 비전을 보여 줌으로써 변화에 대한 저항을 극복해 나간다.

미래에는 더 심한 변화와 경쟁 속에 처하게 될 것이며, 보다 많은 사람들로부터 더욱 많은 리더십을 이끌어 내는 조직만이 발전할 수 있다. 리더십 창출에 실패하는 조직은 정체되고 방향을 상실할 것이며, 결국은 그로 인해 초래될 고통스러운 결과를 감수해야 한다. 조직의 발전을 위해서는 재능을 육성하고 리더십을 유도하여, 실패와 성공의 경험에서 배우도록 격려해야 한다. 조직과 마찬가지로 개인 역시 자기계발을 위한 요구를 실제적으로 파악하고 적절한 수단을 적극적으로 찾지 못하면 더 이상의 발전을 기대하기 힘들다.

21세기의 변화는 우리를 낡은 사고나 낡은 리더가 더 이상 통하지 않는 새로운 세계로 데려가고 있다. 기술, 시장, 인력개발, 세계적인 공급망, 정보관리 등 우리가 운영하는 전략적 환경의 모든 면에서 중요한 변화를 직면하고 있다. 낡은 리더와 낡은 운영방식은 오늘날의 새로운 세상에서 더 이상 먹혀들지 않을 것이다. 경쟁은 예상하기 어렵고 더욱 치열하다. 정보화시대로 이동하면서 미래 세계는 한순간이라도 놓치지 않는 지속적인 개혁을 다루는 능력을 가진 리더가 필요하다. 지금은 우수한 조직이지만 지속적인 혁신을 추진하지 않는다면 내일에는 무능한 조직이 되기 때문에 리더에게 막중한 역할이 부여되는 시대다. 이와 같이 리더는 지속적으로 변화에 적응하면서 가치혁신을 창출하는 사람이어야 한다. 대학도 대학생도 이러한 변화를 읽고 리더십을 개발하는 데 노력해야 한다.

리더십과 의사결정

기관이나 조직의 경영자를 평가하는 가장 중요한 능력은 리더십으로 요약할 수 있다. 그리고 리더십의 본질은 조직의 복잡하고 어려운 문제를 해결하거나 불확실한 상황을 돌파할 수 있도록 효율적으로 의사결정할 수 있는 능력이라고 할 수 있다. 오늘날 이것은 경영자뿐만 아니라 조직과 사회생활을 하는 누구에게나 요구되는 기본적인 능력이기도 하다. 새로운 변화와 기회를 찾아내는 능력, 숨어 있는 문제를 조기에 정확하게 발견하는 능력, 문제와 기회를 다양한 시각으로 찾아내는 능력, 정보와 지식을 능동적으로 수집 관리하는 능력, 창의적인 대안을 만들어 내는 능력, 이해 당사자들의 요구를 조정할 수 있는 능력, 불확실성에 대비할 수 있는 능력, 창의적인 전략을 수립하는 능력, 능동적으로 전략을 실행하는 능력 등과 같은 다양한 창의적 문제해결 능력을 요구하고 있다.

우리는 지금 정보 또는 지식 사회에 살고 있다. 하지만 앞으로의 경쟁력은 지식 자체를 획득하기보다는 새로운 창의적인 능력이 필요하다. 단순히 지식사회에서처럼 남보다 더 싸고, 더 빨리 기능적인 제품과 서비스를 만들어 공급하는 능력이 아니라 보다 새로운 제품과 서비스를 창안하고 디자인하며 감성, 아름다움, 가치 등 소비자들의 요구 증대에 더욱 효과적으로 대응하는 창의적인 역량을 요구하고 있다. 다시 말해서, 기존의 지식사회에서는 기능적인 제품과 서비스를 만드는 능력에 많이 의존했으나, 창의적인 사회에서는 감성적이고 예술적인 부분과 상상력을 필요로 한다. 창의력은 그 누구도 생각해 내지 못한 새로운 방식으로 사물을 바라보고, 문제를 찾아내고, 해결하며, 독창적인 방식으로 자기 특유의 새롭고 차별화된 아이디어를 생각해 낼 수 있는 능력이다. 실제로 창의력은 기억처럼 타고나는 것이 아니라 꾸준한 학습을 통해서 성장한다.

리더십에서 의사결정을 강조하는 목적은 대학생들이 창의적 사고의 개념을 이해하고 창의력을 활용하여 당면 문제를 해결하고 어떤 상황에서든지 필요한 의사결정과 문제해결에 효과적이고 효율적으로 수행할 수 있도록 훈련하는 데 있다. 여기서 한 가지 강조해야 할 점은 창의력은 문제해결 또는 의사결정을 위한 필요하고도 충분한 조건이며, 문제해결 과정에서 수직적 사고와 수평적 사고가 통섭적으로 상호 작용하면서 개발된다는 사실이다. 따라서 좋은 리더십을 발휘하기 위해서는 창의력과 문제해결의 통섭적인 의사결정을 학습하고 훈련해야 한다. 즉, 조직이나 사회적 차원에서 문제를 해결할 때 필요로 하는 창의적 사고를 훈련하고, 체계적이고 과학적인 의사결정에 관한 내용을 분석하고 학습해야 한다. 특히, 과학적이고 기술적인 것은 물론, 정치적이고 예술적인 차원의 사고 능력과 문제해결 능력도 학습함으로써 조직의 리더로서 창의적이고 과학적인 의사결정 능력을 배양해야 한다.

선택과 의사결정의 시기

훌륭한 리더가 되기 위해서는 선택과 의사결정의 시기가 중요하다. 남보다 좋은 목표를 먼저 세우고 이를 달성하기 위한 노력을 일찍 시작한다면 성공적인 리더로 성장할 수 있다. 좋은 의사결정을 시의적절하게 내리고 신속하게 추진할 수 있다면 성공적인 리더십을 발휘할 수 있을 것이다.

신속한 의사결정을 하는 데 있어서 1:10:100이라는 원칙이 있다. 1:10:100의 원리는 어떤 일을 처음에 제대로 하면 1이란 비용으로 할 수 있고, 잘못되더라도 그 문제점을 내부에서 찾으면 10이란 비용으로 막을 수 있는 것을 밖으로 빠져나가면 100이라는 비용이 든다는 이론이다. 원래 미국의 택배회사에서 나온 이야기다. 물건 분류를 제대로 하면 1이라는 작은 노력으로 분류할 수 있다. 잘못 분류하여 회사 내에서 찾으면 10이라는 노력이 필요하지만, 만일 이 물건이 잘못되어서 비행기를 타고 날아가면 그것을 거꾸로 되돌리는 데 100이라는 노력이 필요하게 된다.

우리 인생에 있어서 선택과 결정도 마찬가지다. 처음에 제대로 하면 1로 할 수 있고 나중에 잘못되어서 회복할 때에는 100이라는 노력이 필요하다. 미국의 대통령을 지냈던 클린턴에 대한 어린 시절의 모습을 예를 들어 본다. 클린턴은 28살에 교수, 32살에 주지사, 40대에는 미국의 대통령이 되어 세계에 큰 영향을 미쳤다. 어떻게 이렇게 빠르게 중요한 위치에 올라갈 수 있었을까? 그는 청소년기에 케네디 대통령을 만나서 정치인이 되겠다는 꿈을 갖게 되었다.

대학시절에도 자신의 꿈을 실현하기 위해 돈을 쉽게 벌 수 있는 아르바이트보다는 자신이 가고자 하는 길에 주요 전문가를 만날 수 있는 아르바이트를 하였다. 본인은 민주당에 헌신하는 정치인이 되고자 하여 지미 카터를 도와주고, 게리 하트를 도와주었다. 그래서 민주당 정치인 중에서 가장 높은 안목을 갖고 있는 사람이나 영향력이 큰 사람들을 찾아다니면서 미래를 배운 것이다.

평범한 길에서 어느 길이 성공에 이르는 길인가, 어느 길이 행복에 이르는 길인가, 어느 길이 올바른 길인가를 잘 선택할 수 있도록 미래에 대한 안목을 키우는 것이 중요하다. 이러한 미래에 대한 안목과 비전을 갖기 위해서는 대학시절에 많은 시행착오와 노력이 필요하다. 그래야만 대학생들이 인생에서 아주 중요한 시기에 1이라는 비용으로 실수하지 않는 선택과 결정을 할 수 있다.

기업들은 대부분 연구개발이라는 재투자를 한다. 연구개발의 특징은 실패를 각오하고 투자를 하는 것이다. 투자한 만큼 거둔다는 의미도 있지만 실패를 각오하고 투자하는 것이다. 개인의 삶도 똑같다고 할 수 있다. 각자의 시간과 돈을 미래를 위해 투자하는 것이다. 특히 대학생활은 미래를 위해서 매우 중요한 투자 시기라고 할 수 있다. 앞으로의 인생에 있어서 중요한 선택과 결정이 이 시기에 이루어진다고 해도 과언이 아니다. 따라서 대학생으로서 적극적인 투자, 지혜로운 선택과 결정이 필요하다.

글로벌 리더십

우리 사회는 세계화, 정보화, 민주화, 사회다원화의 환경 속에서 무한경쟁에 적절히 대응하기 위하여 변화해야 하고, 여기에 성공적인 리더십의 발휘가 결정적인 역할을 하다. 조직체의 경영전략과 통합된 인사관리, 장벽 없는 무한계 경영, 자원의 공유의식, 지식·학습문화, 스피드 경영문화, 변화적응능력, 노사간의 협력관계, 구성원들의 팀워크와 동기부여 등이 새로운 환경에서 살아남기 위하여 개발해야 할 리더십이다. 그리고 이 도전에 글로벌 리더가 얼마나 적극적으로 그리고 효과적으로 대응하느냐에 따라서 조직체의 경쟁적 비교우위가 결정된다.

이러한 글로벌 환경변화는 리더십에서 본질적인 변화를 가져오고 있다. 글로벌 리더십은 이제 조직의 성과에 기여하고 경쟁력을 향상시키는 전략적 기능이며, 여기에는 전문지식과 기법 그리고 기술과 역량을 요구하고, 이것이 바로 글로벌 리더에 의하여 발휘되어야 할 과제다. 기업뿐만 아니라 개인의 삶도 국경을 넘어 전세계로 확대되고 있다. 기업의 글로벌 경영과 개개인의 생활도 세계시장에서 해결하려는 노력을 기울이고 있으며, 이러한 이유로 새로운 시장에 적응할 수 있는 글로벌 리더로서의 전문지식이 필요하다.

글로벌 리더는 오픈마인드, 글로벌 및 지정학적 지식, 균형 잡힌 사고, 타인의 이야기를 경청하는 자세, 문제해결 능력을 가진 사람이라고 정의할 수 있다. 일반적으로 성공적인 리더가 되기 위해서는 리더십leadership의 철자를 이용하여 경청과 학습listening & learning, 교육과 솔선수범education & exempting, 관리와 지원administration & assist, 결정과 실천decision-making & doer, 격려와 평가encourage & evaluation, 책임감responsibility, 핵심가치spirit, 겸손humbleness, 통합integrity, 개척정신pioneer 등으로 정의하곤 한다. 이러한 개념을 잘 훈련하고 실천하면 글로벌 리더로서 역량과 자격을 갖출 수 있다.

글로벌 리더에 대한 개념은 미국 제너럴 일레트릭사General Electronic Co.: GE의 '글로벌 인재 사관학교'로 불리는 크로톤빌 연수원의 리더십 교육과정에서 살펴볼 수 있다. 즉, 21세기형 리더가 되기 위해서는 크게 생각하는 사람big thinker, 자신과 타인을 개발하는 사람developer of self and others, 글로벌 인재globalist, 잘 듣는 사람listener, 소통을 잘하는 사람communicator, 네트워킹을 잘 하는 사람networker이 되어야 한다는 것이다.

이러한 글로벌 리더십의 개념은 대학생으로서 깊이 새기고 계발해야 할 가치체계다. 리더십의 개념과 가치는 성장과정에서 형성되는 것이고, 대학시절에 완성될 수 있는 것이다. 후회하지 않은 선택과 결정을 위해, 흔들리지 않은 소신과 가치를 위해 자기의 판단체계에 중심이 되어 주는 리더십과 가치를 확립해야 한다. 지금 대학생으로서 무엇을 하고 있나? 내가 비전을 꿈꾸고 있는 분야에 어떻게 하면 남보다 훨씬 먼저 선택하고 결정할 수 있는가? 우리 사회의 훌륭한 리더가 되기 위해서, 그리고 좋은 리더십을 발휘하기 위해서 무엇을 할 것인가? 무엇을 배우고 무엇을 실천할 것인가? 이것이 대학생으로서 글로벌 리더가 되기 위해 끊임없이 되새겨보아야 할 과제다. 훌륭한 리더십을 갖추기 위해서는 도전적이고 유익한 대학생활이 되어야 한다.

Profile

연세대학교 경영학과를 졸업하고, 동 대학원 경영학과에서 석사학위와 박사학위를 받았다. 현재 강남대학교 경영학부 교수로 재직 중이며, 강남대학교 사회과학연구소장, 교무처장 등을 역임했다. 국방부 자체평가위원 및 국방기관 업무평가위원, 기획재정부 준정부기관 경영평가위원, 한국생산관리학회 이사 등으로 활동하고 있다. 저서로 『비영리조직 품질경영』, 『생산전략』, 『기술경제학개론』 등이 있다

가끔 '딴짓' 도 하는 대학생활

정영수
인하대학교 교육학과 교수 / 동 대학교 부총장

나의 신변잡기

내가 대학에 입학한 것이 1971년이니 벌써 40년이 다 되어 간다. 강산이 4번 정도 바뀐 상황에서 내가 다니던 대학시절을 회상하는 것이 무슨 의미가 있을지 모르겠다. 그러나 적어도 나에게 있어서는 소중했던 4년이기에 의미 있는 기간이었음이 확실하다. 내가 대학에 들어갈 때에도 지금과 큰 차이 없이 대학과 전공을 선택한 것으로 기억된다. 나의 부모님은 문과 학생이었던 나에게 많은 사람들이 생각하는 것처럼 법대나 상대를 지원하도록 권유하였다. 그러나 나는 당시 그쪽으로는 별로 관심이 없었고 어린 마음에 철학을 공부하고 싶다고 건의하였으나 쉽게 받아들여지지 않았다. 철학을 공부하고 싶었던 나의 생각을 관철시키기 위하여 부모님께 교육학과라고 하는 곳을 가면 법학, 경영학 등 무슨 전공이든지 부전공으로 이수할 수 있는 이점이 있으니 교육학과로 가겠다고 하였고, 부모님은 나의 교육학과 지원을 허락하였다. 당시 교육학과는 다른 학과와 달리 부전공이 거의 필수처럼 되어 있었으며, 입학한 후 나는 부모님의 뜻과는 달리 내가 원하는 철학을 부전공으로 이수하고 지금은 교육철학을 전공하는 교수가 되었다.

대학에 입학한 후 나는 진로를 비교적 빨리 결정하였다. 대학 2학년 때 이미 유학을 가서 공부하고 돌아와 교수가 되겠다고 마음을 정했던 것이다. 그렇게 결정하고는 독일어를 집중적으로 배웠고, 대학을 졸업하자마자 독일로 유학을 떠났던 것이다. 경제적으로 어려운 상황에서 공부를 하느라 사실 유학 중에 다양한 체험을 할 수 있는 기회를 갖지 못한 것이 지금도 한으로 남는다. 특히, 독일에서 공부하면서 음악 콘서트 한번 못 가 보고, 여행도 많이 못 해 본 것이 아쉬움으로 남는다. 하나의 목적만을 위해 살아왔던 나의 후회스러운 모습이다.

이와 같은 아쉬움과 후회를 뒤로 하고 이제 내가 생각하고 바라는 대학과 대학생활이 어떤 것인지에 대하여 생각해 보기로 한다.

다양한 것을 배우는 대학

대학은 예나 지금이나 공부하는 곳이다. 아무나 가서 시간을 허비하며 노는 곳은 결코 아니다. 물론, 예전과는 달리 대학교육이 거의 보편화될 정도로 대학이 많이 설립되었으며 대학입학의 기회도 넓어진 것이 사실이지만, 대학이 공부하는 곳이라는 생각에는 변함이 없다. 그러나 대학에서 어떤 공부를 해야 하는지에 대해서는 여러 사람들의 의견이 분분하다고 본다.

나는 대학에서 참다운 공부를 해야 한다고 생각한다. 학생들은 대학입학 전까지는 예전이나 지금이나 변함없이 입시공부에 매달려왔다. 입시공부란 삶의 일부분이라고 할 수 없으며, 지나치게 기능적인 것이고 공부를 하면서도 이것을 왜 공부하고 배워야 하는지 스스로 깨닫지 못하는 경우가 허다하다. 대학에 들어와서는 자신의 삶을 위한 공부를 할 수 있어야 한다. 그러기 위해서는 대학에 들어와서 방황하는 시간을 줄여야 한다.

대학에는 학생들에게 많은 선택의 기회가 주어져 있다. 고등학교 때와는 달리 자신이 원하는 과목을 선택하는 수강신청 제도가 있으며, 다양한 부전공과 복수전공을 할 수 있는 기회가 주어져 있으니 이를 마음껏 활용하여야 한다. 풍부한 교양을 쌓을 수 있는 기회가 주어져 있음에도 불구하고, 자신의 게으름과 방황으로 인하여 폭넓은 공부를 할 수 없다면 결국 자신의 손해만 초래하는 것이다.

나는 대학을 다니면서 동아리 활동도 하였고, 유학 준비도 하였으며, 인접 학문에 대한 부전공으로 학문의 폭을 넓히기도 하였다. 물론 연애도 하였다. 본인만 열심히 노력하면 이렇게 다양한 삶을 살 수 있는 곳이 대학이다. 대학교수가 된 지금도 학생들에게 "등록금이 비싸다고 불평하지 말고 자신이 낸 등록금보다 훨씬 많은 것을 대학에서 얻어가려고 노력하면 등록금이 결코 비싸다고 여겨지지 않을 것이다."라고 자주 말하곤 한다. 대학 등록금이 무척 비싼 것은 사실이다. 학생이나 학부모 모두에게 부담스럽고 어려운 경제

때문에 더욱 힘들게 느껴지고 있다. 이렇게 비싼 등록금을 내고 등록을 한 학생들이 실제 학교에서 생활하는 모습을 보면 안타까울 때가 많다.

도서관은 시험기간에만 북적거리고, 비싼 돈을 들여 문화행사를 개최하면 청중이 없어 학생을 동원해야 하는 상황이 벌어지고, 해외 대학과 자매결연하고 학생을 파견하려고 하면 기본적인 외국어 실력이 모자라 지원할 수 없는 학생들이 태반인 형편이다. 이러한 현상은 결국 학생들이 대학에 들어와서 자신의 목표를 분명히 세우지 못하고 방황하는 가운데 시간만 낭비하였기 때문에 나온 결과가 아닌가 싶다. 비싼 등록금을 탓하기보다는 기왕에 비싼 등록금을 냈으면 속된 말로 본전을 톡톡히 뽑으려는 노력을 해야 하는 것 아니겠는가?

많은 대학들은 학생들에게 다양한 것을 제공해 주려는 노력을 계속하고 있다. 이러한 노력을 하지 않는 대학은 점차 도태되고 있다. 그런데 이렇게 다양한 프로그램을 활용하지 않는 게으른 학생들은 도태되지 않았다. 과연 정말로 도태되지 않는 것인가? 아니다. 단지 학교를 졸업할 수 있었기 때문에 학교에서 도태되지는 않았다고 말할 수 있지만, 사회에 나가서 이러한 삶의 태도로 계속 살아간다면 반드시 도태될 수밖에 없을 것이다.

쓸모 있는 것을 배우자
그리고 가끔은 '딴짓'도 하자

대학 4년 동안 끊임없이 관심을 가져야 할 문제는 무엇인가? 이는 다름 아닌 자신의 가치를 높이기 위해 어떠한 노력을 해야 하는가에 대해 고민해야 하는 문제다. 오늘날 경영학에서는 소위 브랜드 마케팅이 유행이다. 브랜드 가치를 높여서 잘 팔리게 하고 또한 고부가가치를 창출하고자 하는 것이다. 그러면 대학생에게 있어서 자신의 브랜드 가치를 높이는 일은 어떻게 해야 하는가?

끊임없는 자기계발만이 자신의 고유한 가치를 창출하고 자신의 삶을 풍요롭고 행복하게 만드는 첩경인 것이다. 자기계발을 위하여 스스로 하고 있는 일이 무엇인가를 고민한 적이 있는 학생은 일단 성공적인 대학생활을 시작했다고 볼 수 있다. 자신이 무엇을 하고 있는지도 모르고 친구들과 아무 생각 없이 희희낙락하고 부화뇌동하는 삶을 사는 학생들을 보면 정말로 답답할 때가 많다.

적어도 대학생이라고 하면 자신의 삶에 스스로 책임지는 훈련을 끊임없이 하여야 한다. 대학생들의 브랜드 가치는 어디에서 나오는가? 폭넓은 교양, 풍부한 전공지식, 순수하고 참신한 비판의식, 따뜻한 관용의 정신, 자기결정 능력 등은 우리 사회가 젊은 대학생들에게 기대하는 모습일 것이다. 이러한 가치를 하나하나 찾아 나갈 때 대학생활은 그만큼 윤택해질 것이고, 자신의 브랜드 가치는 높아질 것이다.

나는 대학 1학년을 허송세월로 보내면서 많은 시간을 낭비하였다. 1학년 동안 대학 도서관을 어떻게 이용하는지도 몰랐고, 공부는 겨우 학점을 취득할 정도로 시험 준비를 하는 것이 고작이었다. 이렇게 1학년을 보내고 나니 스스로에 대한 부끄러움과 한심한 생각이 나를 사로잡았다. 내가 스스로 공부하겠다고 마음을 잡은 것은 2학년 때였다. 학점을 따기 위한 시험공부가 아니라 나를 위한 공부를 하겠다고 마음을 먹고, 다양한 전공서적과 교양서적을 읽으면서 나를 갈고 닦았던 시간들이 이제 와서 생각하니 무척이나 소중하게 여겨진다.

대학생활은 인생에 있어서 자신의 삶의 목표와 방향을 설정하는 중요한 시기다. 이 시기를 성공적으로 보내면 그만큼 밝고 풍요로운 삶이 보장되는데, 이렇게 중요한 시기에 자신을 올바로 바라보지 못하고 방황한다면 당연히 졸업 후에도 한동안 그 후유증이 지속되게 마련이다.

대학생활이 취업준비만을 하는 것은 결코 아니다. 그렇다고 해서 대학 4년 동안 취업에 대한 준비를 전혀 하지 않는다면 이것 또한 큰 문제다. 일단 기본적인 문제는 해결할 수 있어야 한다. 대학을 졸업하고 취직을 하든 대학원을 진학하든 간에, 이에 필요한 기본적 지식은 4년 동안에 충분하게 습득되어 있어야 한다. 간혹 취업에 필요한 기본 능력을 갖추지 못하고 취업하려는 학생이나, 대학원에 진학하려는 이유와 목적이 분명하지 않고 학문에 대한 열정도 그리 크지 않은 학생이 일종의 현실 도피의 수단으로 대학원에 진학하는 경우를 볼 때 한심하면서도 안타까운 마음이 들기도 한다.

대학을 졸업하고 기본적인 생계유지를 할 수 없다면 누구에게 의존할 것인가? 비싼 등록금을 지불하고 다닌 대학을 졸업하고 취업조차 못한다면 큰일이 아니겠는가? 물론 최근의 경제위기로 인한 청년 실업은 많은 사회적 문제를 불러일으키고 있다. 이러한 위기가 계속될수록 더욱더 자신의 삶에 대한 준비를 철저히 해야 살아남을 수 있을 것이다.

돈을 벌고 경제적 활동을 한다는 것이 삶의 궁극적 목표가 될 수는 없지만, 일단 이것이 해결되지 않으면 다음 단계의 삶을 살아갈 수가 없다. 남을 도와주고 싶어도 자신이 가지고 있는 것이 하나도 없다면 어떻게 남을 도와줄 것인가? 좋은 일을 하고 싶어도 할 수 없는 어려운 상황에 놓이지 않게 하기 위해서라도 대학생활을 어영부영 보낼 수는 없다. 대학생활을 성공적으로 이끌기 위해서는 자신의 삶의 목표를 보다 구체적으로 설정하고 이를 관철하기 위해 아주 열정적으로 노력해야만 한다.

삶에 쓸모 있는 것이라고 해서 반드시 취직하는 데, 또는 돈을 버는 데 도움이 되는 지식만을 의미하지는 않는다. 물론, 이렇게 쓸모 있는 지식을 배우는 것은 매우 유용하고 또 현실적이다. 요즈음처럼 청년실업이 심각할 때 대학을 졸업하고 바로 취업할 수 있는 기능적 능력을 갖추는 것이 얼마나 중요한 일인가? 그러나 취업에 도움이 되고, 돈 버는 데 도움이 되는 것만 배우고 산다면 삶이 얼마나 무미건조하고 재미없을까? 우리는 돈을 버는 방법과 수단도 배워야겠지만, 돈을 어떻게 의미 있게 써야 하는지에 대해서도 배우지 않으면 안 된다. 우리에게 쓸모 있는 지식이란 과연 무엇인가? 당장의 취업에 필요한 것만이 쓸모 있는 지식이고, 삶에 필요한 것인가?

얼핏 보기에는 쓸모없는 듯이 보이지만 사실은 정말로 우리의 삶을 윤택하게 해 주는 것이 많이 있다. 변호사가 되려고 공부하는 사람에게 음악은 왜 필요하며, 국어 선생님이 되려는 사람에게 발레가 무슨 의미가 있는가? 그리고 엔지니어가 되려는 사람에게 역사, 철학, 고전 등은 도대체 무슨 의미가 있을까? 아무런 의미가 없어 보이고 시간낭비인 것처럼 보이는 것이 사실이며, 실제로 이러한 외도를 계속하면 제때에 소기의 목적을 달성하기가 어려울 수도 있을 것이다.

그러나 가끔은 쓸모없는 '딴짓' 도 우리 삶에 절대적으로 필요한 윤활유 역할을 하는 것이다. 인간이 단순히 돈 버는 기계가 아니고, 역동적이고 창의적인 삶을 주도적으로 살아가는 존재라는 사실을 인정한다면, 우리의 삶에 있어서 이렇게 다양한 영역의 공부를 함으로써 우리는 자신의 행복을 추구하고 동시에 자신의 브랜드 가치를 높일 수도 있을 것이다. 쓸모없어 보이는 음악회, 미술전시회, 연극, 여행 등을 통하여 우리의 삶은 윤택해지고 풍성해지고 생기가 넘치게 되는 것이다.

이렇게 우리의 삶을 풍요롭게 하기 위한 노력으로 가끔은 '딴짓' 도 해 보자는 제안을 한다. 그런데 이러한 '딴짓' 을 모두 직접 체험으로 할 수 없는 경우가 많다. 이런 경우에 우리가 할 수 있는 방법이 바로 독서다. 독서는 우리에게 모든 것을 간접적으로 경험할 수 있도록 해 주는 좋은 수단인 것이다. 나는 대학 1학년 동안 도서관을 한 번도 이용하지 않아 도서관의 존재 이유와 가치를 전혀 몰랐었는데, 이는 그리 자랑할 만한 일이 아니다.

우리가 아는 많은 위인들이 독서광이었다는 사실은 그들이 모든 것을 직접 체험할 수 있는 여유가 없었기에 독서로 많은 것을 보완하며 살아왔으며, 성공적으로 삶을 살았던 것이 아니었을까 하고 생각한다. 예컨대, 나폴레옹은 전쟁터의 막사에서도 책을 끊임없이 읽었고, 심지어는 말을 타고 가면서까지 책을 읽었다고 할 정도로 독서광이었다. 루소는 어릴 때 지역 도서관의 책을 모조리 읽어 버렸다는 이야기가 전해지고 있고, 우리의 세종대왕도 지나친 독서로 눈병이 났을 정도라고 한다.

이와 같이 독서는 훌륭한 인간을 완성시키는 중요한 수단이 된다. 대학에 다니는 동안에 많은 체험을 할 수 있으면 좋겠지만, 여러 가지 현실적 제약으로 인하여 '딴짓' 을 하기 어려울 때 우리는 독서라고 하는 좋은 대용품이 있다는 사실을 잊지 말고 애용하면 좋을 것이다. 독서의 바다는 무한히 넓고 깊다.

Profile

고려대학교 교육학과를 졸업하고, 독일 본 대학교 교육학과에서 박사학위를 받았다. 한국교육개발원 교육사 · 철학 연구실장을 거쳐 현재 인하대학교 교육학과 교수 및 동 대학교 부총장으로 재직하고 있다. 교육철학회 회장, 한국교육학회 부회장 등을 역임했다. 『교육학의 이해』(공저), 『인간교육의 탐구』, 『교사와 교육』(공저), 『정신과학적 교육학』, 『교육의 역사와 철학』(공저) 외에 다수의 저서와 논문이 있다.

산다는 것, 읽는다는 것*

김열규
서강대학교 명예교수

산다는 것, 그것은 무엇일까? 목숨을 부지하는 것! 옳은 말이다. 하지만 인생이 겨우 그것으로 끝나고 말, 그런 시시한 것은 아닐 것 같다. 절대 그럴 수는 없다. 목숨을 부지하는 게 인생살이의 절대적인 조건인 것은 틀림없다. 하지만 그건 실마리요, 단서에 불과하다. 집 짓기로 치면 이제 겨우 주춧돌 하나 놓은 것에 지나지 않는다. 뭔가 더 올려야 하고 뭔가 더 쌓아야 한다. 그러지 않고는 주춧돌마저 허사가 되고 만다. 돌 받침 몇 개 놓는 것, 그 이상의 무엇인가가 있어야 한다. 정말이다. 그런데 그게 뭘까? 그렇게 거듭 물으면 말이 막히고 만다. 도무지 뭐가 뭔지 종잡을 수가 없다.

목적은? 수단은? 아리송하다. 종착지는? 길은? 얼떨떨하다. 이것인가 하면 저게 보이고 저것인가 하면 이게 나선다. 오락가락이다. 우왕좌왕이다. 그래서 궁하고 답답하다. 숨이 막힌다. '그게 바로

* 이 글은 『독서-김열규 교수의 열정적 책 읽기』(김열규, 비아북, 2008)에서 발췌하여 재수록하였습니다.

산다는 것이 아닐까?' 하고 생각해 본다.

인생에는, 자동차 운전대 옆에 붙여 놓은 네비게이터 따위는 없다. 있을 수도 없고 있어도 안 된다. 그런 게 만에 하나라도 있다면 우리는 멍청이가 되고 말 것이다. 어쩌면 웬만큼 머리가 튄 사람이면 인생을 그만둘지도 모를 일이다.

뻔한 길! 휭 하고 가면 그뿐인 길! 그래서 묻고 찾고 헤매고 할 게 아주 없는 길, 그런 길이라면 누구나 두 번 다시 안 가려고 들 것이다. 그러기에 길은 헤맴이다. 방황이다. 방랑이다. 그것은 헤르만 헤세Herman Hesse의 『크눌프』 정신이다. 이 타고난 방랑자가 모처럼 고향을 지나치게 되었을 때 옛 친구를 만난다. 그는 떠돌이 친구를 하룻밤 자기 집에서 묵게 한다. 그러고는 갈아 신으라면서 새 것이나 다름없는 헌 신 한 켤레를 선물한다. 나그네는 오랜만에 편한 자리에 누워서는 그 신발을 꺼내든다. 밑창을 매만진다. 야무진 그 촉감을 즐기면서 혼잣말을 뇐다.

"됐어! 이거면 이제 한참을 더 가도 될 거야."

그날 밤 방랑자의 꿈은 더없이 편안했을 것 같다. 방랑은 모르는 길이라야 한다. 헤맴은 그래야 한다. 미리 아는 길은 우체부나 택배기사들에게 줘 버려도 그만이다. 모르는 길이라야 비로소 길다운 길이다. 아무도, 단 한 사람도 밟고 지나간 자국이 없는 길이 이상적이다. 미국 시인 로버트 프로스트Robert Frost의 〈가지 않은 길〉이 일러주듯이 말이다.

훗날에 훗날에 나는 어디선가
한숨 쉬며 이야기할 것입니다.
숲 속에 두 갈래 길이 있었다고
나는 사람이 적게 간 길을 택하였다고
그리고 그것 때문에 모든 것이 달라졌다고

대충 이런 시다. 내가 미국 동부, 매사추세츠 주의 케임브리지에 머물 때 이웃 뉴햄프셔 주에 있는 프로스트의 집이며 근처의 전원 지대를 공연히 헤맨 것은 혹시나 바로 그 두 갈래 길을 찾을 수 있을까 해서였다. 아무도 밟지 않은 길, 그건 모르는 길이고 새 길이다. 몰라야 새 길이 된다.

인생에는 무수한 가닥 길이 나 있다. 그중에는 다른 사람들이 무더기로 밟고 지나가서 반들반들 닳아빠진 길과는 무관한 길이 있기 마련이다. 가는 사람이 내딛는 걸음에 따라서 비로소 열리는 길이 있기 마련이다. 그래서 인생은 '모름'으로 시작해서 '모름'으로 이어지고 또 이어지곤 한다. 모르는 것, 그게 바로 인생일지도 모른다. 삶은 그런 것이다. 그러기에 삶은 앎이 되려고 무진, 무진 애를 쓴다. 삶이란 모르는 걸 하나하나 알아 가는 과정이다. 삶은 앎의 행보 行步다. 아니, 아예 삶을 앎이라고 해 두는 게 좋을 것 같다.

그렇다면 그 앎이란 무엇으로, 어떻게 얻어지는 것일까? 한두 가지는 아닐 테지만 아무래도 읽기가 으뜸 중 으뜸일 것이다. 이건 읽기가 내게 심어준 신념이다. 읽기는 나를 위해서 세계 속으로 길을 안내해 준다. 그래서 읽기는 아직 잘 모르는 삶의 길을 가는 사람에게 나침반이 되고 이정표가 된다.

우리들은 삶의 행보, 다시 말해 걸음걸이 그 자체로서 읽기를 하는 것이다. 그러면서 조금씩, 조금씩 삶은 앎이 되어 간다. 누구든 인생론 한가운데 읽기가 큰 자리를 차지하고 있을 것이고, 그 가장 높은 봉우리에 읽기는 우뚝 솟아 있을 것이다.

나의 삶, 나의 읽기

내게 앎 없이 삶은 없다. 앎이 삶이고 삶이 곧 앎이다. 그러니 내게 읽기 없는 삶 또한 있을 수 없다. 그건 당연한 일이다. 읽음이 앎이다. 앎은 삶이다. 그렇다면 읽기가 삶이고 삶이 읽기다. 이건 자명한 일이다.

배워서 알게 되고 알아서 살게 되는 이치 또한 명백하고, 읽기 없는 배움이 없을진대, 읽기는 배움과 앎과 삶의 주춧돌이고 선봉장이다.

동화를 듣고 읽지 않았다면 나의 꿈은 얼마나 허전했을까? 물으나 마나다. 동화 덕분에 나의 꿈은 움트고 자랐다. 그동안 내 몸도 마음도 자랐다. 어두운 숲길, 눈에 파란 불을 켠 토끼가 길잡이가 되어서는 밤에만 곱게 피었다가 아침이면 이내 숨고 마는 꽃밭을 찾아 주었던 그 꿈! 며칠을 두고 밤마다 꾼 꿈으로 나는 동화를 꾸몄다. 그렇게 나의 동심은 익고 자랐다. 그래서 한때 빨리 낮이 가고 밤이 오기를 간절히 빌었던 시절도 있었다.

소년이 된다는 것은 동화가 소설로 바뀐다는 의미였다. 『엄마 찾아 삼만 리』, 『소공자』, 『소공녀』 없는 나의 소년기는 길 잃고 집 잃은 것이나 다를 바 없었을 것이다.

> 소년은 가던 걸음을 멈추고 강가에 다가갔다. 소녀들 뒤로 조금 멀어져서 소녀가 낚시질하는 것을 지켜보았다. 모르는 소녀였다. 신기했다.
>
> '여자 애가 혼자 낚시질이라니!' 그런 생각을 하면서 소녀가 드리운 낚싯줄이 제 것인 양 노려보았다.
>
> 그때 문득 저만큼에서 "아무개야!" 하고 부르는 소리가 났다. 소녀는 그에게 낚싯대를 맡기고는 달려갔다.
>
> 소년은 낚싯대를 잡았다. 물결을 응시한 지 얼마 지나지 않아서 물고기가 걸렸다. 줄이 심하게 흔들리고 낚싯대도 요동쳤다.
>
> 와락! 낚싯대를 잡아끌었다. 하지만 오히려 낚싯대 끝이 물속으로 끌려 들어갔다. 기를 써도 소용없었다. '숭어일까?' 무척 크고 힘센 놈인 것 같았다.
>
> 잠시 실랑이가 벌어지고 있는데 소녀가 돌아왔다. 그녀가 낚싯대를 받아들자, 거짓말처럼 쉽게 물고기가 딸려 올라왔다.

이렇게 기억되고 있는 한스 카로사Hans Carossa의 『유년 시대』를 읽으면서 나는 예쁜 이웃집 누나를 생각했다. 그 책을 읽은 다음 날 집 앞에서 이웃집 누나를 만난 나는 물었다.

"누나, 낚시해 봤어?"

"아니, 그걸 내가 왜 해?"

툽상스러웠다. 나는 그 뒤 한동안 누나를 보고도 모른 척했다. 소설은 이토록 어린 나의 현실에 그리고 삶에 깊숙이 관여했다.

빅토르 위고Victor Hugo의 『레미제라블』로 눈물을 배웠고 『이솝 우화』로 웃음을 익혔다. 그러면서 나의 소년 시절은 희비쌍곡선을 그리기 시작했다.

눈물이 슬프기만 한 게 아니라는 것, 차갑기도 하고 뜨겁기도 하다는 것, 그래서 삶의 진실이 거기 어리곤 한다는 것을 어렴풋이 깨달으면서 나는 철이 들어가는 내가 대견하기만 했다. 더불어 그 울음은 그 재미만큼이나 가르침도 여간 큰 게 아니라는 사실을 눈치챘을 때 나는 훌쩍 조숙해 있었다.

토마스 만Thomas Mann의 『마의 산』의 한 장면, 높은 산 속에서 요양소 생활을 하던 결핵 환자 몇 사람이 작은 모임을 연다. 어슴푸레 등을 밝힌 작은 방, 테이블에 둘러앉은 그들은 슈베르트Franz Schubert의 〈겨울 나그네〉를 축음기로 틀어놓고는 일종의 심령술에 도취했다. 그들 앞에 놓인 작은 공이 이름이 불리는 사람들 앞으로 차례차례 옮겨 가는 그 신비로운 대목을 읽으면서 대학 신입생인 나는 신비주의자가 되었고 덕분에 신화에 대한 나의 관심은 더욱 커져갔다. 지금도 슈베르트의 그 가곡을 들을 때마다 그 경이로운 장면이 연상된다.

이렇게 어릴 적부터 청년 시절에 이르는 나의 삶의 궤적에서 읽기는 결정적인 역할을 하곤 했다. 무엇을 어떻게 읽느냐에 따라서 나의 그 무렵 행적이 그려지기도 했다. 그건 그 후에도 달라지지 않았다.

내가 50년 넘게 절박한 한국인의 삶의 궤적을 추적해 온 것도 어머니의 〈언문 제문〉과 여러 문학작품의 영향이 컸으며, 16년 전쯤 홀연히 낙향을 결심했을 때도 헨리 데이비드 소로Henry David Thoreau의 『월든』을 길잡이로 삼았던 것이다.

이렇게 읽기는 내게는 삶이었다. 그건 날이 갈수록 전에 없이 더욱더 절실해져 가는 진실이다.

Profile

서울대학교 국어국문학과를 졸업하고 동 대학원에서 석사 및 박사학위를 받았다. 서강대학교 국어국문학과 교수, 하버드대학교 객원교수를 역임했으며, 현재 서강대학교 명예교수로 재직 중이다. 한국인의 삶과 죽음에 대한 원형과 궤적을 찾아다녔고, 저서로 『한국의 문화코드 열다섯 가지』, 『모멘토 모리, 죽음을 기억하라』, 『고독한 호모디지털』, 『욕, 그 카타르시스의 미학』, 『한국인의 자서전』 등이 있다.

마주침의 발명

김행숙
강남대학교 국어국문학과 교수

터닝 포인트

2년 동안 계절이 바뀔 때마다 나는 인터뷰어interviewer가 되었다. 한 계간지에 시인 인터뷰를 연재하고 있었던 것이다. 그런데 인터뷰 연재를 하기로 해 놓고서 첫 원고를 쓰기도 전에 나는 계절마다 마감날짜를 박아놓은 것을 후회했었다. 그렇지만 곧 이 작업에 예상 밖의 기쁨과 보람을 느끼고 있는 나를 발견하게 되었다. 그렇다. 그것은 예상 밖의 일이었다. 인터뷰라는 형식이 내게 주어지지 않았다면 부재했을 사건들이 이 우연한 글쓰기를 통해 발생했던 것이다. 나는 그 사건들을 '마주침의 발명' 이라고 부르기로 했다. 그것을 '우정의 발명' 이라고, 혹은 '발명의 우정' 이라고 불러도 좋을 것 같다. 인터뷰 원고들이 한 권의 책이 되었을 때, '마주침의 발명' 은 책의 이름이 되었다.

누군가와 또는 무엇인가와 마주친다는 것! 그것은 나를 바꾸는 계기, 또 한 번 인생의 특별한 모퉁이를 도는 일이다. 이제 막 대학생이 된 어린 벗들이, 프레시맨freshman들이 인생의 터닝 포인트를 발명하는 데 자기 마음을 열고 쏟았으면 좋겠다. 사람은 걸어 다니는 터닝 포인트다. 좋은 친구란 무엇인가? 친구는 나에게 무조건 지지를 보내는 자가 아니라 나를 새롭게 발견하고 발명하도록 이끄는 존재다.

나는 『마주침의 발명』이라는 책을 위한 서문을 다음과 같이 썼는데, 이 서문은 가장 마지막에 쓰인 글이라는 점에서 책을 쓰는 동안 내가 얻은 것들에 대한 고백이자 감사의 글과도 같은 것이라 할 수 있다. 이 글을 프레시맨, 말 그대로 가장 풋풋한 젊은 친구들과 나누고 싶다.

마음에 대하여

그대, 마음의 문을 열라. 사랑에 빠진 이들은 애원한다. 그러나 우리들은 "어쩌자고 벽이 열려 있는데 문에 자꾸 부딪히는지."

진은영의 시 〈어쩌자고〉에서

우리는 어째서 자꾸 문에 속는지. 어째서 '마음의 문'이라는 형식을 언어의 관습으로 굳히고 믿음의 영역에 세웠는지. 우리는 마음의 수수께끼를 열리고 닫히는, 초인종을 누르고 자물쇠를 채우는 문의 형식과 절차로 도무지 풀어 낼 수 없었는데도 말이다. 벽이 열려 있는데, 문을 찾아 맴맴 도느라 밤잠도 자지 못하는 이여. 어지러운 풀숲에서 열쇠를 찾느라 바지에 푸른 물이 든 이여. 내가 그랬겠다. 당신의 어떤 시간처럼.

그리고 문득 당신의 그 어떤 시간처럼 나는 '문'을 포기했을 것이다. 우리는 돌아섰다. 돌아서면서 나는 절망적으로 중얼거렸을지도 모르겠다. 당신은 내게 마음의 문조차 보여 주지 않았어.

마치 마음이 일정한 공간을 점유하고 있는 건물 같은 것인 양 우리는 마음의 문을, 벽과 창을 상상한다. 마음의 문. 마음의 벽. 마음의 창. 마음의 지하실. 마음은 마침내 집이 되어 버렸다. 집은 움직이지 않는다. 집은 그 자리에 서 있을 뿐이다. 집은 정착한 장소다. 그러나 마음은?

내 마음은 유랑한다. 마음은 형상을 짓지도 형상에 갇히지도 않는다. 마음은 움직임 속에 있으며 움직임 자체이기도 하다. 떨리고, 부풀어 오르고, 터지고, 찢어지고, 떠나고, 휘청거리고, 달아나고, 쫓아가고, 흩어지고, 모이고, 비었다가 차오르고, 잠시 멈추어 두리번거리다가 또 길을 만들어 내는 …… 마음들.

> 기차를 집 모양으로 만들어도
> 집을 나가고 싶은 사람은 집을 나가고
> 집을 옮기고 싶은 사람은 집을 옮길 것이다
> 목요일의 신선 달걀을 포기하고
>
> 이근화의 시 〈목요일마다 신선한 달걀이 배달되고〉에서

"기차를 집 모양으로 만들어도", 마음을 집 모양으로 만들어도, "집을 나가고 싶은 사람은 집을 나가고/집을 옮기고 싶은 사람은 집을 옮길 것이다." 마음은 '집 모양' 안에 깃들어 있는 것이 아니라 '나가고' '옮기는' 그 움직임 속에, 그 움직임 자체로서 출몰한다. 마음은 집이 아니라 차라리 바람의 존재양식을 닮았다. 누가 바람의 형상을, 바람의 정형定型을 보았겠는가. 아무리 눈을 부라려도 우리의 시선에 바람의 모양과 색깔은 잡히지 않는다. 나뭇잎들이 한쪽으로 우르르 쏠릴 때, 너의 머리카락이 사방으로 나부낄 때, 우리는 그 순간순간에 바람의 존재를 감득할 수 있을 뿐이다. 바람이 움직임 속에서 현현하듯이, 마음은 무정형의 운동 속에서 언어를 고르고 만지고 굴절시키며 배달한다. 그래왔듯이 앞으로도 종종 배달사고가 일어나겠지만, 마음의 여행을 떠난 우리는 조금 더 기뻐하기로 하자.

마음이 먼 길을 떠났다가 타인의 마음과 마주치는 그곳에서 우리는 별빛처럼 찢어질 것이다. 우리가 어디로 휘어질지, 그 커브가 어떤 미래를 펼칠지 미리 현명하게 헤아릴 수 없기에 인생은 여전히 모험이며, 어리석을 것이며, 어쩔 수 없이 천진할 것이며, 죽을 때까지 충분히 늙지 못하는 시간이 아니겠는가.

그러므로 내 친구의 시에서 이런 구절을 발견했을 때 나는 그것을 마치 우리들의 말처럼 함께 중얼거렸던 것이다. "우리는 언제나 조금 더 길을 가야 한다."(이원의 시 〈서울의 밤 그리고 주유소〉에서)

"우리는 언제나 조금 더 길을 가야 한다." 이렇게 똑같이 말하지만 우리는 결코 똑같은 길을 요구하지도 부탁하지도 기원하지도 않는다. 우리가 마주치는 그곳에서 나의 길이 휘어지고 너의 길이 휘어졌다는 것, 그렇게 휘어진 길에서 우리는 조금 더 길을 가야 한다는 것, 그런 사건들이 나는 우정의 응답일 거라고 생각한다.

안녕. 만남의 인사는 작별의 인사와 어떻게 구별되는가. 안녕. 작별의 인사가 만남의 인사와 똑같다는 것이 마음에 들지 않는가.

나는 세상의 어떤 어떤 모퉁이에서 시인들을 만나고 이 글을 썼다. 그러는 동안 '창조적인 우정'에 대하여 숙고해 볼 수 있었다. 우연한 마주침들이 내 삶의 반짝이는 모퉁이와 미래를 발명해 주었다는 것을 그래서 알게 되었다.

친구 되기

진은영 시인이 쓴 철학책 『순수이성비판, 이성을 법정에 세우다』(그린비, 2004)의 서문 또한 '우정론'이라 할 수 있다. 진은영은 칸트라는 까다로운 철학자에 대한 책을 써 나가는 동안 유념하였던 원칙 한 가지를 들뢰즈Gilles Deleuze의 문장으로 적어 놓았다. 들뢰즈라는 서양 철학자 또한 그녀의 멋진 친구다.

> 어떤 저자에 대해 글을 쓸 때 내가 지니는 이상理想은 그에게 슬픔을 야기시킬 어떤 것도 쓰지 않는다는 것이다. 그리고 만일 그가 이미 죽은 저자라면, 그로 하여금 그의 무덤 속에서 울게 만드는 어떤 것

> 도 쓰지 않는다는 것이다. 한 저자에 관해서 생각한다는 것. 그의 최상을 생각함으로써 그로 하여금 대상이기를 그만두게 하는 것, 박학과 친숙함의 이중적인 불명예를 피하는 것, 그가 줄 수 있었고 발명할 수 있었던 이러한 즐거움, 힘을, 사랑하는 삶과 정치적인 삶을 약간이나마 되돌려 주는 것.
>
> 들뢰즈, 『차이와 반복』

한 저자의 최상을 생각한다는 것, 박학과 친숙함을 넘어 미래의 낯선 가능성들까지 따라가 본다는 것, 어느 곳에서 끊긴종료된 길이 아니라 다시 시작되는 여러 갈래의 길을 발견한다는 것, 그것은 창조적인 독서이자 대화이며 우정의 나눔일 것이다. 고분고분한 마음과 어떤 종류의 비겁함과 이기심이 깔린 아첨이 아니라, 이 경우 우리에게 필요한 것은 '너'를 향해 마음을 여는 용기, '나'와 이별하는 능력 같은 거라고 할 수 있다. 너와 같은 길을 가는 것이 아니라, 너와 내가 부딪쳐서 생기는 빛에 끌려 미지의 새로운 길을 떠날 수 있다는 것이 중요하다. 그러므로 수많은 작별의 순간들을 우정은 포함한다. 그렇게 나는 너를 만난다.

진은영 시인 또한 나의 인터뷰이enterviewee였는데, 그녀는 '시인들과 친구 되기'의 기록이었던 나의 인터뷰 집에 이런 글을 붙여주었다. "나는 가지고 있지 않는 어떤 것과 우연하게 마주치는 것. 그리고 그 마주침 속에서 완전히 달라지는 것. 습관과 공통감각common sense, '나'라는 주어와 빨리 헤어지기. 또한 언어들이 가진 낡은 의미들과 이별하기. 이것이 바로 우정이지요. 그래서 우정이란 김행숙이 노래했듯 "이별의 능력이 최대치에 이르는 것"이라고 나는 정의하겠습니다. 나랑은 다른, 색다른 친구들과 함께 '집(!)'을 떠나 엄마와 아빠가 없는 곳, '참 이상해서 아름다운 곳'에 '문득' 떨어지는 것이 우정이지요."

진은영의 시 〈나의 친구〉의 마지막 부분을 소리 내어 읽으면서, 우리는 다시 한 번 주위를 둘러보자. 친구 되기, 그것은 삶의 창조적인 장면이다. 대학 캠퍼스가 이 아름다운 활동사진을 찍는 촬영장이 되기를……. 자, 스탠바이!

> 그것을 믿자, 숱한 의심의 순간에도
> 내가 곁에 선 너의 존재를 유일하게 확신하듯
>
> 친구, 이것이 나의 선물
> 새로 발명된 데카르트 철학의 제일원리다

Profile

고려대학교 국어교육과를 졸업하고 동 대학원 국어국문학과에서 석사학위와 박사학위를 받았다. 현재 강남대 국어국문학과 교수로 재직하고 있다. 1999년 『현대문학』으로 등단하여 시집 『사춘기』와 『이별의 능력』을 펴냈다. 그 밖에 저서로 『문학이란 무엇이었는가』, 『창조와 폐허를 가로지르다』, 『마주침의 발명』 등이 있으며, '동료들이 뽑은 올해의 젊은 시인'(2007), '노작문학상'(2009)을 수상하였다.

나를 눈뜨게 해 준 여행

최미선
여행 전문 작가

'사람이 태어나면 서울로 보내고 말이 태어나면 제주로 보내라.'는 옛말이 있다. 왜 하필이면 서울이고 제주였을까? 여기서 서울, 제주라 함은 아마도 넓은 세상을 의미하는 듯하다. 사람이 큰 그릇이 되려면 폭넓은 경험과 식견이 필요할 것이니, 보다 넓은 세상으로 나아가 안목을 넓히고 재능을 펼칠 수 있도록 했던 게 아닐까?

동양의 옛 화가들은 '만리를 여행한다行萬里路'는 것을 목표로 했다고 한다. 역시 넓은 세상을 경험하고 시선을 확장해 자신의 독자적 예술영역을 구축하기 위함이었을 것이다. 알랭 드 보통Alain de Botton은 그의 저서인 『여행의 기술』(정영목 역, 이레, 2004)에서 "여행은 생각의 산파다."라고 말하며 이렇게 기술한다.

> 우리 눈앞에 보이는 것과 우리 머릿속에서 떠오르는 생각 사이에는 기묘하다고 말할 수 있는 상관관계가 있다. 때때로 큰 생각은 큰 광경을 요구하고, 새로운 생각은 새로운 장소를 요구한다. 다른 경우

라면 멈칫거리기 일쑤인 내적 사유도 흘러가는 풍경의 도움을 얻으면 술술 진행되어 나간다.

실제로 인류의 역사를 바꾼 위인에게는 그들에게 내재된 재능과 원대한 꿈을 일깨워 준 값진 여행이 있었다. 〈모터사이클 다이어리〉라는 영화는 아르헨티나 출신의 혁명가 체 게바라Ché Guevara를 소재로 한 영화였다. 의학도였던 그는 청년시절 오토바이를 타고 남미를 여행하면서 독재 치하에서 억압받는 민중의 삶을 보고 충격을 받았다. 평탄한 삶을 누릴 수 있었던 그를 혁명가로 바꾸어 놓은 계기가 바로 오토바이 여행이었다. 혁명가로서 그는 짧은 생을 살았지만 많은 젊은이들의 가슴에 영롱하게 빛나는 별처럼 남아 있다.

경상남도 남해군에는 금산이라는 산이 있다. 조선을 건국한 태조

▼ 몬세라트 바위산

이성계 역시 금산에 올라 한려수도의 웅장한 풍광을 내려다보며 조선 창업의 꿈을 다졌다고 한다. 많은 예술가들 역시 여행에서 영감을 얻곤 했다. 스페인의 건축거장 가우디Gaudí Cornet, Antonio는 몬세라트라는 바위산에서 모티브를 얻어 그 유명한 사그리다 파밀리아 성당과 구엘 공원을 설계했고, 오늘날 그의 건축물이 남아 있는 바르셀로나는 그의 작품을 보기 위해 몰려드는 인파로 세계적 관광지가 되었다. 웅장한 자연, 인류의 찬란한 문화유산, 혹은 스쳐 가는 많은 사람들은 개인의 삶을 바꾸기도 하고 때로는 인류의 역사를 바꾸기도 한다. 이 모든 것이 여행의 힘이다.

▲ 파밀리아 성당

세상은 젊은이에게 원대한 포부와 개성 넘치는 창의력을 원하지만 반복되는 일상 속 우리 삶의 모습은 어떤가? 반복되는 일상은 우리에게 안락함을 주지만, 한편으론 우리를 무감각하게 만들고 생각을 고착시키게 한다. 타성에 젖은 우리의 일상은 세상에 대한 관심과 호기심과 꿈을 잃게 만들고 작은 우물 속에 가두어 눈앞의 이익에 급급한 작은 사람으로 만들어 버린다. 게다가 최근에는 취업난까지 심각해져 학생들은 학교와 도서관이라는 좁은 세상을 맴돌며 꿈과 희망과 개성을 잃고 경쟁 속에 매몰되어 찌들어 가고 있다. 세상이 원하는 것은 책상 앞에만 있는 것이 아닌데 말이다.

폭넓은 경험과 식견을 바탕으로 옹골찬 뿌리를 내리고 원대한 꿈으로 싹틔운 다음에야 우리는 창의력, 리더십과 같은 성근 열매를 맺을 수 있을 것이다. 우리 젊은이들에게는 원대한 포부를 품을 수 있는 넓은 세상이 필요하다. 인생을 버릇처럼 살지 말라는 말도 있다. 타성에 젖은 일상은 눈을 뜨고도 세상을 바라보지 못하는 장님으로 만드는 위험한 바이러스다.

나는 1980년대 말 대학 졸업 후 기자로서 언론사에서 종사했다. 많은 사람을 만났고 학교에서 충족하지 못했던 많은 경험을 했다. 일이 즐거웠고 보람을 느낀 순간도 많았다. 하지만 기자 생활 역시 일상이 되다 보니 새로운 장소, 새로운 경험, 그리고 자유로운 삶에 대한 호기심이 어느 순간 다시금 살아났다. 더 넓은 세상에는 무엇이 있고 그 안에서 나는 무엇을 만나고 어떤 것을 배우고 또 어떤 삶을 누릴 수 있을까? 사진 기자였던 남편 역시 이런 부분에 공감하는 바가 있어 함께 의기투합해 동시에 사표를 던지고 넓은 세상을 향해 여행을 떠나기로 했다.

회사라는 안정된 울타리를 벗어나 낯선 세상으로 나서니 예상 못한 바는 아니었으나 극복해야 할 여러 문제가 나를 위축되게 하였다. 호구지책도 마련해야 할 것이고 여행지의 치안문제, 언어문제에서 느껴지는 두려움도 있었다. 벗어나고자 발버둥 쳤던 일상이라는 것이 막상 눈앞에 사라지고 나면 불안한 것이었다. 처음 계획했던 여행지의 선택, 기간 등을 좀 더 수월한 방향으로 축소해야 했다. 가까이 편안하게 다닐 수 있는 것부터 조금씩 발을 내딛었다. 낯선 세상과 친해지고 그 속에서 자유를 느끼고 값진 생의 경험들을 쌓아 가면서 처음 나를 주저하게 했던 많은 두려움들이 하나둘씩 사라져 갔다. 나에 대한 자신감과 세상에 대한 믿음이 싹튼 것이다.

낯선 세상의 많은 사람들을 만나 정을 나누다 보니 소통의 부재는 언어의 문제가 아니라 마음의 장벽 때문임을 깨달았다. 사람이 서로 기대고 의지하며 살아가는 데는 몇 마디 말보다 눈빛으로 통하는 마음의 언어가 필요한 것임을 깨달은 것이다. 홀쭉해진 통장, 때론 노후의 삶에 불안을 느끼지만 지구촌 곳곳에 새겨 둔 추억이 나의 저금통장이라 생각하니 절로 힘이 난다. 기자 시절의 안정된 생활

▼ 경남 남해

을 그립지 않게 하는 소중한 자산이다.

퇴사 후 약 7년 동안 여행을 다닌 지금 조금씩, 아주 조금씩이지만 내 안에서 값진 변화가 일어나고 있음을 느끼곤 한다. 청소년기에는 쑥쑥 자리던 키가 행복했다면, 지금은 내면이 커 가는 나를 발견하는 일이 얼마나 커다란 행복인지 모르겠다. 끊임없이 내가 성장하고 있음을 느낀다는 것은 무엇보다 값진 의미와 행복으로 느껴진다. 여행이 가져다준 선물이다. 돌이켜 보면 대학시절, 한 살이라도 더 젊었던 그 시절에 보다 많은 여행길을 떠나지 못했었다는 게 가장 아쉽다.

가끔 주변 사람들에게서 어떤 여행이 가장 기억에 남느냐는 질문을 받곤 한다. 모든 여행이 기억에 남는 값진 것이지만 나에게는 그 중에서도 자전거 여행과 스페인 여행에서 관람한 투우 경기가 오래도록 여운이 남는다.

2007년 봄, 자전거 '생초보' 인 나와 길눈이 유난히 어두운 '길치' 인 남편과 함께 자전거 해안일주 여행을 시도했다. 막상 출발하려니 걱정투성이었다. 무사히 마칠 수 있을까? 가다가 사고가 나면 어쩌나? 이렇게 불안에 떨면서도 왜 자전거여행을 시도했을까? 똑 떨어지는 답은 없었다. 그저 자전거를 타고 우리나라를 한 바퀴 돌고 나면 분명 나 자신을 새롭게 돌이켜 볼 뭔가를 얻을 수 있을 것 같다는 생각에서였다. 여행의 진정한 의미는 새로운 풍경을 보는 게 아니라 세상을 바라보는 새로운 시각을 갖는 것. 우리 땅을 좀 더 가까이 다가가 보고 싶었고, 좀 더 많은 사람들과 부딪쳐 보고 싶었다.

▲ 오르막

여행 초반부터 오르막길이거나 사람들이 조금만 있어도 자전거를 끌고 걸었다. 자전거는 가끔 타고 오히려 걷는 것이 더 많았다. 이러다 어느 세월에 해안일주를 마칠 수 있을까 싶었다. 그렇게 어설프게 시작된 자전거 여행이지만 서해안을 돌아 남해안 찍고 동해안을 거쳐 미시령을 넘어 무사히 집에 돌아와 자리에 누우니 그동안 지내 온 45일간의 여정들이 영화필름처럼 스쳐 지나갔다.

갓길 없는 도로에서 차들이 줄줄이 따라와도 자전거 세우는 게 서툴러 욕을 바가지로 먹으며 죽어라고 달리던 일, 보행자 신호 무시하고 지나가던 운전자와 대판 싸우던 일, 비바람 치던 날의 소록도, 자전거 여행 한 달 만에 붙은 다리 힘으로 쑥쑥 올라가 나 자신도 놀라게 했던 보리암, 눈을 허옇게 치켜뜨고 쫓아오는 개 때문에 혼비백산하여 도망가던 일……. 그렇게 오만 가지 일을 겪으면서도 차로 다닐 때는 미처 몰랐던 풍경들을 접하게 해 준 느림보 자전거 여행은 세상의 아름다움을 고스란히 보여 주었다. 벚꽃으로 가득한 거리, 바람에 실려 오는 찔레꽃 향기와 기분 좋은 새소리, 길고 긴 미시령 고갯길을 오르다 그 안에 계곡물이 졸졸 흐르는 것도 자전거를 타고 오르면서야 알았다. 대단한 곳을 발견해서라기보다 새삼 자전거 여행의 묘미가 느껴져 가슴이 설레기도 했다.

아름다움은 자연뿐만이 아니었다. 장작불로 뜨끈하게 방을 지져 놓고 우리를 재워 주던 할머니, 고생 많다며 대게, 미역, 꼬막 등을 싸 주며 격려를 아끼지 않던 촌로들, 길 위에 선 우리를 가족처럼 대해 주며 염려해 주던 많은 이들을 통해 가슴 따뜻한 정의 소중함을 알게 되었다.

자전거 여행이 가장 기억에 남고 나 자신을 다시금 돌이켜 보게 된 것은 경북 울진에서 마주친 할머니 때문이었다. 자전거 초보인지라 밤길 주행을 피하려 했지만 울진을 지날 무렵 해가 뉘엿뉘엿 넘어가니 마음이 조급해졌다. 게다가 해안도로를 달릴 때는 바람이 심해 거친 파도가 일고 있었다. 바람을 헤치며 부지런히 페달을 밟아 달리던 중 파도가 밀려오는 방파제에 우뚝 선 한 점 여인이 허리를 두드려가며 끊임없이 움직이고 있었다. 뭔가에 홀린 듯 여인에게 다가갔다.

키보다 훨씬 긴 장대를 든 구부정한 할머니가 파도에 이리저리 쓸리는 미역을 건지려 연신 헛 갈고리 질을 하고 있었다. 양해를 구하고 사진을 한 장 찍고 싶었으나 혼신을 다해 미역을 건지는 할머니에게 아무런 기척을 할 수 없었다. 얼마 시간이 흘러 할머니와 눈이 마주쳤다. 90도 각도로 고개 숙여 인사를 했다. 내 생전 이렇게 마음을 담아 인사를 건넨 것도 드문 듯했다. "고생 많으시네요."란 어설픈 인사마저 건넬 수 없었다. "사진 좀 찍어도 될까요?"

할머니는 아무런 대답도 없이 시골 색시마냥 수줍고 순박한 미소로만 답했고 다시 갈고리 질을 시작했다. 거친 파도 앞에서 묵묵히 일하는 할머니의 모습은 작은 거인과도 같았다. 장엄하다 할까, 숭고하다 할까, 눈물겨운 경건함을 느꼈다. 떠날 시간이 되어 인사를 드려야 했으나 할머니를 방해하지 않고 다시 기다렸다. 아주 오랜 시간 후 아픈 허리를 쉬려 갈고리 질을 멈춘 할머니에게 다시 허리 굽혀 인사를 하고 그 바다를 떠났다. 길을 달리며 생각했다. 근육 없는 몸이, 살이 많아 비대한 몸이 부끄러운 게 아니라 건강한 육신으로 무위도식하는 몸이 진정 부끄러운 몸이라는 것을……. 노구를 이끌고 바람을 맞고 파도와 싸우며 미역을 건지던 바닷가 할머니는 이 시대의 진정한 '몸짱' 이셨다.

자전거 여행길에 제대 후 복학을 앞두고 우리처럼 자전거 해안일주를 하던 남학생, 해남 땅끝 마을에서 고성까지 홀로 도보여행을 나선 여학생도 만났다. 두 학생 모두 무전여행이었다. 잠시나마 그들과 같이 먹고 자면서 서로의 인생 얘기도 나누고 서로를 격려했다. 마을 노인회관에서 잠을 자고 식당에서 설거지를 해 가며 끼니를 해결하는 그들에게서 밝고 건강한 미래가 보이는 듯했다.

▲ 대학생과 함께

자전거 여행 후 몇 달 지나지 않아 스페인을 여행하게 되었다. 스페인 하면

보통 투우를 떠올리듯, 나도 투우를 관람하러 갔다. 작렬하는 태양 아래 경기장을 들썩이는 관중들의 환호, 황금빛 제복에 붉은 물레타를 흔들며 거친 황소를 상대하는 투우사의 현란한 몸짓, 분수처럼 피를 뿜으며 힘찬 발굽으로 맹렬하게 돌진하는 황소의 투지. 삶과 죽음이 교차하는 핏빛 싸움과 승부를 재촉하는 관중들의 열렬한 환성에 그간 들어왔던 정열보다는 피비린내 나는 현기증과 전율이 느껴진다.

물레타와 단검에 의지해 생사의 기로에 선 투우사의 화려한 몸놀림도 볼거리이지만 나의 마음을 사로잡았던 것은 무엇보다 황소의 투지였다. 창에 상처 입고 작살과 칼에 찔려 피를 뿜으면서도 한순간도 물러섬 없이 투지를 불태우는 황소의 고군분투는 치열한 경쟁 속에 하루를 살아가는 우리 삶과 닮았다. 성적, 학벌, 힘과 지위와 권력, 그리고 눈에 보이지 않는 삶의 무게가 우리의 가슴에 새겨 놓는 고통과 상처는 얼마나 깊고 아픈 것인가? 그 앞에서 우리는 눈물짓고 좌절하고 때론 포기를 생각한다. 아프고 두렵지만 굴하지 않고 맹렬히 싸우는 황소를 보니 그 투지가 눈물겹고 대견하기만 하다.

어느덧 내 안에서 희미해진 투지와 의연함을 황소의 힘겨운 싸움에서 되새겨본다. 칼에 심장을 찔린 채 죽는 순간에서야 비로소 무릎 꿇는 황소를 보면서 의연하게 맞이하는 패배는 승리의 결실만큼 값진 것임을 생각한다. 승리라는 열매도 소중하지만 모든 어려움에 굴하지 않고 세상 속으로 과감하게 뛰어들어 나를 불태우는 투혼은 더 아름답다. 앞으로만 돌진하는 황소의 투지가 혈관에 스며든다.

▲ 스페인 투우

힘차게 맥박 치는 심장의 울림, 황소의 죽음이 남겨 준 값진 선물이다. 피곤에 지쳐 나태함에 젖어들고 세상이 나를 지치게 만들어 힘들거나 두려움을 느끼게 할 때면, 할머니의 치열한 삶을 생각하고 황소의 투혼을 생각한다. 너라고 못할 건 뭐 있니?

여행의 소중한 가치를 얻는 출발점은 타성에 젖어 버린 일상, 치열한 경쟁으로부터의 해방일 것이다. 충만한 자유, 새로운 환경으로 자신을 풀어 주는 일, 깃털처럼 가벼운 마음으로 낯선 세상을 만나 나를 비우고 끊임없이 새로운 감성으로 그 자리를 채우는 일, 더 나은 미래를 위해 지금 우리에게 여행이 필요한 이유다.

여행을 마치고 다시 제자리로 돌아왔을 때, 그동안 미처 몰랐던 내가 가진 소중한 '무엇'을 새삼 발견하곤 한다. 역시 여행으로부터 얻을 수 있는 소중한 발견이다. 항상 우리는 내가 가진 것을 망각한 채 갖지 못한 것을 안타까워하고 좌절하며 살고 있으니까…….

처참한 교통사고와 불행한 결혼생활로 인해 고통으로 점철된 삶을 살아야 했던 멕시코의 유명 여류화가 프리다 칼로Frida Kahlo. 하지만 그녀는 그림이라는 자신의 재능을 망각하지 않았고 결국 재능과 아픈 삶을 바탕으로 많은 걸작을 탄생시킬 수 있었다. 여행에서 느끼는 또 하나의 소중한 가치는 내가 가진 소중한 것이 무엇인지 찾게 만들어 내가 있는 자리를 긍정하게 만든다는 것이다. 나를 믿고 긍정하는 일, 미래를 꿈꾸는 내게 더 큰 무엇이 필요하겠는가?

'우리 모두 리얼리스트가 되자. 그러나 가슴속에 불가능한 꿈을 가지자.'

나이 사십을 훌쩍 넘긴 나 역시 체 게바라가 외쳤던 그 말처럼 늘 가슴 속에 불가능한 꿈을 지닌 리얼리스트가 되고자 지금도 노력 중이다.

Profile

이화여자대학교 신문방송학과를 졸업하고, 동아일보사 기자로 근무하다가 2003년 퇴직 후 현재까지 여행 전문 작가로 활동하고 있다. 보다 많은 곳을 다니며 사람 사는 세상을 두루 엿보는 게 취미이자 관심사항이다. 저서로 『내 청춘 다바쳐 죽도록 놀아보는 여행』, 『떠나요 남도로』, 『네팔예찬』, 『대한민국 최고 여행지를 찾아라』, 『퍼펙트 프라하』, 『대한민국 자전거 여행』, 『대한민국 가족여행지 다 모였다』, 『산티아고 가는 길』등이 있다.

대학에서 꼭 얻어야 하는 세 가지

박기성
강남대학교 응용수학과 교수

본래 땅 위에는 길이 없었다. 걸어가는 사람이 많아지면 그것이 곧 길이 되듯이 이제는 여러분 스스로가 길을 만들어 가는 시기다. 대학생활을 하는데 있어 가장 중요한 세 가지 조언을 해 주기에 앞서 스무 살에 젊음의 시작과 학문적인 수양에 첫 발자국을 시작하는 여러분에게 해 주고 싶은 이야기는 먼저 누구도 쉽게 이룰 수 없는 비현실적일지도 모르는 큰 이상理想, ideal을 가져야 한다는 것이다. 동서고금東西古今을 막론하고 모든 위인들이 갖고 있는 가장 대표적인 공통점은 약간은 동떨어진 이상사회를 꿈꿔 왔다는 점이다. 공자의 대동사회大同社會, 플라톤의 이데아idea, 노자의 소국과민小國寡民, 그들의 비현실적인 이상사회를 초기에는 비웃었던 범인凡人들도 현재는 그들의 이상사회와 관련된 공부를 하고 있는 실정이다. 이 이유를 설명할 수 있는 해답은 사회학자인 막스 베버Max Weber에게 있다고 볼 수 있다. 그는 그의 저서에서 우리가 이상사회를 꿈꾸고 그것을 이루려 노력하지 않았다면 실현 가능한 것까지도 불가능했을 것이라고 이야기하였다. 이는 이상사회에 도달하려는 과정에서 자기 발전과 자기 계발이 이루어진다는 의미일 것이다. 미시적인 차원에서의 계획보다 먼저 거시적인 목표를 갖지 못하면 나무만 보고 숲을 보지 못하는 결과를 가져올 수 있다는 것을 암시하는 내용이라 할 수 있다. 그러면 이제부터 대학생활에 대한 미시적인 조언을 세 가지로 분류해서 이야기해 보도록 하겠다.

하고 싶은 공부를 맘껏 해 보자

대학생활은 자유롭고 활기찬 시간이 많다. 부모와 학교 선생님이 시키는 대로 하는 수동적인 자세에서 스스로 판단하고 실행하는 일을 결정하는 능동적인 자세로 배워 나가는 시기다. 이와 같은 능력을 위해서는 많은 독서와 대화와 체험을 가져야 한다.

대학 1학년 때는 주로 교양교육을 받게 되는데, 이러한 교육을 통해 신입생들은 학문의 범위를 넓혀 가면서 풍부한 지식을 쌓게 되며 세상을 보는 깊은 눈을 가지게 된다. 교양교육에서 평가방법은 고등학교의 객관식 시험이 아닌 논술형 시험답안지 서술과 레포트 작성을 경험하게 된다. 교양교육은 모든 영역의 학문, 모든 수준의 사고, 모든 형태의 삶의 방식, 모든 지역의 문화를 포용하고 통합한다는 점에서 포괄적인 교육이라고 할 수 있다. 학생들은 인문, 사회, 자연과학을 넘나드는 교양교육을 통해서 사물과 사건을 다양한 각도에서 바라보는 능력을 기르게 되며, 새로운 변화를 유연하게 받아들이고 나와 다른 의견을 수용할 수 있는 적응력 있는 사고 능력을 기르게 된다.

대학 2학년부터는 전공교육을 통해서 관심 있는 전문분야에 대한 깊이 있는 지식과 태도를 익히게 된다. 또한 학문이 발전하고 계속해서 새로운 지식이 생성되는 현실에서는 관심분야를 포괄하는 다양한 분야에서 전문인으로서의 기초를 닦을 수 있도록 하는 노력이 필요하다. 고등학교 때까지 받아 온 교육의 대부분은 이미 남들이 만들어 놓을 것을 이해하고 답습하는 것이라면, 대학에서의 공부는 수많은 참고자료를 찾아보면서 새로운 지식을 나의 것으로 정리하여 만드는 작업을 하게 되는데, 이러한 공부는 이제까지 해보지 못한 새로운 지적 활동이다. 때로는 어려운 보고서를 끝내고 느끼는 지적 성취감에 스스로 대견스럽기도 하고, 아무리 해도 답이 보이지 않는 학문의 바다에서 한없이 작은 자신을 발견하기도 한다. 다른 전공의 수업을 들어보고 자신이 알지 못하는 영역의 대해 공부해 보는 것은 사고의 폭을 넓히는 데 도움이 된다. 변화하는 세상에 대응하기 위해서는 연계전공, 복수전공 등을 통해서 폭넓은 전문전공지식을 습득하는 것도 필요하다. 또한 스터디 그룹을 만들어 함께 책을 읽고 토론해 보는 것도 좋은 경험이 될 것이다. 자신과 다른 생각을 가지고 있는 사람과의 지적인 논쟁을 통해서 여러 사람의 의견을 수용하는 것도 배우게 되는 기회가 될 것이다. 이러한 과정을 거치게 되면서 일반적인 원리를 다양한 상황에 적용하고 복잡한 상황을 분석하고 추론하여 종합하는 능력이 갖추어질 것이며, 많은 책을 읽으면서 다른 사람들의 생각이나 아이디어를 가능한 한 다양한 관점에서 비판적으로 검토할 때 무엇이든지 당연한 것으로 여기지 않고 고정관념이나 편견 등을 변화시킬 수 있는 능력이 갖추어질 것이다. 얼마나 '읽었나' 보다 얼마나 '생각했나' 에 비중을 두고 어떤 책을 읽어도 '왜' 라고 자문하는 습관이 되어 있어야 한다. 새로운 의문점을 찾아내어 고민하고 그 문제에 대하여 해답을 구할 수 있는 능력을 배양하면 대학교육의 본질을 이해할 수 있다. 이 시대는 전문지식을 바탕으로 어떤 상황에서든지 적응할 수 있는 다기능 전문가를 요구하고 있다.

대인관계를 발전시키자

대학생활은 사회생활의 기반을 만들어 가는 과정이다. 사회생활의 기반은 전문적인 지식도 필요하지만 성숙한 대인관계를 형성하는 것이 매우 중요하다. 대인관계 능력은 다른 사람의 이야기를 들어 주고 효과적으로 의사소통을 하는 기술, 그룹을 적절하게 인도하는 능력이 포함된다. 즉, 대인관계 능력은 다른 사람과 어울려 살아가는 능력이다. 다양성을 인정하고 다른 사람의 의견을 경청하며 다른 사람들의 조언을 받아들이는 것은 건전한 대인관계를 형성하는 데 기본이 되는 것이다. 그 능력을 배양하기위해서는 동아리 모임, 스터디 그룹 등에 적극 참여하거나 선배, 동료, 그리고 교수님과의 메일을 통해 의사소통 능력을 향상시킬 수 있으리라고 생각된다. 이제까지는 미시적인 대인관계에 대해서 알아보았지만 거시적인 대인관계를 생각해 보면 현자는 세상 사람들을 A, B, C급으로 나눌 수 있다고 했다. C급 인물은 자신의 능력만을 이용하고 B급 인물을 남의 능력도 활용하며 A급 인물은 남의 지혜까지 활용할 줄 아는 사람이라고 했다. 즉, C급 인물은 자신의 경쟁력이 자신에게만 달렸고 모든 일은 내가 다 해야 한다고 생각하는 사람이다. A급 인물은 자신의 경쟁력이 자신뿐만 아니라 타인에게도 영향을 받을 수 있으며 타인의 능력과 지혜의 도움을 받을 수 있다고 생각하는 사람이다. 이렇게 다른 사람의 지혜와 능력을 활용하기 위하여 힘을 합치는 것은 더 큰 힘을 발휘한다. 물론, 자신의 전문적인 실력을 튼튼히 하는 바탕 위에서 인생에서 크게 성공한 이들은 모두 제휴提携의 중요성을 잘 인식하고 있는 사람들이다. 우리 기업들이 외국기업과 기술개발이나 신제품개발을 위해 서로 합작하고 있는 것도 이와 같은 의미일 것이다.

인생의 목표를 설정하자

이제 여러분은 자신이 누구이며 무엇을 할 수 있는지를 고민하여야 한다. 내가 좋아하는 일이 무엇인지, 내가 잘하는 일이 무엇인지를 자신의 가치와 흥미, 능력 등을 기준으로 탐구해야 한다. 이러한 자기 탐색과 함께 관심 있는 분야에 대한 탐색도 이루어져야 더욱 효과적일 것이라고 생각한다. 자신의 능력을 발휘할 수 있고 존재 가치를 느낄 수 있는 일을 경험한다면, 자신감을 회복하고 자신의 정체성에 대해 인지할 수 있을 것이다. 자신에 대한 긍정적인 정체감을 형성한다는 것은 자신이 진정으로 원하는 것이 무엇인지 인식하고 자신을 능력 있고 가치 있는 존재로 인지하는 것이라고 할 수 있다. 이제 여러분은 모든 것을 스스로 결정하고 계획을 세워 실행해야 한다. 어떤 전공과 진로를 선택할 것인지 스스로 결정하여야 한다. 자신에게 가장 의미 있는 목표를 분명하게 하는 것은 쉬운 일이 아니나, 목표를 분명히 할수록 여러 선택의 기로에서 의사결정 과정과 판단의 기준이 된다. 충분히 체계적으로 고민하여 설정한 인생목표는 자신의 삶의 의미를 부여하며 모든 일에 최선을 다해 노력하도록 하는 힘이 될 것이다. 목표 없는 생활은 자신을 나태하게 만들고 대학생활을 만족하지 못하는 결과를 가져온다. 인생의 목표를 설정하고 단기적인 학업목표를 세워서 알찬 4년을 보낼 수 있도록 노력하자.

학업에 충실하면서 다양한 활동에 참여하는 균형 있는 대학생활이 필요하다. 산업사회는 질서, 구조, 연속성, 위계질서를 중시했으나 지식정보사회에서는 속도, 기동성, 유연성, 창의성으로 대변된다. 이와 같이 세상이 변하면 살아가는 방식도 변화한다. 변화의 시대에 적응하는 역량을 키워야 함은 말할 것도 없다. 기존의 상거래를 온라인으로 활용해서 새로운 사회적 변화에 발 빠르게 개혁하여 성공한 사례를 많이 볼 수 있다. 그러므로 자신이 목표로 정한 직종에 대해 철저히 연구해 가며 진로를 탐색해야 한다. 어떤 자질을 갖추어야 하는지를 정확히 알아야 하며, 그에 따른 준비를 게을리하지 말아야 한다. 이런 차원에서 대학 재학기간 동안 직업의 현장에 직접 참여하여 경험을 통한 경력을 쌓아 보는 것도 바람직하다. 4년 후 모든 학생들이 기대 이상의 성숙한 인간으로 자신을 발견하게 되기를 기대해 본다.

나 자신의 주인은 현재의 나 자신이다

앞의 내용을 정리하면 능동적으로 지식의 폭을 넓히고 성숙한 인간관계의 중요성을 인지하며 자신감을 형성하면서 인생의 목표를 확립하자는 것이다. 대학 4년은 앞의 3가지 중요성을 인지하기에도 길지 않은 시간이다. 대학생활은 청소년기와 성인기, 즉 사회인이 되기 위한 중간영역의 시기로, 기본적인 1차 사회화 기능이 가정이나 또래집단에 있다면 대학은 진정한 성인으로서의 가치를 습득하는 2차 사회화의 기관이자 시기인 것이다.

마지막으로 여러분이 범하기 쉬운 실수를 한 가지 조언하며 글을 마치도록 하겠다. 예전 노벨문학상 수여를 거부한 실존주의자 사르트르Jean Paul Sartre의 격언이다. '실존實存, Existeance은 본질本質, Essence에 앞선다.' 실존주의 철학자인 그는 종교나 이성, 관념보다 현재 존재하는 자신의 주체성이 가장 중요함을 역설하고 있다. 여러 가지 다양한 경험과 이론, 지식의 습득도 중요하지만, 이런 여러 가지 홍수 속에서 자신의 주체성을 잃으면 안 된다는 교훈을 주고 있는 일화라 할 수 있다. 여러분은 누구도 헤아릴 수 없는 가치를 갖고 있는 가능성을 갖고 있다. 나의 가치에 대한 믿음을 갖고 세상의 모든 지식과 경험을 활용하여 진정으로 내가 원하는 것을 내가 사회에 기여할 수 있는 본질을 주체적으로 이루기를 기원한다.

Profile

고려대학교 이과대학 수학과를 졸업하고, 건국대학교 대학원 수학과에서 위상수학전공으로 박사학위를 받았다. EBS에서 10년간 교육방송강의(수학)를 하였으며, 20여 년간 강남대학교 응용수학과 교수로 재직하고 있다. 저서와 논문으로는 『위상수학』, 『현대기하학의 역사』 등이 있다.

한겨울 밤, 타임 슬립을 꿈꾸다

김보연
강남대학교 대학원생

"다시 새내기가 된다면……" 한겨울 밤, '타임 슬립'을 꿈꾸다

애니메이션 〈시간을 달리는 소녀〉를 본 적이 있는 사람이라면 한번쯤 '타임 슬립'을 꿈꿔 본 적이 있을 것이다. '타임 슬립'이란 시간을 거슬러 과거로 돌아갈 수 있는 능력을 말하는데, 주인공인 소녀는 이 능력을 이용해 동생이 푸딩을 먼저 먹기 전으로 돌아가거나 곤란한 상황일 때 시간을 되돌리곤 한다. 이 애니메이션을 본 이후 '끝'이라는 시간을 만나게 되면 늘 버릇처럼 말하게 됐다. '나에게도 타임 슬립의 기회를 주세요.'라고 말이다. 그리고 어리석게도 졸업을 하게 된 올해, 유독 간절한 마음으로 타임슬립을 꿈꿔 본다.

나는 다시 돌아갈 수 없지만, 이제 시작하는 새내기들을 위해 지나가 버린 시간을 다시 추억해 보았다. 만약 내가 다시 1학년으로 돌아간다면…….

4년 후의 널 꿈꿔 봐

2010년 초에 〈공부의 신〉이라는 드라마가 매우 인기를 끌었다. 명문대 진학을 위해 공부를 해야 하는 우리의 현실을 잘 나타내 주었다. 드라마에 나오는 이들처럼 나도 고등학교 시절에는 대학이 전부일 것이라고 믿었다. 선생님도, 부모님도 모두 나에게 그랬다. '대학이 전부'라고 말이다. 그리고 고등학교를 지나 대학을 진학하고 나니 허무했다. 남들보다 한 해 더 공부를 하고 들어 왔던 터라 더 그랬던 것인지도 모르지만, 드라마나 영화에서 나오는 대학생활처럼 즐겁고 흥미롭지 않았다. 힘들던 수험생활만 지나고 나면 행복이 툭하니 내게 올 것이라고 생각했지만, 현실은 그렇지 않았다. 고등학생 때 가졌던 환상은 그야말로 환상일 뿐이었다. 실망은 뜻하지 않은 방황을 하게 했고, 생각했던 대학생활이 아니었다며 투덜거리게 만들었다. 나뿐만 아니라 대부분의 학생들이 입학을 하고 나면 느끼는 감정이다.

1학년 겨울방학이 다가오고 있던 어느 날 동기들과 그런 말을 했었던 적이 있었다. "대학에 들어오면 다 논스톱처럼 보내는 건 줄 알았어."라고 말이다. 누군가의 입에서 나왔던 이 말에 다 같이 "맞아, 완전 공감해."라며 호들갑을 떨었던 기억이 난다. 그러고 나니 무의미하게 흘려보낸 시간들이 다들 그리웠던 모양이다. "왜 그렇게 강의만 끝나면 바로바로 집에만 갔을까?" "뭐라도 해 볼 걸" 하는 등의 후회 섞인 푸념이 한동안 계속됐다.

다들 그렇게 어색했던 대학생활이 익숙해질 즈음 다시 새로운 무언가를 선택할 용기가 나지 않았다고 했다. 나 또한 그랬다. 실망과 방황이 지나고 나니 현실에 안주하기 시작했다. 목표는커녕 하루하루 시간이 지나가는 것을 지켜보고만 있었다.

졸업을 앞두고 지난 시간을 되돌아볼 때면 늘 가장 아쉬운 것 중 하나가 바로 아무런 목표 없이 생활했다는 점이다. 진지하게 4년 후 나의 모습을 그려 보지 못했다. 어떤 내가 되어서 졸업을 할 것인지조차 생각하지 못하고 졸업을 앞두고서야 고민하고 있다. 너무도 아까운 시간을 낭비했다는 것을 이제야 안다. 다시 시간을 되돌릴 수 있다면 나는 4년간의 구체적인 목표를 정하고 싶다. 무엇을 하고 싶은지, 무엇을 해야 하는지 고민하고 결정하고 수정하는 그 모든 단계를 천천히 겪고 싶다. 대학을 다니면서 자신이 하고 싶을 것을 명확하게 알게 된다는 것만큼 가치 있는 것은 없다. 그러므로 무엇보다 목표를 세우고 현실을 즐기며 미래를 꿈꿀 수 있기를 바란다.

꿈을 부탁해
반짝반짝 빛나는 미래를 위한 선택

대학에서 처음으로 주어진 자유는 시간표와 수강과목에 대한 것들이었다. 내가 편한 시간에 맞춰 강의를 선택할 수 있었으며, 매일 학교에 오지 않아도 괜찮았다. 다른 동기들은 주 3일파가 되기도 했지만 나는 지난 4년 내내 하루도 빠지고 않고 학교에 가는 시간표였다. 듣고 싶은 분야의 강의를 모두 듣기 위해서는 어쩔 수 없는 선택이었다. 그러므로 혼자 강의를 듣거나 긴 공강을 기다려야 할 때도 있었다. 이것은 1학년만 누릴 수 있는 특권이라고 나는 생각한다. 2학년부터는 주로 전공과목을 듣기 때문에 동기들과 함께 시간표를 짜는 것이 이롭지만, 1학년 때는 주로 교양강의를 중심으로 듣는다. 그러므로 1학년 때는 여러 학문을 접해 보고 적성에 맞는 학문분야를 찾아보며, 자신이 전공하고자 하는 것에 대한 분명한 목표를 세우는 시기라고 보면 된다.

지금은 학과체제로 바뀌었지만, 내가 입학할 당시만 해도 학부체제였다. 그렇기에 내가 입학했던 인문학부 안에는 국어국문학과와 문헌정보학과가 함께 있었다. 그래서 나는 자연스럽게 두 학문을 모두 전공할 수 있었다. 그러나 지금은 학과체제이기 때문에 주 전공뿐만 아니라 복수 전공이나 부 전공에 대해서 먼저 생각해 보고 1학년 때부터 기초강의를 들어 두는 것이 좋다.

나는 복수 전공 이외에도 교직을 이수하느라 남들보다 더 많은 강의를 들어야 했다. 매번 학기마다 학점을 꽉 채워 들어야 했던 터라 바쁘고 힘들었지만 지금은 그 모든 것을 다 해낸 나를 조금 칭찬해 주고 싶은 기분이다. 다만 아쉬운 점이 있다면 1~2학년 때 필수적으로 수강해야 했던 영어강의를 제대로 이용하지 못한 점이다. 원어민 교수님과 적극적으로 대화를 하거나 수업에 활발하게 참여하지 못했다. 지금에 와서 생각하니 원어민 교수님과 대화를 나누고 배울 수 있는 기회를 놓쳐 버린 것이 후회된다.

그 밖에 전공에 필요한 여러 자격증이나 공부도 틈틈이 해 두고 싶다. 전공으로 인해 한자 자격증이나 여러 컴퓨터 자격증이 필요했었는데 미처 다 취득하지 못하고 졸업을 하게 됐다. 그래서 방학을 이용해 차근차근 필요한 것들을 준비해 실력을 키우고 싶다. 대부분 방학을 하게 되면 공부보다는 놀거나 아르바이트를 하는 등의 일로 시간을 보내기 바쁘지만 총 여덟 번의 방학 동안 한 가지씩 만이라도 정해 제대로 실천한다면 그 누구보다 충실히 보낼 수 있을 테니 말이다.

무모한 도전은 ing

요즘은 많은 학생들이 동아리 활동을 하지 않으려고 한다. 공부에 방해도 되고, 동아리 활동을 할 만큼의 시간적인 여유가 없다는 이유 때문이다. 나 또한 그랬다. 동아리 활동을 할 만큼 적극적인 성격을 가지지도 못했었고, 전공 공부나 어학 공부를 하고자 했었기 때문에 동아리에 관심을 두지 않았었다. 그러다 우연한 기회에 들어가게 된 '학보사(신문사)' 는 나를 변화시키는데 참 많은 영향을 주었다. 많은 사람들을 만날 수 있었으며 스스로 성장할 수 있는 기회가 됐다. 힘들 때도 많았지만 이겨 내고 버텨내면서 아주 조금씩이었지만 변화하는 나를 만날 수 있었다. 그래서 대학 기자 활동을 했던 지난 4년을 절대 후회하진 않는다. 아쉬움이 없다고 할 순 없지만, 그게 후회는 아니다. 그래서 나는 많은 이들에게 자신의 성격과 취향에 적합한 동아리에 들 것을 자주 권유한다. 공부나 아르바이트만 하고 시간을 보내면 분명 후회하게 된다. 졸업한 선배와 동기들도 그랬고, 이제 졸업을 하는 후배들을 봐도 그렇다. 물론, 꼭 동아리 활동이 아니어도 좋다. 경험하고 성장할 수 있는 기회가 주어지는 것이라면 꼭 무엇이든 해 보길 바란다.

지나고 보니 해 보지 못했던 경험 중 가장 아쉬운 것은 홀로 여행을 떠나 보지 못했다는 점이다. 무작정 짐을 싸서 어디론가 훌쩍 떠날 수 있는 용기가 없었기도 했지만, 혼자 있는 것을 잘 참지 못하는 성격이라 더 망설였던 것 같다. 고등학교 친구는 홀로 국토대장정을 하겠다며 무작정 휴학을 하고 떠났었다. 정처도 없이 발걸음이 닿는 대로 걸어 다녔다고 말한 친구는 훌쩍 성숙해져 있었다. 오롯이 혼자 선택하고 그 선택의 결과를 책임져야 했던 그 여행에서 얼마나 많은 것을 느끼고 돌아왔을지 나는 짐작하기도 힘들다. 홀로 여행을 꿈꾸고 있는 지금도 나는 용기보다는 망설임으로 주저하고 있다. '취업을 해야 해.' '여행이나 하고 있을 시간은 없어.' 라는 핑계들로 말이다. 대학을 졸업한다는 것은 '충실한 현실' 을 살아야 한다는 뜻인지도 모른다. 꿈보다 당장의 현실을 생각해야 하고, 당장의 이익을 따져야 한다. 그러므로 마음 편히 꿈이나 꾸고 있을 수는 없다. 그래서 대학 때 할 수 있는 것들은 모두 해 보라고 하는 모양이다. 지나고 나서야 할 수 있는 것들이 왜 이리 많은 것인지 모르겠다. 이 글을 읽고 있는 이들은 그러지 않길 바랄 뿐이다. 망설이고 있는 사이에도 시간은 흐른다. 그러므로 경험할 수 있는 기회가 온다면, 비록 후회가 따를지라도 경험해 보길 바란다. 경험에 따른 후회나 아쉬움은 언제나 인생의 가장 큰 교훈을 주기 때문이다.

"너도 떠나 보면 알게 될 거야"

4학년 마지막 학기를 남겨 두고 나는 휴학을 했다. 한 학기를 남겨 두고 일 년이나 휴학을 하는 것은 무의미하고, 시간 낭비라며 말리는 소리를 뒤로 한 채 결국 했다. 결론부터 말하자면 휴학을 했다는 사실 자체를 후회하진 않는다. 특별할 것 없이 보낸 일 년이라 다른 누군가는 "내가 뭐라고 했어? 그렇게 될 것이라고 했잖아."라고 할지도 모르겠다. 하지만 내게는 꼭 필요한 시간이었다. 조금 더 충실히 그 시간을 보냈으면 좋았을 걸 하는 아쉬움이 남긴 하지만 말이다. 그러나 누군가 내게 휴학에 대해 물어본다면 나는 다음과 같은 것을 이야기해 주고 싶다.

첫째, 마지막 학기를 남겨 두고 하는 휴학은 권하지 않는다. 휴학을 꼭 해 보고 싶다면 2~ 3학년 때 하는 것이 좋다고 본다.

둘째, 공부가 목적인 휴학은 하지 않는 게 좋다. 대개 "왜 휴학을 해?"라고 물어보면 과반수 이상이 "공부하려고."라고 이야기한다. 그러나 휴학 기간 동안 죽어라 공부만 하는 사람은 보지 못했다. 자신은 할 수 있다고 생각하지만 웬만한 결심과 행동을 가지지 않고서는 이루기 힘들다. 공부가 목적이라면 차라리 학교를 다니면서 하는 것이 더 효과적이며, 방학을 이용해 충분히 할 수 있기 때문이다.

셋째, 일 년을 다 하는 것보다는 한 학기 휴학을 권하고 싶다. 휴학을 먼저 해 보니 한 학기 정도면 충분하다. 휴학의 기간이 길다 보면 하고자 했던 일들을 뒤로 미루고 나태해지기 쉽다. 그러므로 한 학기만으로 충분히 휴학을 경험하고 자신이 하고자 하는 목표를 이룰 수 있다.

다시 내게 휴학할 수 있는 기회가 주어진다면 나는 우선 비행기 표를 예매할 것이다. 휴학 결심을 한 그 순간 가고 싶었던 나라에 갈 수 있는 표를 구입하고 훌쩍 떠나서 마음껏 다른 나라를 경험하고 돌아오고 싶다.

잘 지내나요?
때때로 내게 필요한 질문

대학 시절엔 참 많은 것을 할 수 있다. 그러나 언제나 망설임과 귀찮음 때문에 놓쳐 버리는 것이 더 많다. 다 그렇다고 할 수는 없겠지만 나는 그랬다. 참 많이도 망설였고, 참 많이도 피곤하다는 이유로, 귀찮다는 이유로 놓쳐 버린 것이 많았다. 왜 그런 것은 지나고 나서야 깨닫게 되는 건지 모르겠다. 지나고 보니 '더 많은 것을 할 수 있었을 텐데…….' 하는 후회가 들곤 한다.

요즘은 평생 할 수 있는 취미를 만들어 놓지 못하고, 흥미 있는 일을 찾지 못한 것이 아쉽다. 그저 피곤하다고 자거나 휴식을 취하기 바빠 주말에도 주로 집에만 있었다. 혼자 있는 시간이 많아지기 시작하면서는 더욱 그랬던 것 같다. 각자 바쁘기 시작하면서부터는 친구를 만나는 것도 부담으로 다가오곤 했다. 그럴 때면 즐길 수 있는 것이 필요하곤 했었다. 늘 '찾아봐야지.' 하는 생각만 하고는 그냥 지나쳐 버렸다. 이미 세상 밖으로 나간 친구나 선배들의 충고를 무시한 채 말이다. "취미활동을 하고 싶어도 마땅히 해야 할 것이 없기도 하고, 이제와 찾는 건 또 귀찮더라고. 너는 학생 때 하나 만들고 나와."라고 말해 주었던 진심 어린 말을 놓쳐 버린 것이다. '그게 뭐야?' 라고 생각했던 말들이 어느새 '정말 그렇구나!' 로 바뀌어 있었다. 비록 나는 만들지 못했지만 많은 경험을 통해 당신은 찾을 수 있기를 기도해 본다.

어느 순간을 기점으로 우리는 매일 가던 곳, 매일 만나던 사람과 작별을 하게 된다. 졸업이라는 이름으로 말이다. 그래서 아쉽고 늘 후회가 남는 것인지도 모른다. 그러므로 정해져 있는 시간 동안 후회 없이 알찬 계획으로 살아가길 바란다. 4년이란 시간은 절대 길지 않다. 정말 숨 가쁘게 지나간다. 지나간 시간을 돌아보는 순간, 바로 졸업이 다가와 있음을 느낀다. 나보다 더 멋지고 즐거운 대학생활을 경험하길 바란다.

Profile

2005년 강남대학교 인문학부에 입학하여 2010년 2월에 졸업했다. 국어국문학과와 문헌정보학과를 복수전공으로 이수했다. 재학 중 학보사 기자로 활동하였으며 강남대학교 신문인 『강남학보』의 제26대 편집국장을 역임했다. 현재 강남대학교 대학원 국어국문학과에 재학 중이다.

제3장

취업과 진로

돈 그리고 직업 황매향

창의성의 즐거움과 냉철한 판단력 이영미

문화, 디자인과 상상력으로 소통하다 장호현

도시계획가, 살고 싶은 도시를 창조한다 김근영

공학도의 현재와 미래를 바라본다 조승호

디자인에 대한 시각을 교정하라 허 욱

기본이 되는 인재가 되자 강경락

돈 그리고 직업

진로 탐색과 생애 설계서

황매향
경인교육대학교 교육학과 교수

직업이란 생계를 유지하기 위하여 일정한 기간 동안 계속해서 종사하는 일의 종류로, 많은 사람들이 생계유지에 필요한 돈을 벌기 위해 직업을 갖는다. 아마 대학생이 되면서 가장 크게 달라지는 태도 중 하나는 "열심히 공부해서 좋은 대학 가야지."라는 생각이 "좋은 일자리를 구해서 돈 많이 벌어야지."라는 생각으로 바뀌는 것이다. 많은 대학생들이 아르바이트를 통해 돈을 벌어보기도 한다. 이런 과정에서 돈을 많이 벌 수 있는 직업을 누구나 원하게 되고, 누구나 많은 돈을 벌고 싶은 마음이 생긴다. 그러나 '직업이란 바로 돈을 의미하는 것인가?' '돈을 왜 벌어야 하는가?' '얼마나 많은 돈이 필요할까?' 등과 같은 건전한 의심을 해 보기 바란다.

직업의 의미

직업을 갖는다는 것, 쉽게 표현하여 일을 한다는

것은 돈을 벌기 위한 수단에 지나지 않는 것으로 생각하는 사람들이 많다. 그러나 실제 직업은 돈을 버는 것 이외에도 우리에게 중요한 의미를 갖는다. 일반적으로 직업은 한 개인에게 있어 경제적 의미, 사회적 의미, 심리적 의미 등 세 가지 의미를 갖는다고 한다. 첫째, 경제적 의미는 생계를 유지하고 경제생활이 가능하도록 해 주는 수단이 된다는 것이다. 즉, 앞서 언급한 돈을 벌기 위한 수단으로서의 의미다. 따라서 사람들은 자신이 일한 만큼 보상을 받고 있다고 느낄 때 만족하게 되고, 그렇지 않을 경우 불만이 생긴다. 둘째, 사회적 의미는 직업을 통해 개인은 자신이 속한 사회의 구성원으로 역할을 할 수 있다는 것이다. 주어진 일을 잘 해냄으로써 사회에 공헌하고 사회발전에 기여하게 된다. '내가 이 일을 함으로써 누구에게 도움이 될까? 무엇에 도움이 될까?' 라는 질문을 스스로에게 던질 때 자신 있게 답할 수 있다면 이 부분이 충족되고 있는 것이다. 셋째, 심리적 의미는 직업은 개인의 자아실현을 이루는 데 도움을 주어야 한다는 것이다. 사람은 자신이 원하는 일을 하면서 자신의 가치를 발견할 수 있고 그 일을 통해 자신이 성장하고 벅차오름을 느낄 수 있다. 아무리 일을 해도 흥이 나지 않고 무료함을 느껴 왜 사는지 그 의미를 찾을 수 없다면 직업으로 갖기에 부적합하다고 할 수 있다. 따라서 앞으로 어떤 직업을 가질 것인가에 대해 생각할 때에는 이 세가지 의미를 모두 충족할 수 있는 직업을 찾기 위해 노력해야 할 것이다.

행복의 조건

대학생들은 가끔 '돈을 벌기 위해 직업을 갖는 것인데, 돈만 많이 벌면 되지 왜 다른 의미까지 생각해야 하느냐' 는 질문을 한다. 거기에 대한 가장 간단한 답은 돈만으로는 인간이 행복해질 수 없기 때문이라는 것이다. 돈 자체는 목적이 될 수 없고, 돈도 분명 무엇인가를 위한 수단이라는 데에는 대부분이 동의할 것이다. 무엇을 위해 돈을 벌고 돈을 쓰는가? 아마 좀 더 행복해지기 위해서가 아닐까? 돈은 분명 인간의 행복을 위해 필요한 요소다. 어느 정도의 절대적인 수치는 인간의 행복에 필수적이기도 하다. 그러나 돈만으로 인간은 행복해지기 어렵다는 점에 주목할 필요가 있는데, 그것은 인간에게는 돈으로는 채우기 어려운 중요한 욕구가 있기 때문이다.

인간에게는 세 가지 중요한 욕구가 있고 이 욕구를 채우기 위해 여러 가지 활동 중 특정 활동을 선택하게 된다고 한다. 첫째, 인간에게는 알고자 하는 욕구가 있다. 세상을 합리적이고 일관된 방식으로 이해하고자 하는 경향성이다. 인간은 개미와 같이 경직되고 기계적인 방법으로 행동하도록 프로그램되어 있지 않다. 인간의 DNA는 세상에 대해 한발 물러서고, 다시 생각하고, 알아내려고 하고, 분석하고, 이해하도록 촉구한다. 풀리지 않은 문제와 설명이 되지 않는 모순을 불편해하는 것이 인간의 모습이다. 둘째, 인간에게는 능력을 향상시키고자 하는 욕구가 있다. 능력이란 사람들이 환경을 통제하고 숙달하고자 하는 욕구를 반영한다. 산을 오르는 것은 단지 그곳에 산이 있기 때문이고, 우주를 향한 추구도 마찬가지다. 마지막으로 타인과 정서적 · 지속적으로 친밀한 관계를 맺고 싶어 하는 욕구다. 사람들은 이러한 관계를 통해 자신에 대해 더 많이 알게 된다. 무엇보다 인간은 인지적으로나 정서적으로 성장하면 할수록 점점 더 많이 베풀게 되고, 이를 통해 가장 큰 만족감을 얻게 된다. 사람들의 내면세계는 누구나 자신의 삶의 의미를 이해하고 싶어 하고, 인생여정의 방향과 거리를 어느 정도 스스로 결정하고 싶어 하며, 지속적이고 만족스러운 인간관계에 도달하고자 하는 욕구와 포부로 채워져 간다. 이와 같은 자신의 내면의 욕구를 깨닫고 이를 통해 우리의 삶이 더 많은 힘을 얻게 되는 것이 바로 자아실현이고, 직업을 통해 자아실현을 이루어 낼 때 가장 행복한 사람이 되는 것이다. 앞으로의 여러분들의 생애설계가 이러한 자아실현의 한 과정이 되기를 바란다.

목표설정의 중요성

자신의 삶의 주인공이 되어 진정한 자신의 가치를 발휘하기 위해 어떻게 자신의 인생을 설계할 나갈 것인가? 무엇보다 먼저 해야 할 일은 자신의 삶의 목표를 정하고 그에 따른 실천을 해 나가는 것이다. 인생목표를 정하는 것이 사람들의 생활에 변화를 준다는 것을 잘 알면서도 실제로 목표를 설정하는 사람은 매우 드물다. 왜냐하면 대부분의 사람들은 목표를 어떻게 설정하는

지 모르기 때문이다. 자신이 이미 목표를 가지고 있다고 하는 사람의 목표를 들어 보면 '행복해지고 싶다' '돈을 많이 벌고 싶다' '행복한 가정을 이루고 싶다' 와 같이 소망에 불과하다. 목표는 소망과 다르기 때문에 명확하고 구체적으로 기록해야 한다. 또한 다른 사람에게 언제든지 쉽게 설명할 수 있고, 성취여부를 측정할 수 있는 것이어야 한다.

1979년 하버드 대학교 경영대학원 졸업생들에게 "명확한 장래 목표를 설정하고 기록한 다음 그것을 성취하기 위한 계획을 세웠는가?" 라는 질문을 해 보았더니 졸업생의 3%만이 목표와 계획을 세웠다고 하였다. 나머지 13%는 목표는 있었지만 그것을 종이에 직접 기록하지는 않았고, 나머지 84%는 학교를 졸업하고, 여름휴가를 즐기겠다는 것 이외에는 구체적인 목표가 전혀 없었다고 답하였다. 10년 후인 1989년 연구자들이 이들을 다시 만나보았다. 목표는 있었지만 그것을 기록하지 않았던 13%는 목표가 전혀 없었던 84%의 학생들보다 평균적으로 2배의 수입을 올리고 있었고, 명확한 목표를 기록했던 3%는 나머지 졸업생보다 평균 10배의 수입을 올리고 있었다고 한다. 그들 사이의 유일한 차이는 졸업할 때 얼마나 명료한 목표를 세웠으며, 이것을 글로 적었는가 하는 점이다.

목표설정의 원리

목표를 어떻게 세울 것인가? 먼저, 성공한 사

람들의 사례를 통해 그들이 어떻게 목표를 세웠는가를 살펴본다. 산에 올라갈 때, 먼저 산을 올라갔다가 내려오는 사람에게 정상이 얼마나 남았는지, 어떻게 가야 하는지를 물으면 정확한 답을 들을 수 있다. 그들이 어떤 과정을 통해 그런 위치에 도달하였는지 알 수 있다면 자신의 목표점에 도달하는 것이 한결 쉬울 것이다. 성공한 사람들의 사례를 통해 그들이 어떻게 목표를 세웠는가를 살펴봄으로써 무엇에 집중하고, 어디로 향해야 하는가를 배울 수 있다. 그러나 다른 사람들의 목표설정 방법을 그대로 따라 할 수는 없다. 개인의 목표는 자신의 욕구, 가치, 경험에서 생기기는 고유한 것이기 때문에 자신의 강점이나 능력을 정확히 평가하는 것이 중요하다.

둘째, 장기목표를 달성하기 위한 단기목표를 세운다. 목표는 언제 달성하는가의 시간적 차이에 따라 단기목표와 장기목표로 분류된다. 어떤 삶을 살고 싶은가라는 큰 인생의 이정표가 정해지면 이를 위해 무엇을 할 것인가에 관한 장기목표를 세울 수 있을 것이다. 장기목표를 이루기 위해서는 그에 도달하는 작은 계단에 해당하는 단기목표가 필요하다. 그리고 이 단기목표의 달성을 위해서는 이를 위한 하루하루의 구체적 실천계획도 필요하다. 장기목표를 세우고, 이를 위한 단기목표를 세우고, 또 이를 위한 실천계획을 세워 실천하는 사람들은 이러한 과정 속에서 새로운 가능성을 탐색하고, 자신이 세운 목표를 더 잘 이해할 수 있다. 실천계획을 세운다는 것은 최종적인 결정을 의미하는 것은 아니다. 이는 새로운 영역과 선택에 대해 자신의 강점을 활용하고, 개발하게 하는 체계적인 탐색과정을 뜻한다. 비록 자신의 가능성을 체계적으로 탐색하지 못할지라도 자기 확신이나 자기 효능감을 증대시킬 수 있다.

셋째, 여러 가지 목표 사이의 우선순위를 정한다. 성공하는 사람들의 성격 특성을 분석한 앨버트 그레이Albert Gray도 성공하는 사람들의 가장 두드러진 특징 중 하나가 '중요한 일을 먼저 하는 것' 이라고 하였다. 인생의 주인이 되고 싶다면 소중한 일을 먼저 선택해야 한다. 그러기 위해서는 자신에게 가장 중요한 것이 무엇인지 분명하게 알고, 우선순위를 고려하여 장기목표와 단기목표를 정해야 한다. 목표설정이라는 것을 다양한 크기의 돌로 항아리를 채우는 것에 비유한 스티븐 코비Stephen Covey의 이야기는 장기목표와 단기목표의 우선순위를 정하는 것이 얼마나 중요한지를 잘 보여 준다. 주먹만한 크기의 돌에 해당하는 목표라면 단지 몇 개만을 항아리에 넣을 수 있을 것이다. 또 자갈이나 모래알처럼 작은 목표를 계획한다면 항아리 안에 더 많이 담을 수 있겠지만 주먹 만한 크기의 돌을 넣기 어렵다. 그러므로 커다란 돌에 해당하는 가장 중요한 장기목표가 무엇인가를 우선적으로 고려해야 한다는 것이다. 장기목표를 설정하지 않은 사람은 자갈이나 모래알처럼 자잘한 목표에 시간을 허비하기 쉽다. 그러나 장기목표를 설정한 사람은 지금 당장은 시련이나 고통을 겪어도 미래에 이루고자 하는 명확한 그림이 있기 때문에 쉽게 포기하지 않을 수 있다.

넷째, 자신의 강점을 활용하여 목표를 세운다. 가치관이나 인생목표가 인생이라는 여행의 방향을 정해 주지만, 이동거리가 얼마나 되며 어떻게 가야 하는가를 알려 주지는 않는다. 이동거리나 목적지를 정하는 것은 자신의 강점, 결단력, 재정적인 자원을 어떻게 조직하고 활용하는가다. 그러므로 최종목표에 도달하기 위해서는 자신의 강점을 알고, 자아정체성과 통합할 수 있어야 한다. 일반적으로 사람들은 자신의 능력을 부정하고, 평가절하하는 경향이 있다. 예를 들어, 어린 시절에 부모에게 받은 비난, 꾸중, 학대, 그리고 청소년 시절의 저조한 성적, 왕따 경험, 어른이 되어 겪은 실패 등을 경험하면서 나타나는 것이다. 이는 크게 두 가지로 구분할 수 있다. 하나는 과거의 부정적인 평가 때문에 자신의 강점을 부인하는 것이다. "넌 도대체 도움이 되질 않는 아이구나. 성가시게만 하고, 뭐 제대로 할 줄 아는 게 있어야지."라고 핀잔을 들은 학생은 "전 아무것도 잘 하는 게 없어요. 학점이라야 겨우 3.4점이고, 토익은 700점이 조금 넘고, 기사자격증이 있지요. 뭐, 다른 아이들도 다 그 정도는 하는데요, 뭐." 다른 하나는 자랑하는 것은 나쁜 것이고, 겸손은 미덕이라고 배워왔기 때문에 자기 능력을 부인하거나 낮춰서 말하는 것을 훌륭하게 여기는 것이다. 예를 들어, 발명대회에서 우승을 한 학생의 경우, "뭐, 제가 한 게 있나요? 조금만 배우면 누구나 할 수 있는 거예요. 그리고 운이 좋았지요." 그러나 자신의 강점과 능력을 정확하게 아는 것은 허풍쟁이의 허세와는 아주 다른 내적 자신감을 이끌어 내므로 자신의 강점을 정확하게 평가할 필요가 있다.

마지막으로 목표를 세울 때 주의할 점이 있다. 단 하나의 목표를 추구하는 것에 자신의 삶을 바치는 사람은 거의 없다. 하나의 목표에 집착하면 고통받기 쉽다. 한 가지 목표만 가지고 있으면 이를 달성했을 때 이전 목표가 주었던 힘과 중요성을 단번에 잃고, 침체상태에 빠지기 쉽다. 예를 들어, 새로운 직장을 원한다는 목표를 정한 후 새 직장을 얻은 사람에게 직장을 얻는 목표는 더 이상 의미가 없다. 그리고 학업, 직업, 일상생활, 가족에 대한 책임, 친구관계, 건강유지, 행복 추구 등이 하나의 목표에 매진하는 것을 어렵게 할 수 있다. 때로는 하나의 목표만을 따라가는 것이 다른 일을 수행하는 데 지장을 준다. 어떤 사람들은 다른 사람들에 비해 여러 가지 일을 동시에 잘 처리할 수 있다. 그런데 다른 사람들은 동시에 수행하는 것을 힘들어하고, 좌절하며, 낙담하여 결국 목표를 포기하기까지 한다. 하나 이상의 중요한 목표를 달성하기 위해 노력하는 것은 마치 묘기를 하는 것처럼 어려울 수 있지만 각 목표들의 우선순위를 고려하여 균형을 잡고, 조화를 이루는 것이 필요하다.

Profile

서울대학교 약학대학 제약학과와 사범대학 교육학과를 졸업하고, 동 대학교 교육대학원에서 교육상담으로 석사학위와 박사학위를 받았다. 서울대학교 대학생활문화원 전임상담원, 미국 미주리대 커리어센터 초빙연구원, 한국기술교육대학교 대우교수를 거쳐 현재 경인교육대학교 교육학과 교수로 재직 중이다. 주요 저서로는 『청소년 발달문제와 상담』 『상담과 심리검사』 『진로탐색과 생애설계』 『학업상담』 『초등교사를 위한 문제행동 상담 길잡이』 등이 있다.

창의성의 즐거움과 냉철한 판단력

대중문화 분야의 직업

이영미
대중예술 평론가

즐거움과 괴로움, 인생사는 늘 패키지로 온다

예술이나 대중문화 분야를 직업으로 삼고 싶다는 생각의 크기는 나이와 반비례하는 경향이 있다. 사춘기가 막 시작하는 초등학교 고학년과 중학생 시절에 있는 많은 아이들이 연예인이나 예술인을 꿈꾸지만, 고등학교를 거쳐 대학에 들어오면 현격하게 줄어든다. 그런 직업을 갖는다는 것은 그저 꿈일 뿐 실현될 수 없으며, 설사 실현된다 하더라도 자신이 꿈꾸었던 그런 삶이 아닐 것이라는 현실적 판단이 강해지기 때문이다.

하지만 대학생이 되었어도 그런 꿈을 포기하지 않는 사람들이 적지 않다. 오히려 이제는 단순히 막연한 꿈의 차원을 넘어서서, 좀 더 구체화된 직업적 전망으로 무언가를 구상하기 시작한다. 즉, 열다섯 살 때에는 너도나도 댄스 뮤직의 가수가 되겠다고 거울을 보면서 아이돌 스타의 춤을 따라하지만, 대학생이 되면 애니메이션 감독이

나 뮤지컬 배우 같은 좀 더 다양한 직업군을 상정하며 현실적 가능성을 높여 가게 된다. 심지어, 중·고등학생 시절에는 대학입시에 대한 압박감으로 자신의 꿈을 잘 발견하지 못하다가, 대학에 들어와서 동아리 활동을 하거나 친구들과 어울리는 등 다른 경험을 하면서 뒤늦게 예술 분야에 종사할 구상을 하는 사람도 있다.

사람들은 왜 이렇게 대중문화 분야의 직업을 갖고 싶어 할까? 여러 이유가 있겠지만, 아주 간단한 한 가지 이유는 과정의 즐거움이 아닐까 싶다. 즉, 대중문화를 생산하는 일은 단지 돈을 벌기 위해서 하는 일이 아니라, 일하는 과정이 즐겁다고 생각하는 것이다. 그건 분명 옳다. 대중문화와 관련된 일, 더 넓게 보아 예술과 관련된 일은 과정에서 생기는 즐거움이 큰 것이 사실이다. 그러나 이 대목에서 한 가지 생각할 것이 있다.

과정이 즐겁다는 것은 자신의 창의성이 중요한 일, 자신의 주도로 무언가를 만들어 나가는 일이라는 뜻이기도 하다. 남이 시켜서 하는 일, 정해진 업무를 채워 나가는 일이 아니라, 자신의 생각으로 무언가가 만들어지는 일이니 과정에서 즐거움을 느끼는 것이다. 그런데 바로 그것 때문에 이 일은 매우 괴롭고 고통스러운 일이기도 하다는 점을 사람들은 종종 잊는다. 즉, 창의성으로 무언가를 만들어 나가는 일은 매우 고통스러운 일이기도 하다는 말이다. 아무리 창의성이 뛰어난 사람이라 할지라도 주어진 체계 안에서 숙련된 방식을 반복하는 것이 아닌, 무언가 새로운 것을 만들어 나가려면 엄청난 에너지를 소모해야 한다. 그림본을 놓고 색칠을 하는 일에 비해,

아무것도 그려져 있지 않은 백지에 무언가를 구상하여 그리는 일이 엄청난 에너지와 스트레스를 요구하는 것과 같은 이치다. 즐거움이 있는 만큼 고통이 크다. 모든 동력이 자신으로부터 나와야 하므로, 머리와 가슴은 쉬는 시간도 없이 거기에 묶여 있기 마련이다. 정해진 반복적 업무를 하는 사람들이 퇴근 후에 비교적 머리를 비우고 쉬는 것에 비해, 창의적인 일을 하는 사람들은 퇴근 후에도 그런 휴식을 거의 갖지 못한다.

이런 고통과 스트레스를 견디는 것은 과정이 즐겁기 때문이다. 그런데 어느 순간 자신의 창의성이나 능력이 부족하다고 느낄 때, 그리고 노력해도 원하는 만큼 상승할 수 없다는 것을 깨닫게 될 때 즐거움은 사라지고 엄청난 고통과 스트레스만 남는다. 이런 상황에서는 아무리 자신이 그 일을 하고 싶어도 할 수가 없고 또 하면 안 된다. 자신도, 주변 동료도, 그리고 자신의 작품을 사주는 고객들도 모두 불행하게 만드는 일이다.

이렇게 창의성을 발휘하는 일이란 즐거움과 고통이 모두 크다. 세상사란 게 이렇다. 좋은 것과 나쁜 것이 한꺼번에, 패키지로 온다. 즐거움만 취하고 고통과 스트레스는 버릴 방법은 없다. 그건 모두 자신이 떠안아야 할 패키지다.

자신의 특성을 객관적으로 파악하라

모든 진로선택이 그러하지만, 특히 대중문화처럼 자신으로부터 많은 동력이 나오는 종류의 일을 선택하는 사람에게는 무엇보다도 자신에 대한 객관화와 분석이 필요하다. 즉, 자신이 무엇을 잘하고 무엇을 못하는지, 어떤 일을 할 때 즐겁고 어떤 일을 할 때 괴로운지, 그 즐거움과 괴로움을 어느 정도로 통제하고 인내할 수 있는지 등에 대해 냉철한 객관적 파악이 필요하다는 말이다. 이에 따라 대중문화 분야 안에서도 어떤 직종이 자신에게 맞는지를 잘 살펴 선택해야 한다. 사람들은 대중문화 분야에서 직업을 선택하려 할 때, 매우 많은 창의성을 요구하는 직종만을 떠올린다. 예컨대, 연출자, 디자이너, 연기자나 가수, 작가 같은 것만 떠올리는 것이다. 그러나 대중문화 분야의 일이 모두 이런 것은 아니다.

대중문화 분야의 일이란, 주로 혼자 작업을 하는 대중소설 작가나 만화가를 제외하고는 대부분 여러 직종의 사람들의 힘이 모여 하나의 성과를 만들어 내는 일이다. 즉, 뮤지컬 한 편을 만들기 위해서는 작가와 작곡자, 연출자감독, 배우만 필요한 것이 아니다. 무대장치·의상·분장·조명 등 무대미술 분야의 디자이너와 대개 그들의 조수인 제작 기술자들이 있고, 음악감독과 연주자, 음향 감독과 기사가 있다. 연출자 밑에는 여러 명의 조연출이 붙어 있고, 온갖 과정을 기록하고 정리하는 사람이 따로 붙어 있기도 하다. 여기에 연출 휘하의 스태프들을 제외한, 기술 관련 스태프들을 관할하며 공연 때의 전체 진행을 책임지고 이끌어 가는 무대감독이 버티고 있다. 대형 공연장에는 대개 그 공연장에 소속되어 공연장을 관할하는 무대감독이 따로 배치되어 있기도 하다. 이뿐이 아니다. 기획과 제작 업무 역시 매우 많은 손이 가는 일이다. 주로 작품 제작과 관련된 업무를 맡으면서 작품의 방향을 함께 논의하는 역할부터 돈을 끌어대며 지출을 관리하고, 일정을 짜고, 홍보와 부대행사를 준비하고, 공연 당일 공연장의 진행 인력을 배치하고 관리하는 등 그 일은 이루 말할 수 없이 많다. 이것을 혼자 하는 것은 불가능하므로 여러 사람들이 나누어 맡는다.

이런 각종의 일에 요구되는 능력은 각기 다르다. 무언가를 감성적으로 감지하고 창조해 내는 능력이 뛰어난 직종, 작품을 보는 분석력과 판단력이 요구되는 직종, 예술적 감식안과 숙련된 기술이 동시에 필요한 직종, 혹은 돈의 흐름을 읽어 내고 꼼꼼한 장부 정리를 하는 능력 등 매우 다양한 것이다.

그런데 이 중 다른 여러 분야에까지 두루 영향을 미치는 중심적인 판단을 해야 하거나 작품의 핵심을 좌우하는 예술적 창조력과 관련된 부분의 일은 창의성이나 통찰력 같은 것에 크게 좌우되기 때문에, 단지 매뉴얼대로 반복적인 훈련을 한다고 그 능력이 키워지는 것은 아니다. 물론, 이러한 일도 훈련 없이 타고난 재능만으로 단숨에 전문가가 될 수 있는 것은 아니다. 부단한 노력과 훈련은 기본이지만 그것만으로는 부족하다는 것이다. 소양, 재능과 운이 함께 따라 주어야 한다. 앞서 말한 대로 창의성과 통찰력, 그리고 판단력을 발휘하는 기쁨도 큰 만큼 괴로움과 스트레스도 막심한 분야다.

그에 비해 비교적 반복훈련으로 습득되는 기술이 중요한 분야도 있다. 음향이나 분장 같은 분야, 혹은 기획업무의 일부가 그러하다. 이러한 것들은 매뉴얼대로 반복훈련하는 것이 매우 중요하다. 물론, 이는 상대적인 것일 뿐 어느 것도 기술만으로 되는 것은 없다. 예컨대, 공연 당일 공연장에서 티켓을 받고 관객을 서비스하는 업무조차 초보자와 숙련자, 통찰력과 판단력이 뛰어난 사람과 그렇지 못한 사람의 차이는 크다. 특히, 야외공연이나 행사공연처럼 돌발변수가 많은 경우에는 관객이 얼마나 몰려들지, 아이부터 노인까지의 수많은 관객들이 어떤 방식으로 움직이고 불만을 터뜨릴지를 미리 감지하고, 이를 사전에 대비하여 움직이는 고도의 판단력이 요구되는 것이다. 하지만 상대적으로 볼 때 연출가나 작가, 총기획자에게 요구되는 능력보다는 그래도 반복적인 경험과 훈련으로 습득되기 쉬운 능력이다.

이런 일이 무슨 재미가 있느냐고 반문할지 모른다. 그러나 짜릿한 재미가 덜한 대신 괴로움과 스트레스도 덜하다. 앞서 이야기하지 않았는가. 창의성의 즐거움은 늘 엄청난 괴로움을 동반한다고. 또한 이렇게 반복훈련하여 습득 가능한 기술 분야는 성실하기만 하면 중간에 낙오되지도 않고 주변에 동료들도 많다. 그러나 창의력이나 통찰력 등을 많이 필요로 하는 분야는 소수만 살아남을 뿐 대다수가 중도에 탈락하며, 따라서 이들은 매우 외롭다.

그러므로 자신이 지니고 있는 성향이 어디에 더 적합한지를 파악하는 것은 무엇보다도 중요한 일이다. 이는 이 일을 하면 재미있을 것 같다는 막연한 느낌을 넘어서서, 자신에게 그 소양이 있는지, 무엇을 잘 견디고 무엇을 잘 견디지 못하는지 등을 파악해야만 선택할 수 있는 것이다.

현장에서 체험하고 장기전에 대비하라

그러나 아무리 자신을 객관적으로 파악하는 것이 중요하다고 강조해도, 그것이 말처럼 쉬운 것이 아니다. 특히 우리 사회에서는 스무 살이 되도록 오로지 반복적인 시험 치기 훈련만 시키기 때문에, 자신이 무엇을 잘 하고 못 하는지를 객관적으로 파악할 기회를 좀처럼 갖지 못했다. 그래서 아무리 '나는 어떤 사람인가' 를 되뇌며 자기를 살펴보려 해도 판단이 서지 않는 경우가 많다.

이때 가장 좋은 방법은 대학을 졸업하기 전에 미리 자신이 원하는 분야에서 체험을 해 보면서 판단하는 것이다. 시쳇말로 '간을 보는 것' 이다. 보수를 받으면 더 좋겠지만 그렇지 않다면 보수가 없더라도 그냥 일을 해 보라. 학교와 학원에서 공부하면서 준비만 하지 말고 현장에서 체험하는 것이 필요하다는 것이다.

일단 체험해 보면, 그 일이 구체적으로 어떤 일인지, 자신이 잘 할 수 있는 일인지, 남들과 비교해 볼 때에 자신이 좀 더 잘하는 능력이 어떤 것인지 등을 비교적 구체적으로 판단할 수 있게 된다. 또 이 과정을 거쳐서 자신에게 무엇이 더 필요하고 어떤 공부를 더 해야 할지도 판단할 수 있게 된다.

여기에 덧붙인다면, 장기전에 경제적으로 대비하는 주도면밀함을 갖출 것을 권한다. 인디 대중음악권에서 성장한 '장기하와 얼굴들'의 음반을 발매하는 붕가붕가레코드의 모토는 '지속 가능한 딴따라질'이다. 그만큼 이 '딴따라질'이라는 것이 지속 가능하기가 힘들다는 뜻이기도 하다.

대중문화 분야의 직종은 대부분 수입이 불안정하며 어느 정도 성과를 얻을 때까지 긴 시간이 걸리는 장기전이다. 이는 창의력이 큰 직종일수록 심하다. 어느 정도 쓸 만한 능력을 갖추기까지 시간이 오래 걸리는데, 그때까지는 돈벌이가 제대로 되지 않는 경우가 많은 것이다. 또 능력을 갖춘 후에도 고액의 수입을 쥐는 사람은 매우 극소수다. 따라서 대학 때부터 용돈이나 생계를 해결할 만한 다른 돈벌이 거리를 준비하고 실행에 옮기는 것이 필요하다. 가능하면 자신이 선택하는 직종과 관련 있으면서 수입도 생기는 일이라면 더욱 좋다. 그런 일이라면 가리지 말고 일을 맡는 게 좋다. 혹은 그 분야와 관련 없는 일이라도 최소한의 생계를 유지할 수 있는 수입을 유지하는 방편을 마련하라. 그래야만 오래 버틸 수 있다. 그리고 그런 소소한 수입을 위한 일들을 부끄러워할 필요는 없다. 불법적이거나 비도덕적인 일이 아니라면 말이다. 그것 때문에 자괴감이 생겨서 너무나 괴롭다면, 아예 대중문화 분야의 일을 포기하고 다른 안정된 수입의 직장을 찾아가는 것이 현명하다. 그렇지 않으면 부모나 주변 사람들에게 엄청난 걱정을 끼치는 것은 물론, 자신의 몸과 마음이 모두 피폐해진다. 이 분야야말로 냉혹한 자기관리가 필요한 분야인 셈이다.

Profile

고려대 국어국문학과와 동 대학원을 졸업하고, 대중가요, 연극 등 대중예술에 대한 평론가로 활동하고 있다. 주요 저서로는 『이강백 희곡의 세계』, 『마당극 양식의 원리와 특성』, 『흥남부두의 금순이는 어디로 갔을까』, 『한국대중가요사』, 『광화문 연가』, 『한국인의 자화상, 드라마』 『대학로 시대의 극작가들』 등이 있다.

문화, 디자인과 상상력으로 소통하다

장호현
강남대학교 회화디자인학부 교수

얼마 전 TV뉴스에 우리나라가 원조 대상국에서 원조지원국으로 전환된 첫 번째 사례라는 소식을 들었다. 이 이야기는 다시 말하면 이제 살 만한 나라가 됐다는 뜻이 아니겠는가? 그럼 이제 우리는 무엇을 해야 하는 것인가? 이제 우리가 할 일은 이곳, 대한민국에 문화를 심어야 한다. 문화의 향기를 심고 키우면 다양한 문화적 배양공간이 자생하게 되고, 이렇게 자생되는 문화적 공간은 누가 물을 주지 않아도, 광합성에 필요한 태양광을 뿌려주지 않아도 스스로 자라나는 신기한 생명력을 가지게 된다.

과거의 디자인은 순수예술이나 공예가인 예술가들이 밥벌이를 위해 잠깐 장난치듯 '해 주던' 봉사의 일 정도로 치부되어 우리의 선배들은 "그림 그리면 밥 먹고 살기 힘들다."는 통념에 시달리던 시절이 있었다. 그 시절에는 우리나라가 정말 밥 먹고 살기 힘든 개발도상국이었고, 산업의 양적 팽창만을 기대하던 국가구조로 인해, 더욱 디자인이 천시받던 시절이었다. 그러나 살 만한 시절이 돌아오고, 국민의 정부가 들어서고, 개발이 중심이던 산업사회 구조에서 문화가 중심으로 들어서는 신세대들의 장場에서는 디자인이 문화의 중심이자, 새로운 권력구도의 헤게모니를 장악하고 있는 뜨거운 화두로 떠오르고 있다. 이러한 문화의 핵심인 디자인은 어메니티amenity 디자인에서 디지털 디자인까지 디자이너의 손에 의해 디자인되는 것은 거의 없다. 디자이너의 손에 의해 창출되는 디자인은 불과 5% 미만의 성과물에서 빛을 발하고 있으며, 나머지 95%의 디자인 매개물은 디자이너가 아닌 사용자에 의해 디자인되거나 전혀 관계없는 일반 업무 종사자들에 의해 디자인된 것이다. 디자인이 특별한 자격을 갖춘 '디자이너'에 의해 만들어진다기보다는 필요한 사용자가 본인의 자의적 필요에 의해 '디자이닝' 되는 것이 현실적 이유일 것이다. 여기에서 우리가 간과하지 말고 생각해 볼 것은 '아무나 디자인할 수 있다'는 것이다. 아무나 할 수 있기 때문에 디자인은 아무것도 아니다. 디자인은 상상력을 가진 사용자가 문제를 해결하고 명답名答을 찾아가는 과정이라 할 수 있을 것이다.

디자인은 아무나 할 수 있다. 그러나 아무나 할 수 있는 디자인을 하는 디자이너는 진정한 디자이너가 아니다. 진정한 디자이너는 새로움에 대한 가치 창조와 미래에 대한 명확한 통찰력을 가지고 새로움을 구현할 수 있는, 상상력을 가진 어린왕자만이 할 수 있다. 즉, 디자이너는 이제 직업으로의 명제이기보다는 디자인 매개로서 사고의 전환과 상상력의 실현이라는 실천적 태도다. 대학 4년 동안 배우고 익혀도 상상력을 만들지 못한 디자이너는 디자이너이기보다는 사물과 보이는 매개를 예쁘게 다듬고 보기 좋게 만드는 기능공일 것이다. 이제 사회가 요구하는 디자이너의 능력은 능동적인 부가가치를 창출할 수 있는 디자이너, 곧 상상력으로 채워진 무기여야 하는 것이다.

디자이너에게 문화란? 문화는 디자인을 소비하는 주체라 할 수 있다. 디자인을 통해 구현된 매개를 문화라는 형식으로 규범 짓는 것이 문화의 구조적 형식이다. 이러한 문화 위에 디자인이라는 장식을 덧입히게 되면 문화는 조금 더 세련된 형식을 띠며, 대중과 소통할 수 있는 소통의 기회를 폭넓게 지원할 수 있을 것이다. 그러므로 디자이너에게 문화란 대중과 소통의 기회를 확대시키고 기득권층에게 유린된 문화를 대중에게 돌려놓는다는 거창한 명분보다는 누구나, 모두에게 문화적 가치를 제공하는 선도자로서의 역할이 답보된다. 문화와 디자인이 만나면, 소통이라는 코드로 현실화되지만, 문화에 디자인을 덧입히는 것은 디자이너의 능력이다.

우리 주변에 디자인에 대한 인식과 준거의 틀에 많이 바뀌고 있다. 우리나라 수도 서울에서는 '디자인 서울' 이라는 기치를 내걸고 세상을, 도시를 디자인하고 있다. 이러한 현상이 좋게 되든 나쁘게 되든 결과에 상관없이, 디자인이 화두의 중심에서 디자인에 의해, 디자인을 하려는 의지는 우리 디자이너에게 너무 반가운 소리일 수밖에 없다. 개인적인 취향에 따라 디자인은 좋게 평가받거나 나쁘게 평가받을 수도 있지만, 어쨌든지 디자인이 화두의 중심에서 도시를 디자인하고 문화를 디자인할 수 있는 기회가 찾아오는 것도 우리 디자이너에게는 새로운 기회의 문이 열리는 것이다.

이러한 디자인의 범용화는 단지 매체를 디자인하는 것이 아니라 문화와 어메니티 공간, 생활공간으로 디자인이 확장되어 육교, 교량과 지하차도까지 디자이너의 상상력을 발휘하여 안전사고를 줄이고, 운전자와 보행자의 가치를 상승시키는 디자인을 한다는 것은 매우 놀라운 일이 되고 있는 것이다. 그리고 이러한 도시디자인과 공공디자인이 법제화되어 반드시 해야 하는 일이 되어 버려서 동시에 디자이너의 권익과 디자인의 사명이 더욱 무거워지게 되었다.

예전에 육교와 교량은 그냥 튼튼하고 안전한 것만이 최선이었지만, 그것이 결국 인간환경에 미치는 영향이 나쁘다는 영향 평가에 의해 디자인적 가치를 인정받게 되면서 경관설계와 경관디자인, 구조물디자인이 시공과 제작 이전에 검증되고 심의를 받아야 하는 사업으로 인지되고 있는 현실이 이제는 디자인다운 디자인을 만들 수 있는 기회가 디자이너에게 제공되는 것이다.

이렇게 디자이너에게 새로운 영역으로 디자인의 기회가 왔지만, 아직 경관디자인과 환경디자인의 전문 인력은 턱없이 모자란 것이 현실이기도 하다. 그 이유야 명백한 것과 같이 아직 경험이 없어서, 구조와 형태가 이전에 자전거를 디자인하는 것과는 다르기 때문이라는 변명이 달려 있지만, 이것은 디자이너에게 아직 준비된 용기가 없는 것은 아닐까? 라는 의문이 든다. 꼭 디자인은 손에 쥐어지는 제품과 눈에 보이는 광고만 디자인해야 인 것은 아니다.

생각을 바꿔 보자. 비단 이러한 사례는 일부의 사례이지만, 유선

형의 레몬 스퀴저Lemon squeezer 디자인으로 유명한 필립 스탁Philippe Starck 이라는 프랑스의 디자이너는 조그만 장식의 문고리에서부터 안경테, 변기, 호텔, 기차 등 사람이 사용하는 모든 제품을 디자인할 수 있는 능력을 키운 것이 결국은 상상력의 확장에 의해 실현이 되는 것이라 본다.

디자인은 모든 것과 결합한다. 디자인은 문화뿐만 아니라 세상에 존재하는 모든 것을 디자인을 할 수 있고, 디자인해야 한다. 디자인은 결국 사람에게 문화와 존재가치를 입증함으로써 사람을 행복하게 만드는 것이 디자인의 최종 목적이다. 사람이 행복해지는 것에 가치를 두고 디자인에 접근한다면 거기에 명쾌한 답이 녹아들 것이다.

디자이너는 모험을 즐겨야 한다. 디자이너는 현실에 안주한 채로 눈에 보이는 것만 디자인하려 들지 말아야 한다. 눈에 보이지 않는 탑을 쌓고 스스로를 준비시켜 갈 때 디자이너의 사용가치가 늘어나고 스스로의 지위를 올리는 명제가 될 것이다. 자기가 하기 싫은 것을 즐겨 보자. 사람은 누구나 듣고 싶은 것만 듣고, 보고 싶은 것만 보는 경향이 있다. 그러나 이러한 안일한 자세가 디자이너에게 창의력을 덮고 상상력을 조여 들게 만드는 길이라는 것은 누구나 알고 있지만, 실천하지 못하는 것도 현실이다. 그러기 때문에 더욱이 디자이너는 일어서서 관조하는 자세로 보아야 할 것이고, 뛰어 다니고 가지 않았던 길도 가 보아야 할 것이다. 매일 아침을 다니던 길을 다시 다니는 것은 철학자가 할 일이다. 디자이너는 생각하기보다는 부딪쳐야 한다. 앉아 있지 말고 서 있어야 하며, 걷지 말고 뛰어 다녀야 하는 것이 디자이너다. 오늘 내가 다니던 길이 아닌 다른 길로 돌아서 집에 가 보자. 가던 길이 아닌 새로운 길을 가고자 할 때 새로운 희망이 보일 것이다.

폴 비릴리오Paul Virilio에 따르면, 상상력의 세계는 '어린아이의 세계로 회귀하려는 성숙한 자만이 들어갈 수 있는 초록빛 낙원' 이라 했다. 우리는 이제 상상력을 준비해야 한다. 드넓은 광야와 좁은 우주를 벗어나 새로운 판타지아로 갈수 있는 상상력과 용기를 준비해야 하는 것이다.

준비된 디자이너가 되자. 사람에게 일생에 기회는 세 번뿐이라는 말들을 많이 한다. 그 세 번의 기회가 누구에게든 온다 해도 그 기회를 알아보지 못하는 자에게는 기회가 안 올 것이다. 그러나 그 기회를 알아보는 사람에게는 세 번이 아니라 백 번, 천 번도 더 올 수 있는 것이 기회일 것이다. 기회를 알아볼 수 있는 사람은 준비된 자만이 그 기회를 알아볼 수 있다.

준비되지 않은 사람에게 오는 기회는 없다. 자기의 개인적인 이상과 비전을 위해 준비된 사람만이 그 기회의 문을 두드릴 수 있을 것이며, 기회의 문으로 들어갈 수 있다.

준비된 사람은 쉬지 않는다. 준비된 사람은 우리나라의 불황이 끝이 안 보이고, '청년실업' 에 '88만 원 세대' 라는 말이 유행어로 떠도는 슬픈 현실 속에서도 그 빛을 발할 것이며, 그 빛에 파묻혀 새로운 기회를 찾는 것이 아니라 새로운 기회를 만드는 사람일 것이다.

준비된 사람은 포기하지 않는다. 대기업 신입사원 모집인원에 수

백 배가 넘는 지원자들 중에서도 마지막까지 살아남는 자는 포기하지 않는 사람이다. 포기하지 않는 사람만 내일이 있다. 스피노자 Benedict de Spinoza는 내일 지구가 멸망하여도 오늘 사과나무를 심겠다는 명언을 일찌감치 남겼다. 그는 포기하는 법을 모르는 것 같다. 포기를 할 바에야 차라리 포기하는 법을 지우면 된다.

문화는 디자이너가 만들어 갈 때 가장 가치 있고 재미있는 문화를 만들게 된다. 문화라는 것은 매우 협소하고 볼품없는 것에서 출발한다. 인간 행위의 기초가 되는 말을 하고, 글을 쓰는 소통의 행위에서 출발하는 것이 문화다. 새로운 것을 만드는 것이 문화가 아니라, 누적된 가치를 드러내는 것이 문화를 양산하는 배경이다.

우리는 누구나 문화를 디자인한다. 그리고 문화를 훼손하는 행위를 자기도 모르게 서슴없이 하는 것이 사람이다. 사람이 문화를 만들지만, 새로운 문화를 만드는 과정에는 문화를 말살하고 소멸시키는 기능도 작동하게 된다. 결국 문화는 새로운 가치체계를 만들기 위해 전에 있던 기록과 문화를 사멸시키는 과정으로 전락하게 된다. 이러한 성장과 사멸의 문화 생태학적 현상 위에 디자이너가 해야 할 일은 분명하다. 문화를 문화답게 확장시키고 보다 넓게 공표하는 것이 디자이너의 소명일 것이다.

눈을 들어 숲을 보자. 높이 나는 새가 훌륭한 먹잇감을 찾는 것은 생활의 지혜일 것이다. 높이 나는 새일수록 얻는 소득도 크다. 우리 디자이너는 눈에 보이는 눈높이에서 나무를 보지 말고, 조금 더 일어나서 까치발이라도 서서 나무 위에 가려진 숲과 그 뒤에 숨겨진 보석을 찾아보아야 한다. 내 키에 맞는 숲은 없다. 내 눈높이에 보이는 보석은 다른 사람의 눈에도 보일 것이다. 다른 사람이 보지 못하는 숲을 찾아보고, 새로운 사실들을 발견할 때 디자이너의 상상력이 창발하게 된다.

디자이너의 상상력은 작은 것에서 시작해서 큰 것을 보아야 하고, 모든 것을 디자인하는 상상력으로 도전해야 작은 것도 디자인할 수 있을 것이다. 또한 디자인 과정에는 어려움이 따른다. 사용자의 시각과 클라이언트에 대한 도전, 설득, 경험이 필요하지만, 디자이너가 충분히 상상력을 가지고 접한다면, 모든 클라이언트와 사용자를 설득하고 감동하게 만들 수 있을 것이다.

인터넷 검색을 하다 보니 '황새와 개구리' 라는 그림이 네트워크 사이를 유랑하고 있다. 그림 속에 적힌 "Never ever give up." 이 가르쳐 주는 교훈은 우리나라 속담인 '호랑이 굴에 들어가도 정신만 차리면 산다.' 는 속담과 일치하는 대목일 것이다. 우리가 처한 처절한 세태를 반영하는 것이라 씁쓸하기는 하지만, 그대들에게 꼭 하고 싶은 말이다. 절대 포기하지 마라. 포기하지 않는 사람만 승리할 수 있을 것이다.

Profile

한양대학교에서 이학박사 학위를 수여받았으며, 현재 강남대학교 디자인학부 교수, 사)한국디지털디자인협의회 회장으로서 디지털디자인 분야의 진보적이고 혁신적인 연구 영역확장과 산업, 문화적 인프라 구축과 융합적용 방안에 많은 관심을 기울이고 있다. 디자인분야 창작과 봉사, 학술활동을 통해 디자인산업발전유공 대한민국 근정포장, 국무총리상을 비롯, 경기도지사 공로상, 한국디자인진흥원장상, 한국디지털디자인협의회 올해의 학술상 등을 수상하였으며, 총 76편의 논문 및 학술발표와 개인전 4회, 저서 3권, 130여 회의 그룹 및 단체전을 수행하였다.

도시계획가,
살고 싶은 도시를 창조한다

김근영
강남대학교 도시공학과 교수

21세기는 도시의 시대다. 2008년 국제통화기금IMF과 유엔 인구국UNDP은 「세계 도시화전망」 보고서를 통해 인류역사에서 처음으로 전 세계 인구 중 도시인구가 절반을 넘었다고 발표하였다. 지난 세기가 시작한 1901년에는 세계인구의 불과 10%만이 도시에 살았다. 1950년 도시인구는 두 번의 세계대전에도 불구하고 세계인구의 $\frac{1}{3}$로 증가하더니 이제는 도시인구가 농촌인구를 앞질렀다. 이 보고서에 따르면 도시성장이 지속되어 2050년에는 도시인구가 세계인구의 70%가 될 것으로 예상한다. 지표면적의 1% 미만인 도시에 거주하는 사람이 현재의 33억 명에서 64억 명으로 두 배 가까이 증가하는 것이다.

도시의 다양화는 21세기의 또 다른 현상이다. 8천 년 전 신석기인이 최초로 건설한 예리고 · 차탈휘유크 · 레펜스키비르 등 고대도시도 거주인구 200~300명에서 6천~1만 명까지 다양하다. 도시의 규모는 오늘날 천만 명 이상이 거주하는 거대도시메가시티로까지 발전하였다. 세계적으로 거대도시는 19개에 이르며 2025년에는 27개로 늘어날 전망이다. 브라질 쿠리치바 시는 '급행 간선버스시스템Bus Rapid Transit'에 대한 레르네르Jaime Lerner 시장의 집념으로 대중교통의 천국이 되었다. 동화 『헨젤과 그레텔』의 배경인 독일 최대의 산림지대 슈바르츠발트Schwarzwald, 검은 숲에 위치한 프라이부르크는 세계 환경수도로 다시 태어났다. 인구 백만 명의 무명 철강도시인 스페인 빌바오는 프랑크 게리Frank Gehry의 해체주의 사상이 담긴 구겐하임 미술관을 건설해 매년 백만 명의 관광객이 오는 세계문화의 심장이 되었다. 말레이시아는 행정도시 푸트라자야를 건설하여 이슬람국가들의 경제 수도를 꿈꾼다. 인천은 송도신도시와 영종하늘도시를 통해 세계 항공 여행객들의 미래 수도로 도약하고 있다.

도시의 진화는 끝이 없다. 31㎞의 보행자 통로가 60개의 건물과 지하철역을 거미줄처럼 연결하는 캐나다 몬트리올의 '지하도시Underground City'는 세계 지하도시 건설의 참고서다. 올해 1월 아랍에미리트연합 두바이에는 총 162층 828m 높이의 12,000명이 상주하는 '21세기의 바벨탑'인 초고층 도시 부르즈 칼리파가 완공되었고, 야자나무 모양을 본뜬 세 개의 인공섬인 해양휴양도시 팜 아일랜드가 건설되고 있다. 세계 각국은 200층 1,000m의 하늘도시Sky City와 500층 2,000m의 공중도시에어로폴리스를 넘어 2050년까지 4,000m의 초초고층 도시 건설을 계획하고 있다. 플로리다 앞바다에는 아틀랜티카 프로젝트Atlantica Project로 명명된 영구적인 해저주거단지가 2012년 개장된다. 아랍에미리트 아부다비에는 쓰레기가 없고, 탄소가 발생하지 않는 세계 최초의 '탄소제로도시' 마스다르 시티Masdar City가 2016년 완공된다.

대한민국은 도시국가다. 2010년도에 통계청에서 조사한 통계에 따르면 우리나라에는 인구 백만 명이 넘는 1개의 특별시와 6개의 광역시가 있으며 인구 5만 명을 기준으로 한 일반 시는 232개의 기초자치단체 중에서 77개다. 우리나라는 총 국토면적 9.9만㎢ 중 16.3%(1.7만㎢)인 도시지역에 총인구 4,980만 명 중 91.5%인 4,550만 명이 산다. 2008년에 발표된 「세계 도시화전망」 보고서에 의하면 현재 전 세계 226개 국가 중에서 도시인구가 75%를 넘는 국가는 25개국이며 2050년에는 그 기준을 초과하는 국가가 28개일 것이라고 예상된다. 싱가포르, 홍콩, 모나코 같은 작은 도시국가들을 제외하면 한국의 도시화 수준은 세계 최정상급이다. 대한민국의 도시성장은 G20국가로 도약한 비밀의 열쇠다.

도시는 그곳에 살고 있는 사람들의 본 모습을 비추는 거울이다. "신은 자연을 만들었고, 인간은 도시를 만들었다."라고 카우퍼J. M. Cowper가 말했듯이 우리가 도시를 만들고, 도시가 우리를 만든다. 한 도시를 방문한다면 조금 시간을 내어 도시 중심가와 외곽 주택가의 거리를 걸어보라. 조금 더 시간이 있다면 버스 · 지하철과 같은 대중교통을 타 보는 것도 좋다. 거리를 걸으면서 또는 대중교통을 타고 가면서 거리가 분주하고 깨끗한지, 건물과 간판은 어떤 디자인과 색채인지, 사람들의 표정과 옷차림은 어떠한지, 공기가 맑고 공원이 쾌적한지 유심히 살펴보라. 그 도시에 사는 사람들이 무엇을 위해 어떻게 살고 있는지 이해할 수 있을 것이다. 조금 더 깊이 생각해 보면 그 도시는 과거에 어떠하였고, 미래의 모습은 어떨 것인지도 보일 것이다.

도시계획가는 도시의 시대를 여는 주역이다. 도시계획가는 도시에 생명을 불어넣는 공간 오케스트라의 지휘자다. 도시공학과는 미래의 도시계획가들에게 도시계획이라는 학문분야를 가르치는 학과다. 주거 및 활동 공간의 건설 · 관리와 관련된 토목 · 건축 · 도시 · 조경 · 환경 · 교통 등의 학문분야를 사회기반SOC 분야라 한다. 우리나라에서 사회기반 분야는 국내총생산GDP 중에서 17%를 넘어 국가경제를 좌우하는 중요한 분야다. 도시계획은 이러한 사회기반 분야를 선도하는 종합학문이다. 국가가 선진국이 될수록 도시계획이 수립되어야 도로와 교량이 건설되고, 건축물을 설계할 수 있으며, 환경 · 조경 사업이 추진될 수 있다. 도시계획은 토지 · 건물 등 부동산의 가치를 바꾸며 도시민들의 경제 · 사회 · 문화 활동과 정치적 결정에도 영향을 미친다. 좋은 도시계획은 도시민을 재난 · 사고 · 범죄로부터 보호한다.

도시계획가는 산업혁명 이후 인구가 도시로 집중하면서 새롭게 생겨난 전문직이다. 산업혁명 이전에 도시계획을 하는 사람이 없었던 것은 아니다. 고대도시에서는 왕이나 장군이 도시를 계획하였다. 유럽의 많은 도시들은 로마의 시저가 갈리아프랑스와 영국, 라인강 유역을 점령하고 군사도시들을 건설한 것이 시초다. 런던 · 파리 · 쾰른이 대표적이다. 동양의 도시들도 예외가 아니다. 중국을 최초로 통일한 진나라의 25대 왕 효공孝公은 상앙의 의견을 받아 서북지방의 유목민족과 대치하기 위해 수도 산양현재의 시안을 건설한다. 요하지역의 거란족이 세운 요나라의 수도 난징현재의 베이징은 2대 황제 야율요골耶律堯骨이 중국 북쪽지역인 연운 16주를 지배하고, 남송과 대치하기 위해 건설하였다. 우리나라의 평양도 고구려 장수왕이 남진정책을 채택하면서 백제 · 신라를 견제하기 위해 세운 것이다. 화성현재의 수원시 역시 정조가 개혁정책을 구현하기 위해 다산 정약용에게 지시하여 건설되었다. 도시계획은 산업혁명과 프랑스대혁명의 산물인 19세기 국민국가의 출현으로 비로소 왕과 장군을 넘어서 국민의 공공이익을 위해 봉사할 수 있게 되었다.

도시계획은 젊은 학문이다. 산업혁명 초기까지 동 · 서양의 모든 도시들은 무질서하게 건축된 허름한 건물과 좁고 미로 같은 길, 공원과 녹지의 부재가 보편적이었다. 이런 현상은 비교적 잘 계획되었다는 그리스와 로마, 그리고 동양의 고대 수도들도 예외가 아니다. 도시민들은 만성적인 교통체증과 소음, 상 · 하수도와 위생시설의 부재로 인한 전염병 창궐, 범죄 · 화재 · 재난 등으로 고통받았다. 국민국가의 출현은 과거의 도시계획에 새로운 생각을 불어넣는 계기가 된다. 1853년 나폴레옹 3세에 의해 파리 지사가 된 오스만 남작Baron Haussmann은 도시를 하나의 유기체로 보고 최초로 도시 전체를 체계적으로 건설하는 '파리 대개조계획' 을 수립한다. 과거 도시는 군주의 영광을 드러내기 위해 조성되었으나 오스만은 도로 · 공공문화시설 · 광장 · 녹지 · 상하수도를 포함한 도시 기반 시설부터 주택 · 건축물의 미관, 도시관리와 행정 등 모든 것을 도시계획에 반영하여 근대화된 새로운 파리를 창조했다. 파리의 역사를 상징하는 노트르담 성당이 대대적으로 수리되었고, 에펠탑 · 오페라 갸르니에와 같은 도시 랜드마크가 등장하였다. 영국에서는 1898년 하워드Ebenezer Haward가 전원도시Garden City를 제안하여 1903년 레치워드에 최초로 건설된다.

도시계획가의 혈관에는 개혁과 보수의 피가 동시에 흐른다. 도시계획가는 시대의 흐름을 읽고 거주공간을 보다 편리하고 쾌적하게 만들기 위해 체제 속에서 조용히, 그러나 지속적으로 혁명을 꿈꾼다. 오스만과 하워드, 그리고 19세기 이후에 등장한 도시계획의 여러 선각자들이 제시한 이념은 도시계획가라는 새로운 전문가집단이 도시를 개조하는 데 사상적 기반이 되었다. 도시계획가들은 도시민들의 생활을 혼란에 빠지게 하는 급격한 도시변혁이나 도시의 역사를 망각하게 하는 무분별한 개발을 본능적으로 거부한다. 도시계획가는 보다 나은 도시와 도시민의 삶을 위해 도시계획이라는 제도를 통해 참신한 아이디어와 이론을 현실세계에 적용하는 체제 내의 행동가다.

도시계획가는 세계화시대의 첨병이다. 도시계획은 1909년 건축 · 토목 · 경제 · 행정 · 사회를 전공한 젊은 학자들이 미국의 수도 워싱턴에서 도시계획 학술대회를 개최하여 도시를 어떻게 건설하고 관리하고 발전시킬 것인가 토론하면서 기존의 학문으로부터 독립하였다. 미국과 유럽의 각 대학들은 이 새로운 학문의 유용성을 간파하고, 도시계획가라는 새 시대의 전문가들을 교육하기 위해 학과를 신설한다. 도시계획의 새로운 지식은 유행이 되어 아시아 · 남미 · 오세아니아 · 아프리카의 대학으로 빠르게 전파되었다. 1917년 미국에서 최초로 도시계획협회가 설립되었고, 1950년대 이후 유럽 · 남미 · 동아시아 · 중동 · 오세아니아 · 아프리카 등 각 지역에서 대학들이 국제학술학회를 결성하였다. 1991년은 도시계획의 세계화에 기념비적인 해다. 그 해 미국과 유럽의 도시계획학회는 영국 옥스퍼드 대학교에서 최초의 공동학술대회를 개최하였다. 2001년 중국 상하이에 위치한 동치대학교는 제1차 세계 도시계획 학술대회를 개최하였고, 2,000명이 넘는 전 세계 학자들이 모여 659개의 학술논문을 발표한다. 바야흐로 도시계획의 세계화시대가 활짝 열린 것이다.

도시계획가는 우리나라 경제발전의 숨은 일꾼이다. 우리나라는 1959년 대한국토 · 도시계획학회를 창립하면서 도시계획 분야의 출범을 정식으로 알렸다. 1960년의 '경제개발 3개년 계획'에서 논의가 시작된 국토개발은 1962년 수립된 '제1차 경제개발 5개년 계획'을 통해 실천되었다. 이 계획을 실현할 전문가가 필요하게 되자 1965년 동아대학교에 우리나라 최초의 도시계획학과가 설립되었다. 오늘날 도시계획분야는 국토 · 도시계획제도가 정착되면서 37개의 도시 전공학과와 15개의 도시관련 전공개설학과가 배출한 약 4,500명의 전문가가 활동하는 분야로 성장하였다. 매년 도시계획을 전공한 각 대학 전공자들은 도시계획기사와 교통 · 조경기사 등 인접학문의 자격증을 취득하여 전문성을 인정받은 후 도시엔지니어

링회사 · 도시건축설계사무소 · 건설회사 · 부동산개발회사 · 공무원 · 공사 · 연구원 · 공단 등 다양한 분야로 진출한다. 기사취득 후 4년 이상의 실무경력(또는 국가가 정한 유사 응시자격)을 충족한 도시계획 실무자는 도시계획기술사 자격증을 취득하여 명실상부한 도시계획 전문가로서 도시에 대한 자신의 이상을 실현할 수 있다.

도시계획가는 오늘도 시지프스의 바위를 굴린다. 그리스 신화에서 제우스에 의해 바위를 굴려 산꼭대기에 올려놓으면 다시 굴러 떨어뜨려서 또 다시 올려놓아야 하는 영원한 형벌을 받은 시지프스. 도시계획가는 도시민들의 행복한 삶을 위해 그들이 원하는 바를 도시계획이라는 그릇에 담는 순간 도시의 환경과 도시민들의 요구사항이 바뀌어 출발점에 다시 서는 사람들이다. 도시계획가에게 도시계획은 영원히 벗어날 수 없는 굴레이자 기쁨이고, 고행인 돌덩어리다. 그러니 도시계획을 수립하는 일을 즐겨라. 도시계획가의 보수가 다른 분야에 비해 상대적으로 높은 편이지만 도시에 사는 다른 사람들의 삶을 풍요롭고 쾌적하게 하는 것만큼 보람 있는 일이 또 어디에 있겠는가. 비록 그들이 도시계획가의 이름과 한 일에 대해 전혀 모르더라도 우리 도시계획가는 그들의 일상생활에 무한한 영향을 미친다.

도시계획가는 오늘도 도시의 변신을 준비한다. 21세기를 지식정보 · 생명공학 · 나노 · 네트워크 · 문화의 시대라 한다. 산업에서 탈산업으로, 모더니즘에서 포스트모더니즘으로, 국민국가에서 세계국가로 문명의 패러다임이 변하는 시기다. 행정 · 상업 · 공업 · 무역 · 관광 등의 명칭이 도시 앞에 붙어 도시의 기능을 설명하던 시대가 가고 있다. 도시민들의 요구도 첨단산업 · 일자리 · 생태 · 환경 · 정보 · 교통 · 교육 · 문화 · 복지 · 여가 · 건강 · 안전 · 역사 등 과거보다 다양해지고 있다. 어떤 도시가 '살고 싶은 도시' 인지 도시계획가에게 혜안과 비전을 요구한다. 미래도시는 '창조도시Creative City' '유비쿼터스-생태도시U-Eco City' '녹색도시Greenopolis' '디자인 창의도시' 대중교통지향개발TOD의 '초고층 수직도시' 중에서 어떤 모습일까? 미래의 도시는 이 모든 아이디어를 통합한 모습일까?

세계적인 도시계획가인 리차드 로저스Richard Rogers는 "도시란 문명을 밝히는 양초이며, 문화를 발전시키는 엔진" 이라고 말하였다. 도시계획가가 우리사회의 길을 비추는 등대가 되고, 음식재료에 맛을 내는 소금이 될 때 인류문명은 한발씩 전진한다.

Profile

고려대학교 공과대학 건축공학과를 졸업하고, 미국 University of Southern California(USC) 대학교 도시계획 및 개발대학에서 박사학위를 받았으며, 학위논문으로 USC 최우수학위논문상(Dyckman Award)을 수상하였다. 미국 캘리포니아 주립대학교(어바인) Lecturer와 서울시정개발연구원 부연구위원을 거쳐 1999년부터 강남대학교에 재직하고 있다. 청와대 · 국무총리실 · 건설교통부 · 행정안전부 · 소방방재청 · 서울시 · 경기도 · 용인시 · 오산시 · 수원시 등 중앙정부와 지방자치단체의 자문 · 심의위원으로, 대한국토도시계획학회 · 대한교통학회 · 한국도시행정학회 · 한국방재학회 등 여러 학술단체에서 활발하게 활동하고 있다. 학문적 관심사는 교통과 도시계획 외에 방재 · 위기관리시스템, 인구구조 변화의 도시 · 주택시장 영향 등이며 『서울시정의 바른길』, 『국토 · 지역계획론』 등 다수의 저서와 학술논문이 있다.

공학도의 현재와 미래를 바라본다

조승호
강남대학교 컴퓨터미디어정보공학부 교수

1학년 수업을 해 오면서

이 글은 '인생은 성적순이 아니잖아요?' 라는 말에 전적으로 동의하고 싶은 사람이 읽어도 좋고, 아니면 그 반대의 학생이 읽어도 좋다고 생각한다. 나는 이 글에서 어떤 주장을 하는 대신에, 이런저런 생각을 펼쳐 놓고 여러분이 '아 이런 것들이 있겠구나!' 라고 생각할 수 있는 계기가 되면 좋겠다. 이 글은 주로 공학이나 자연과학 계열로 대학을 다니는 학생들이 가까운 미래에 당면할 것을 소개하는 이야기로, 내가 속한 학부의 대학 1학년 학생들을 대상으로 몇 년에 걸쳐 수업시간에 토론한 것이다.

2000년대 초반, 대학 신입생 수업을 맡으면서 뭔가 전공 관련 이야기로만 수업을 하기에는 수업시간이 너무 답답함을 느꼈다. 나는 주로 해 왔던 전공 관련 이야기를 하니까 즐겁지는 않더라도 그런대로 진행할 수 있었지만, 학생들이 지겨워하는 모습은 내가 질식할 지경이었다. '그렇지, 나도 저 만한 나이였을 때 나와 같이 강의하는 교수를 만나 수업을 듣고 있었다면 어떠했을까?' 하고 반문하지 않을 수 없었다. 신입생들에게 지겹지 않은 뭔가를 찾아야 하는 고민을 해야 했다.

그래서 신세대이니 영화나 비디오를 찾아서 보여 줄까, 음악을 틀어 줄까, 아니면 잔디밭에 나가서 수업을 할까 등등 여러 가지를 궁리하였다. 따스한 봄날 잔디밭에 나가는 것부터 시작하여 전공분야 관련 비디오를 보여 주는 것도 시도해 보았다. 그러나 여전히 학생들은 졸거나 이야깃거리는 빈약하였고, 야외에서 대화하는 것은 남이 보기에는 좋아 보였지만 대화를 할 수 있는 여건이 안 된다는 것을 알게 되었다. 소리를 지르면서 이야기하거나, 아니면 옆의 몇몇하고만 이야기하는 것밖에는 더 이상 할 수가 없었다. 따스한 햇볕이 주는 유혹 말고는 별로 달콤한 게 없었다.

그러다가 신문이나 잡지에서 오려 모은 글을 복사해서 나누어 주고, 그것을 가지고 그룹별로 서로 생각을 주고받는 시간을 가져 보았다. 이것은 이전의 방식보다는 학생들에게 생기를 불어넣었다. 서로들 얘기하느라 시끄러웠으니까. 일단 학생들이 졸지 않는 것이 다행이었다. 그다음에는 여기저기서 글을 모아서 15주 정도의 이야깃거리가 되는 분량으로 작은 소책자를 만들어 학생들에게 나누어주었다. 일종의 제본한 부교재라 할까? 이러한 과정에서 나는 신문이나 잡지, 인터넷에서 내가 소개하고 싶은 글을 보면 이를 잘라 모았고, 인터넷에서 복사해 온 글은 동아리 게시판에 올려놓곤 하였다.

매주 수업시간마다 학생들은 5~9명씩 그룹별로 나뉘어서 부교재에 나온 글을 읽고 서로의 생각을 나누는 방식으로 1학년 수업의 가닥을 잡아갔다. 어떤 때에는 당연하게 보이는 글이어서 얘기가 한 방향으로만 흘러가는 통에 토론이 싱거웠던 적도 있었지만, 어떠한 글은 양면성을 강하게 띠고 있어서 토론 시간 내내 논란이 팽팽하여 시간이 부족하였던 적도 있었다. 그중에서도 '인터넷 실명제' 에 대한 토론에서 찬반이 팽팽하게 맞섰던 것은 지금도 기억이 생생하다.

나는 학생들에게 하고 싶었던 이야기를 대신해 줄 것 같은 글을 모았던 것 같다. 내가 학생들에게 이야기해 주고 싶은데 내가 하기에는 어려운 것들, 주로 그 분야 전문적인 분들의 글을 모았던 것이다.

스펙의 두 얼굴

대학생들이 스펙 쌓기에 열중한 나머지 자신의 전공 역량을 쌓는 데 소홀하여, 최근 몇 년간 기업에 입사한 신입사원들의 전공역량이 부족하다는 기사들이 언론매체에 자주 언급되곤 한다. 주객이 전도된 상황이 돼 버렸다. 나는 회사도 걱정이지만 그보다도 신입사원들이 더 걱정된다. 물론, 나의 생각이 기우가 될 수도 있다. 사람은 상황 변화에 늘 잘 적응해 왔으니까. 뒤집어 보면, 사회는 이런 소용돌이 속에서 변해 가고 있다고 볼 수도 있다.

이제 스펙 쌓기는 대학생이 돼서 하기에는 많은 노력을 필요로 하므로 보다 효율적으로 스펙을 쌓을 수 있는 어린 나이에 사회가 요구하는 역량을 갖추게 되는 방향으로 점차적으로 바뀌어 갈 것으로 예상된다. 그래서 대학은 본래대로 교양 기초 교육과 전문적인 전공 역량을 탄탄히 훈련하는 장으로 되돌아갈 것이라고 본다.

스펙은 소위 운전면허증이라고 할까? 운전면허증이 없으면 운전을 할 수 없다. 어쩌면 차의 운전석에 앉아 볼 수도 없을 것이다. 그렇지만 운전면허증을 가졌다고 시내에서 운전하기에 안전한 것은 아니다. 실전을 가상한 연습과 반복적인 실전이 쌓여 갈 때 비로소 온전한 운전 실력을 쌓아 갈 수 있는 것이다. 보통 사회에 진출하여 직업을 갖게 되었을 때, 대학시절에 배운 전문 지식을 바탕으로 현장에 적용하게 된다. 그런데 세상의 변화 속도와 폭은 매우 빠르고 깊게 일어나고 있다.

스펙이란 면허증을 따는 데에만 열중하고 실제 내적인 전공역량을 쌓는데 소홀히 한다면, 이것은 아주 근시안적인 안목이다. 아주 표피적인 세상 대처법이다. 세상에는 어느 정도 일관된 흐름이 있다. 대학 시절에 폭넓고 심도 있는 전공 관련 공부를 해 두어야만 변화무쌍한 앞으로의 세상을 헤쳐 나갈 수 있을 것이다.

스티브 잡스의 도전: 파괴적 기술(disruptive technology)

스티브 잡스Steve Jobs, 그야말로 세기의 풍운아! 친부모는 당시 대학원생이었고 미혼이었기에 자신을 키울 수 없어 생후 몇 주 만에 양부모인 잡스 부부에게 입양되어 자랐다. 약간은 불우한(?) 환경에서 자란 것으로 알려진 사람이다. 잡스 집안이 대대로 먹고 살기 어려웠었는지 이름에 직업을 여러 가지라고 딱 써 붙인 것일까? 성을 'Jobs' 라고 하였으니 하나의 직업을 가지고는 안 된다고 강조하였던 것 같다.

어찌 보면, 그의 인생 역정은 질풍노도와 같다. 우리와 같이 정보기술 분야에서 몸담고 살아온 사람들한테는 언제 적 잡스냐고 할 터인데도 지금도 산업현장의 최첨단에서 펄펄 날고 있다. 그뿐만이 아니다. 온 지구를 들었다 놓았다 하고 있다. 젊은 시절에는 환각제와 신비주의에 열중했고 나중에는 불교 신봉자가 된 사람이다. 리드 대학을 중퇴한 그는 전자나 컴퓨터에 관한 지식이 높은 수준은 아니었다. 오히려, 그는 탁월한 사업적 직관을 가진 능숙한 수완가라 할 수 있다.

그는 천재적인 전자공학 기술자인 선배 워즈니악Stephen Woznizk을 동호회에서 만나 당시에는 존재하지 않았던 '개인용 컴퓨터personal computer' 의 새로운 세상이 움트고 있는 것을 본 몇 사람 중의 한 명이었다. 이 둘은 불가능하게 보이는 일에 도전하기를 결코 주저하지 않는 성격의 소유자란 공통점을 갖고 있었다. 1976년 애플을 창립하고 4년 만인 1980년 '애플II' 를 통해 100만대 판매라는 경이로운 판매 업적을 달성하며 그해 12월 주식 공모가 이루어져 투자자들은 벼락부자가 되었다. 물론 이 둘도 큰 이득을 얻었고, 잡스는 1982년 20대 부자로 타임지의 표지에 등장하며 큰 명성을 떨쳤다.

이후에는 우여곡절 속에 1983년 PC 시장을 마이크로소프트와 인텔에게 내주고 결국 1985년 애플을 떠나게 되는 추락의 길로 들어선다. 애플을 떠난 후 새로 시작한 넥스트NeXT 회사에서도 사업은 실패를 거듭했다. 그런데 잡스가 사들였던 컴퓨터 그래픽 업체인 픽사Pixar가 디즈니와 손잡고 시작한 애니메이션 영화인 〈토이 스토리〉가 흥행에 성공하고, 이후 연달아 내놓은 애니메이션 영화들이 승승장구하여 잡스는 다시 세상의 주목을 받게 된다.

13년 만에 애플로 되돌아온 그는 아이맥을 내놓아 건재함을 세상에 알렸고, 아이팟iPod을 통해 세계적으로 mp3 열풍을 불러일으켰다. 사실 MP3 재생기 분야는 우리나라가 원천기술을 갖고 있고, 전 세계에서 처음으로 상품화하였으며 많은 기업들이 태동하여 신규 시장을 창출한 영역이었기에 그의 아이팟 성공은 더 큰 부러움의 대상이 되었다. 아이팟은 잡스의 직관과 애플의 기술이 결합하여 탄생한 걸작품으로 자타가 인정하고 있다.

아이팟은 당시 불법 음악 다운로드로 인해 골머리를 앓고 있던 음반회사들을 사업에 끌어들임으로써 결정적으로 성공을 거둘 수 있는 사업 모델인 '아이튠스'를 만들어 내었다. 아이팟 이전부터 음반업계에서는 불법 행위를 막고자 애썼지만, 기술 발전 추세를 도저히 따라잡을 수가 없었다. 한편, '아이튠스'를 성공시키려면 소니, 워너, 유니버설과 같은 대형 음반회사의 협력을 끌어내는 일이 잡스에게는 필수적이었다. 서로 뜨거운 라이벌 경쟁관계인 대형 음반회사들을 모아놓고 합의를 이끌어 내는 일은 거의 불가능에 가까운 일이었다.

소니 뮤직 엔터테인먼트사의 CEO는 "잡스가 입을 연 후, 애플과 라이센스 계약을 맺겠다고 마음먹는 데 걸린 시간은 불과 15초도 걸리지 않았다."(『iCon 스티브 잡스』(제프리 영 · 윌리엄 사이먼 저, 임재서 역, 민음사, 2005))고 말할 정도로 스티브 잡스는 이들의 설득에 성공하였다. 여기에는 열광적인 음악 팬인 잡스의 역할이 컸다. 음반회사들이 잡스와 협상할 때, 잡스가 보인 음악가들의 창작을 이해하는 태도에 음반회사들은 경계심을 늦추고 새로운 기술적 변화에 적응하고자 하였던 것으로 볼 수 있다(『스티브 잡스의 신의 교섭력』(다케우티 가즈미사 저, 이수경 역, 에이지 21, 2008)). 이 덕에 애플은 음반회사의 음원 콘텐츠 장벽을 무너뜨리고 음원을 확보할 수 있게 되었고, 아이팟은 세계를 뒤흔든 히트작이 되었다.

그렇지만 탁월한 인물이 혼자서만 업적을 이루는 것은 아니다. 상보적인 능력을 가진 사람들이 함께함으로써 시너지 효과를 발휘하기 때문이다. 이러한 현상은 현대에 올수록 더욱 그러하다. '애플'을 개발할 때는 사업가 잡스와 전자공학 기술자 워즈니악이, '매킨토시'를 개발할 때는 잡스와 스탠포드 대학 교수인 제프 래스킨이 함께 협력하였다. 일부에서는 잡스만이 세간의 이목을 집중받았기 때문에 핵심적으로 기여한 다른 이들이 가려진 것에 대해 잡스가 '이들을 이용하였다'는 얘기가 있다. 그것은 잡스가 귀 기울여야 할 부분이라고 생각된다.

어찌되었든 간에 "아무 데도 없으면서 세상을 바꿀 물건을 짧은 시간 내에 만든다."(『iCon 스티브 잡스』(임재서 역, 2005))는 목표를 세우고, 사업과 기술이 어우러져 세상을 뒤엎어 버리는 '파괴적 기술'을 탄생시켜 기존의 시장 판도를 일거에 뒤집어 버린 잡스의 능력에 모두가 경탄하고 있는 것이 아닌가? 그것도 보수적인 성향을 강하게 나타내는 50대 중반의 나이에도 불구하고, 막강한 적들과 주위의 환경에 두려워하지 않고 세상에 도전하고 있어서 더욱 그러하다.

우리는 역시 사람

우리는 IT 분야에서 일하고 있지만 IT는 또 하나의 인생 영역이라는 것. 서로 부대끼며 살아가는 세상에서 살고 있다는 것. 가끔은 이러한 세상의 일상을 잃어버린 것 같은 착각에 빠져 사는지, 아니면 전혀 모르고 살고 있는지 헷갈리는 사람들을 가끔 보게 된다. IT라는 울타리 속에 사람들이 갇혀 살고 있는지 모른다는 생각이 들 때가 있다. 여러분은 부디 이러한 울타리 속에 갇혀 살지 말기를 바란다.

서로 간의 소통, 이보다 더 중요한 것은 어쩌면 없는 것 같다. 그러나 우리는 이것을 컴퓨터에게 뭔가를 시키는 것보다 소홀히 하는 것은 아닌지 돌아볼 필요가 있다. 세상은 씨줄과 날줄이 얽히고 얽힌 옷감일지도 모른다. 어느 부분은 촘촘히 잘 짜여 있고 색깔도 곱지만, 어느 부분은 헤지고 다 낡아서 옷감 같지도 않은 부분들이 '부조리' 하게 얽히고 설켜 있는지 모른다. 그런 어느 씨줄과 날줄이 걸친 부분에서 내가 살게 될지 모르는 일이다. 대학 1학년 시절

철학 강의에서 들었던 실존철학의 이야기를 빌리자면, 태어나면서부터 그렇게 주어진 것인지도 모른다.

우리는 일상의 대화를 통해 소통을 경험하고 있다. 그러한 소통이 자기가 속한 조직이나 집단 속에서 잘 이루어지도록 스스로 부단히 갈고 닦을 필요가 있다. 소통은 자신에게 부여된 임무를 충실하게 수행하여 달성하기 위한, 그리고 자신의 소중한 세계를 만들어 가기 위한 필수 요소다. 때로, 기술 분야에 종사하는 사람들이 자신의 분야에서 충실하게 단련되었음에도 불구하고, 그들과 대화하는 도중에 가끔 하늘이 무너지는 것 같은 절벽을 느낄 때가 종종 있다.

나는 그 사람이 성격이 좋지 않거나 나쁜 사람이라고 보지는 않는다. 다만, 그 사람은 불행히도 사람으로서 갖추어야 할 건전한 품성과 인성을 닦는 경험을 하지 못한 것 같다. 나는 그 사람의 인생이 앞으로 어떻게 전개될 것인지 생각해 본다. 그 답은 여러분도 상상할 수 있을 것 같다. 우리는 자그마한 일에 성의를 다하고 자신이 성취한 것에 대해 겸손하며 타인의 입장을 배려하는 자세가 사람이 갖추어야 할 덕목이라고 본다. 누구나 이러한 일상 태도를 꾸준히 견지해 간다면 때로는 불편한 일도 겪을 수도 있지만, 결국에는 이러한 사람이 인생의 승자가 되는 게 아닐까?

블라디보스토크에 대한 단상 : 우리의 미래

나는 러시아 블라디보스토크에만 최근 몇 년간 3번이나 다녀왔다. 러시아를 가 본 적이 거의 없는 우리나라 사람으로서는 상대적으로 많이 가 본 셈이라 할 수 있다. 블라디보스토크는 인구가 약 60만 정도로 러시아 극동지방 연해주의 주도State Capital다. 우리나라로 치면, 도청이 있는 도청소재지다. 옛날 1904년 러일전쟁의 기념물이 그대로 남아 있고, 구한말에서부터 일제 강점기까지 우리 조상들이 고단한 삶을 살았던 땅으로 애국지사들의 우국충정과 애환이 배어 있는 곳이기도 하다. 발해는 유적이나 이름으로만 어슴푸레 전해지는 정도로, 서해 위쪽의 중국과 북한에 인접한 바다가 발해만渤海灣으로 불리며 이어져 있을 뿐이다.

블라디보스토크는 동해에 맞닿은 항구다. 이곳에 사는 러시아인들은 우리나라 사람들과는 달리 급한 것이 없는 사람들 같다. 적어도 내 눈으로 보기에는 그렇다. 여름휴가를 2개월 정도 휴양지에 있는 '다차' 에서 지내고, 연말연휴에는 보름 정도 쉬는 모양이다. 한 번은 강남대학교와 교류하고 있는 러시아 블라디보스토크에 위치한 극동기술대학교Far-Eastern National Technical University의 교수인 젊은 러시아 과학자가 6개월 동안 우리나라의 국책 연구소에서 연구하며 체류한 적이 있다.

7월 초순이나 중순 정도에 만났는데, 나에게 약간 걱정스러운 듯이 묻는 것이었다. "한국에서는 여름휴가를 얼마 동안 가는냐?" 하는 것이었다. 나는 "연구소에서는 아마 1주일 정도 갈 것 같다."고 별 생각 없이 대답을 하였는데, 그 과학자는 더 이상 말이 없었다. 이미 연구소에서 그렇게 들어서 알고 있었던 것을 자신이 잘못 이해한 것이 아니구나 하고 확인하였던 것 같았다. 아마 그 과학자는 가족들을 한국으로 초청하여 여름휴가를 보낼 계획이었던 것으로 짐작되는데, 속으로 여름휴가가 너무 짧다고 생각하였던 것 같았다.

러시아의 보통 사람들이 이렇다면 우리가 보기에는 국민소득이 낮아서 못 사는 것으로 보이고, 우리나라에서 수입된 중고 버스들이 도시 시가를 꽉 채운 채 운행하고 있지만, 그들의 생활은 시간이 천천히 가는 듯 느리면서 여유로워 보였다. 늘 바쁘게 사는 데 익숙한 우리에게는 이렇게 살면 입에 풀칠할 수 있을까 하는 걱정이 들 정도였다.

러시아에서는 석유, 천연가스 등의 광물자원이 풍부하여 이들을 가지고 먹고 사는 것 같다. 대학에서도 수학, 물리학 같은 기초과학과, 지질학, 광물학 같은 천연자원 관련 학문 영역이 강한 면모를 드러낸다. 이들은 땅속이나 바닷속에 묻혀 있는 천연자원을 발굴하여 먹고 사니까 그런가 보다. 그러면 우리는? 상대적으로 높은 인구밀도인 우리나라는 풍부한 지하자원 대신에 풍부한 인적 자원을 가진 나라다. 그래서 우리나라는 사람을 개발하는 데 열중이고 그것이 교육열로 나타나는 것으로 보인다. 사람이 뭔가를 잘 해야 먹고 살 수 있는 것이다. 러시아처럼 여름철 다 놀고 연말연휴 다 놀고 하면 입에 풀칠하고 살기 어려울 것 같다.

서구 열강과 일본보다 근대화가 뒤쳐져 나라를 잃는 고통을 겪은 후, 지난 50여 년간 우리나라는 역사상 값진 성과를 이루었다. 산업화를 성공적으로 이루어 전자 및 정보통신, 자동차, 철강, 조선, 건설 등의 산업분야에서 괄목할 만한 성장을 하여 세계적인 대열에 올라섰다. 기성세대들이 밤낮 없이 일한 덕분이라 하지 않을 수 없다. 우리는 특히 전자 및 정보통신 분야에서 세계적인 기업을 갖고 있고, 많은 선배들이 지금도 땀흘려 일하고 있다.

여러분은 이러한 성장을 지속함과 동시에 자신의 계발과 발전을 함께 도모해야 하는 출발선상에 서 있다. 여러분의 두 어깨에 우리의 주력 산업이 함께하고 있을 뿐만 아니라, 우리나라의 미래가 함께하고 있는 것이다. 여러분이 바로 우리나라의 미래를 만들어 갈 미래의 주인공인 것이다. 마침 2010년 벤쿠버 동계올림픽에서 신세대 선수들이 승승장구하였다. 메달 시상대에 올라선 우리 젊은 신세대 선수들의 밝은 표정이 우리 미래의 서광을 비추고 있는 것 같아 무척 기뻤다!

Profile

서울대학교 공과대학 전자계산기공학과를 졸업하고 동 대학원에서 컴퓨터과학 분야로 박사학위를 받았다. 대학 졸업 후 삼성전자 컴퓨터부문에서 연구원으로 일한 바 있으며, 1997년부터 2년 동안 미국 메릴랜드 대학과 존스홉킨스 병원에서 연구교수로 연구하였다. 1993년 이후 현재 강남대학교 컴퓨터미디어정보공학부 교수로 재직하고 있고, 학문적 관심분야는 운영체제를 중심으로 한 컴퓨터 시스템이며, 최근 들어 모바일 컴퓨팅, 임베디드 시스템, 센서 네트워크 분야 등을 연구하고 있다. 한국인터넷진흥원에서 매년 발간하는 『한국인터넷 백서』의 편집위원이며, 『휴대폰 프로그래밍』, 『KEIL과 ARM7 그리고 Firmware 개발』(문광부 우수학술도서) 등 다수의 저서와 논문이 있다.

디자인에 대한 시각을 교정하라

허 욱
강남대학교 회화디자인학부 교수

알맹이만 남고 껍데기는 가라

이 책을 만드는 목적은 갓 대학에 들어온 젊은이로 하여금, 유익하고 보람된 대학생활을 할 수 있도록 다양한 측면에서 길잡이 역할을 해 주는 것으로 나는 알고 있다. 그중에서도 이 글의 목적은 젊은이로 하여금, 요즘 한창 뜨고 있는 '디자인' 이라는 것에 대한 이해와 관심을 불러일으켜서, 설령 다른 전공을 한다고 하더라도 이제는 이 디자인에 신경 쓰지 않으면 경쟁력이 없다고 협박하든가, 아니면 황금 알을 낳는 이 디자인의 세계에 네 인생을 걸어보라고 꼬드기는 것이라고 쉽게 생각할 수 있다.

그러나 이러한 의도로 이 책을 기획한 분들에게는 대단히 죄송스러운 이야기지만, 원고를 청탁받은 나는 그러고 싶은 마음이 전혀 없다. 뿐만 아니라 오히려 반대로 디자인에 대한 막연하고 무모한 망상을 접어 달라고 이 지면을 빌어 호소하고 싶은 심정이다.

학생을 많이 끌어와야 먹고 사는 디자인 전공 교수인 내가 이런 마음을 가지게 된 근본적인 원인은, 물론 작금의 우리나라 디자인 현실을 비판적으로 바라보는 시각 때문이다. 크게 두 가지로 요약할 수 있는데, 하나는 디자인을 마치도 만병통치약으로 보고 디자이너를 연금술사로 바라보는 시각이 팽배하여 너도나도 겁 없이 뛰어들고 있어서 우리 디자인 분야에 너무도 거대한 거품이 끼어 있다는 것이며, 또 하나는 디자인을 하는 디자이너나 이를 향유하는 대중들 대부분이 디자인에 대해 올바르지 않은 편견에 사로잡혀 있다는 것이다.

그러므로 내가 이 글을 쓰는 목적을 무례하게 나름대로 수정하자면, 첫째, 디자인은 만병통치약이 아니며 디자이너는 연금술사도 아니니 그런 시각으로 이 분야를 바라보고 꿈을 꾸는 이가 있다면 일찌감치 꿈 깨라는 것이요, 둘째, 그럼에도 불구하고 디자이너 되기를 고집한다면 제발 이러저러한 편견에 사로잡히지 않은 바른 생각의 디자이너가 되어달라고 호소하고 싶고, 더불어 디자이너뿐만 아니라 디자인을 향유하는 대중들에게도 같은 주장을 하고 싶은 것이다.

그런데 일견 상충되고 대립되어 보이는 이 글 본래의 목적과 내 나름대로의 목적은 크게 보면 한 방향을 지향하고 있다는 점에서 나는 스스로 위안을 삼는다. 왜냐하면 나는 젊은이들의 오기를 믿기 때문이다. 앞으로 전개될 내 글은 대부분 현실 비판적인 성격이 강하므로, 대부분의 독자들은 디자인에 대한 막연한 기대가 꺾여 의기소침할 수 있겠으나, 그럼에도 불구하고 '아무나 해병이 될 수 있다면, 나는 결코 해병이 되지 않았을 것이다!' 라는 식으로 자신의 인생을 디자인에 걸어 보겠다고 다짐하는 이들이 나온다면 그들이야말로 거품을 쫙 뺀 진정한 자원이라고 할 수 있을 터이니, 이것이 이 글 본래의 목적과 내 보람을 동시에 얻는 것이 아니고 무엇이겠는가? 한마디로 신동엽 시인의 시를 빌려 말하자면, '알맹이만 남고 껍데기는 가라!' 는 것이다.

디자인은 문화다

앞서 내게는 우리 디자인 현실을 바라보는 두 가지 비판적 시각이 있다고 했다. 그 첫째로, 디자인을 만병통치약으로 그리고 디자이너를 연금술사로 바라보는 시각이 있다고 했는데, 이러한 시각의 근저에는 자본주의적 사고, 즉 디자인을 오로지 이윤창출, 돈벌이의 수단으로 보는 사고방식이 깔려 있는 것이다. 즉, 디자인의 경제적 · 산업적 가치에 주목하는 입장이다.

실제로 우리가 디자인에 주목하게 된 시점을 살펴보면 1970년대 박정희 정권 시절로 거슬러 올라갈 수 있다. 조그마한 땅덩어리, 변변한 자원 하나 없는 이 나라가 먹고 살 수 있는 길은 오로지 외화벌이라고 생각하여, 정부는 강력한 수출 드라이브 정책을 펴게 된다. 여기서 디자인은 소위 수출과 내수 상품의 '예쁘게 거죽 꾸미기' 라는 '포장' 이나 '장식' 의 수단으로 받아들여졌고, 이러한 인식은 뿌리 깊게 박혀 지금까지 면면히 이어져 내려오고 있다. 우리가 일상적으로 겉모습만 보고 '멋진 디자인' 이라는 말을 스스럼없이 내뱉고 있다는 점, 한국디자인진흥원KIDP과 같은 디자인 관련 기관이 옛날 상공부, 산업자원부를 거쳐 현재의 지식경제부 산하로 줄기차게 이어져오고 있다는 점, 그리고 작고한 김대중 대통령이 디자인을 가리켜 '굴뚝 없는 공장' 이라고 표현한 점 등을 음미해 보면, 얼마나 우리에게 이러한 인식이 고착화되어 있는지를 가늠할 수 있을 것이다.

나는 지나온 이런 과거를 부정하지 않는다. 디자인이 우리나라 산업발전에 적잖이 기여해 온 점은 동종 업계에 몸담고 있는 이로서 한편으로 자랑스럽게 생각한다. 그러나 동시에, 나는 디자인을 바라보는 시각 또는 디자인이 나아가야 할 지향점이 이제는 바뀌어야 한다고 생각한다. 그 지향점은 다름 아닌 '문화' 다. 우리는 흔히 문화라고 하면 우리의 일상과 분리된 '예술 전반' 을 가리키는 말로 이해하는데, 이것은 문화를 너무 좁게 생각하는 것이고, 크게 보면 문화는 우리들의 일상적인 삶 전체를 포괄하는 개념이다. 그러므로 협의로서의 문화는 억지로 경제, 산업과 분리해 볼 수 있지만, 광의의 문화는 경제, 산업을 포괄하는 더 큰 개념인 것이다. 내가 디자인을 이제 문화적 관점으로 봐야 한다는 것은 이러한 차원에서다.

나의 이런 주장은 오히려 뒤늦은 감이 없지 않다. 왜냐하면 디자인은 그야말로 태생적으로 우리의 일상적인 삶 전체에 깊숙이 관여하는 것인데, 우리가 마치도 장님이 코끼리 다리 만지듯 한때 특정한 시점에서 특정한 관점에 주목하여 바라본 것을 그것이 전부인 양 생각해 왔기 때문이다. 그러니 앞으로 디자인을 전공할 사람이나 관심이 있는 사람이라면 돈벌이의 얄팍한 수단으로써가 아니라, 코끼리의 전체라고 할 수 있는 일상 문화의 관점에서 디자인을 바라보고 대해 주기를 간곡히 부탁하고 싶다.

세 가지 편견에서 해방되어라

내가 우리 디자인 현실을 바라보는 두 가지 비판적 시각 중 두 번째는 디자인을 하는 디자이너나 이를 향유하는 대중들 대부분이 디자인에 대해 올바르지 않은 편견에 사로잡혀 있다는 것이다. 이러한 편견이 어디 한두 가지겠냐마는 이 글을 읽는 독자 중의 일부가 머지않아 이 나라 디자인계를 이끌어 나갈 이들이라고 보기에, 반드시 생각을 고쳐먹었으면 하고 바라는 점 세 가지를 선생 된 자로서 또 선배 된 자로서 일러두고자 한다.

첫째로 언급하고 싶은 것은 디자인이 서구로부터 유래된 것이라는 편견에서 벗어나라는 것이다. 비록 디자인이라는 말이 서구로부터 유래된 것일지언정, 우리에게 디자인이 없었던 것은 아니다. 디자인은 인류의 역사와 함께하기 때문이다. 그럼에도 불구하고 사실상 내게 디자인을 가르친 스승들은 그들이 이 땅에는 없던 디자인이라고 하는 서구의 선진 학문을 먼저 배운 것, 그리고 교육자로서 선구적 역할을 감당했다는 것에 대해 무한한 자긍심을 가지고 있다. 왜냐하면 된장 냄새 풀풀 나고 촌티 나는 이 땅에 그들의 디자인으로부터 풍겨 나오는 버터 냄새가 서구화와 근대화, 그리고 세련됨을 표상表象하는 향취로 새롭게 받아들여졌기 때문이다. 구국의 일념으로 일로매진해 온 선배들의 노력을 폄하하고 싶은 마음은 내게 없다. 그러나 이 구조가 앞으로도 계속 이어지는 것은 결코 용납할 수 없다.

디자인을 공부한 자가 조금 더 공부하고자 마음먹었을 때, 서구로의 유학을 결심하는 것을 너무도 자연스럽고 당연한 것으로 받아들이는 태도, 수십억의 예산을 써 가며 '서울 디자인 올림픽' 이라고 하는 말도 안 되는 국제 코미디 쇼를 벌이는 것까지는 가시적 업적을 좋아하는 관의 생리로 보아 억지로 참을 수 있지만, 거기에서 소위 세계적 디자이너라고 하는 '디자인교敎' 의 '전도사' 들이 벌이는 강연에 큰 은혜를 받은 듯 열광하는 우리 젊은이들의 태도에서 나는 이전 세대와 지금 세대의 사고방식이 조금도 달라지지 않았음을 본다. 선배들의 표현대로 이 땅에 자신들이 디자인을 들여온 지 반세기가 지났으면, 그리고 위 행사 주최자의 주장대로 이제 우리 서울이 세계 디자인의 수도라면, 지금쯤은 세계 디자인사史에 한 획을 긋는 디자인학자 내지 디자이너가 당연히 나와야 하는 것 아닌가? 그래서 우리가 유학 가는 것이 아니라 세계의 젊은이들이 우리나라로 디자인을 배우러 물밀 듯 밀려오고, 앞서 말한 그런 쇼의 자리에서 우리 디자이너에 의해 우리 디자인의 철학을 논하고, 앞으로의 세계 디자인 방향을 당당히 제시해서 세계의 젊은이들을 열광시켜야, 그런 쇼를 벌인 보람이 있지 않은가?

그런데 내가 보기에 이 문제는 존재의 문제가 아니라 인식의 문제인 것 같다. 즉, 내 주변의 지인들을 살펴봤을 때 그런 이들이 없는 것이 아니라, 우리가 우리 스스로를 바라보는 '서구지향적' 자기 폄하의 인식에 의해 그 존재 자체가 가려져 있는 것으로 본다.

둘째로 언급하고 싶은 것은 앞의 내용과 이어지는 것인데, 소위 선진국이라고 하는 나라의 디자인 수준이 우리나라의 디자인보다 무조건 앞서 있다는 편견을 버리라는 것이다. 물론, 그들 디자인의 퀄리티가 우리보다 나은 것이 있는 것은 사실이다. 그러나 이제 그 반대의 경우도 얼마든지 존재한다. 그러므로 우리의 디자인을 도매금으로 싸잡아서 저질로 매도하는 우를 범하지 말아야 한다.

여기서 내가 주장하고자 하는 것은 수준의 차이는 인정하되, 취향의 차이마저도 수준의 차이로 오해하지 말라는 것이다. 수준의 차이는 원숙와 미숙의 차이, 즉 수직적인 성격의 것인 반면, 취향의 차이는 수평적인 성격의 것이다. 수준의 차이가 프로 디자이너와 이제 막 디자인을 시작한 이의 디자인 차이라면, 취향의 차이는 피카소를 좋아하느냐 겸재 정선을 좋아하느냐의 차이인 것이다. 나는 피카소가 정선의 우위에 있다고 결코 생각지 않는다.

서양과의 차이는 접어두고라도 같은 동양권 내에서도 우리는 우리 스스로를 낮게 보는 경향을 보인다. 흔히 중국의 예술은 웅장하고 일본의 예술은 정교한 반면, 한국의 예술은 수수하다고 말하는데, 이것은 분명 수준의 차이가 아니라 취향의 차이다. 그럼에도 불구하고 우리에게는 솔직히 속으로는 우리 것이 그들의 것에 비해 볼

품없고 덜 떨어지고 왠지 어설프다는 자기비하의 심리가 깔려 있는 것이 아닌가 하는 생각이다. 이런 내 짐작이 잘못된 것이기를 바랄 뿐이다.

마지막 셋째로 언급하고 싶은 것은 디자인 선진국이니 후진국이니 하는 선형의 구도에 갇혀서 우리가 선진국을 따라잡아야 한다는 강박관념에 시달리지 말라는 것이다. 우리는 입만 열면 '일류' '세계화' 하고 떠드는데, 그 세계화의 방법으로 서구화되는 것만을 추구하는 우를 범하고 있다는 생각이다. 로컬리즘localism의 실현을 전제로 하지 않은 글로벌리즘globalism은 무의미하다고 나는 확신한다. 그것은 한마디로 문화식민에 의한 문화종속에 다름 아니다. 맹목적 글로벌리즘은 헤게모니를 쥐고 있다고 하는 그들의 뒤꽁무니를 쫓는 것에 불과하다.

오히려 반대로 우리의 독특한 디자인을 세계인들이 즐기도록 하는 것이 진정한 의미의 세계화가 아닐까 생각한다. 이미 우리가 사는 시대는 최고best를 가리는 선형구조의 시대가 아니라, 나름대로의 독특함unique이 중요하게 여겨지는 다원구조의 시대가 되었다. 그리고 다른 어떤 이유를 떠나 이 방법이 주체적이다. 주체적이라 함은 줏대 없이 여기저기 휩쓸리거나 기웃거리지 않고 내가 내 생각의 주인이 되는 것이다. 주체성 없이 자기 동일성self-identity, 즉 정체성을 생각할 수 없다. 주체만이 정체성을 필요로 한다.

과거의 과거성에 머물지 마라

나는 지금까지 디자인을 문화적 관점에서 바라봐야 한다는 것, 그리고 서구지향적인 편견에서 벗어나야 한다는 것을 이야기하였다. 지금까지 비판을 하였으니 이제 그 대안을 논할 차례다. 눈치 빠른 이들은 그 대안의 키워드를 짐작할 것이다. 그것은 다름 아닌 '전통' 이다. 전통의 기반 위에 디자인을 세우라는 것이다. 그런데 전통의 기반 위에 디자인을 세우라는 말에서 독자가 빠지지 말아야 할 함정이 하나 있다. 그것은 '소재주의' 에 빠지지 말라는 것이다. 지금까지 우리가 보아 온 소위 '한국적 디자인' 이라는 것들은 복고주의적 성향이 강했다고 본다. 즉, 한국의 이미지들은 '색동저고리' '백제의 미소' '조용한 아침의 나라' 와 같은 원형주의적 소재와 이념에 한정되어 있었고, 전통문양을 사용하는 것으로 스스로를 한국적 디자인을 하고 있는 디자이너로 착각하고 있는 경우가 없지 않았다는 것이다. 이러한 짓거리들의 가장 큰 문제점은 정작 '당대의 자기 자신' 을 설명하고 나타내주지 못했다는 점이다. 나를 표현하려고 했는데, 정작 거기에 내가 없다는 것이다. 의식주의 관점에서 보았을 때, 오늘을 살고 있는 우리 대부분은 한옥에 살지 않고, 한복을 일상의 옷으로 입지 않으며, 밥과 김치와 된장만을 먹지 않는다. 이렇게 우리의 삶이 송두리째 변했는데, 언제까지 과거의 유물로 현재 우리 자신을 표현하려고 하는가? 어쩌면 그들의 관심사는 '우리는 그랬었다.' 라는 과거를 보여 주고자 한 것이지, 애초부터 '지금의 우리가 어떠한가?' 를 표현

코자 의도하지 않았는지도 모른다는 생각을 갖게 된다.

그러나 정체성이라는 것을 한마디로 '남과 다른 자기다움', 즉 '제다움'으로 정의하는 데 동의한다면, 그리고 과거로부터 있어 왔겠지만 현재까지도 일관되게 유지되고 있는 그 무엇이라야 제대로 된 지금 우리의 모습이라 말할 수 있다는 데 동의한다면, 그들의 노력은 과거와 전통에 대한 깊은 성찰, 그리고 현재와의 연관성에 대한 고려 없이, 단지 과거를 재현하는 '과거의 과거성'에 머물러 있었다는 한계를 드러낸 것이었다고 생각한다. 그러므로 비록 과거의 것을 다룬다 하더라도 '과거의 과거성'을 '과거의 현재성'으로 방향을 전환하는 것이 '지금의 우리'를 설명하기 위해, 또 명실상부한 본뜻으로서의 정체성을 드러내기 위해 타당한 방법이다.

전통이란 그때 그들의 것이 아니라 오늘 우리의 것

너무도 당연한 이야기라서 언급하기 부끄럽지만, 우리가 처한 현실이 그렇지 못한 점을 감안하여 용기 내어 말하자면, 전통傳統이란 그야말로 '이어져 내려옴'을 뜻한다. 우리가 '전통'이라는 단어를 대하며 머리에 떠올리는 것이 하나같이 과거의 유물들뿐이라면, 아쉽게도 우리는 '전통'이라는 말을 올바로 이해하지 못하고 있는 것이다. 즉, 몰이해다. '전통'이란 변하지 않고 원형 그대로 보존해야 할, 한마디로 '박제화'된 그 무엇이 아니라, 끝없이 시대 상황에 맞도록 자연스럽게 변화되는 것이고, 또 진정 가치 있는 그 무엇이라면 일부러라도 변화시켜서 이어 가야 할 그 무엇이다. 그것이 무엇이 되었든 오늘의 무엇이지, 과거의 무엇이 아니다. 변화를 두려워할 이유가 없다. 지금까지 우리는 '전통'을 변하지 않고 원형 그대로 보존해야 할 그 무엇으로 보았기 때문에, 자꾸만 우리의 삶과 격리시켜서 고이 모셔 두는 일에만 급급했다는 생각이다. 고이 모셔 두는 일을 잘 하면 그나마 다행이지만, 우리의 일상적인 삶과 전혀 관련 없어 보이는 것에 무관심한 것은 어찌 보면 인지상정이다. 죽은 아이 고추 만지며 애달파하듯 불타버린 숭례문을 바라보며 뒤늦게 '숭례문아, 지켜 주지 못해서 미안해! 우리가 그동안 너무 무관심했어!' 라고 백 번 말해 봐야 소용없는 짓이다.

전통은 전승되기보다 계승되어야 하는 것

전통을 말함에 있어 꼭 짚고 넘어가야 할 것이 두 가지 있다. 그 하나는 전승과 계승의 문제요, 또 하나는 올바른 계승의 문제다.

첫째, 옛것 그 자체 또는 옛것을 옛 기법 그대로 재현하는 것은 전승傳承일지는 몰라도 계승繼承은 아니다. 현대의 삶에서 옛것을 무조건 받아들이라고 강요하는 것은 아무래도 무리가 따른다. 전승은 계승을 위한 밑바탕이 되는 것이니 적극 장려해야 할 일이나, 그렇다고 해서 전승이 계승을 대신할 수는 없다. 진정한 전통이란 정신을 이어받되 오늘 우리의 삶에 적합하도록 변화시켜야 하는 것이다. 이것은 마치도 깨지거나 금이 가서 더 이상 못 쓰게 된 그릇의 물을 새 그릇으로 옮겨 담는 일에 비유할 수 있다. 그릇을 바꿨다고 해서 물이 변하는 것이 아니듯 정신이 이어지면 된다는 말이다. 나는 옛 문화가 오늘날로 전승되기보다는 계승되기를 바란다. 그래야 '그때 그들의 것' 이 아니라 '지금 우리 것' 이 된다고 믿기 때문이다.

둘째, 전통을 계승하려면 제대로 계승하자고 말하고 싶다. 예를 들어, 전통 문양을 현대의 생활용품에 적용시키는 것을 종종 본다. 이것은 새 그릇으로 물을 옮겨 담아 '지금 우리의 것' 으로 만들었다는 측면에서 보면 전통의 계승이며 참 바람직하다고 생각한다. 그러나 과연 이것을 만든 이가 전통 문양이 가지고 있는 상징 의미의 천착 없이 단순히 겉으로 보이는 표상들만을 차용하는 수준에 머물고 있는 것은 아닌지 의심스러운 경우가 있다.

나는 아름다운 전통문화가 오늘로 힘 있게 이어져서 문화가 곧 생활이요, 생활이 곧 문화인 그런 세상에 살고 싶다. 무엇보다 경계해야 할 것은 이으려는 스스로의 노력 없이 남의 손에 의해 이어지기만을 기대하거나, 또는 아예 고리타분하다고 하여 관심조차 두지 않는 무책임이다. '그때 그들의 문화' 가 오늘로 이어져 '지금 우리의 문화' 로 되려면 바로 디자이너가 제몫을 다해야 한다. 디자이너는 친절해야 하며 그 친절함이 디자인을 통하여 겉으로 드러나야 한다. 사랑하게 하려면 먼저 이해시켜야 하고, 그 이해를 돕는 일이 디자이너의 몫이다. 박제화되어 있던 전통문화가 다시금 생명을 얻어 오늘날 우리의 문화로 살아 숨 쉬려면 당연히 지금 우리에게 적합하도록 새롭게 디자인되어야 한다.

글을 맺으며

김민수의 말을 옮겨 적는 것으로 이 글을 마무리한다.

> 아직도 생명이 끝나지 않고 어우러질 수 있는 과거의 시공간이 존재한다는 것. 과거, 현재, 미래가 따로 떨어져 단순 나열된 것이 아니라 동시적이고 순환적일 수 있다는 것. 이때 삶은 오로지 현재성만으로 이루어진 얄팍한 문화와는 달리 깊이를 갖고 풍요로워진다. 과거의 시간이 켜켜이 쌓여 현재와 함께 살아있는 '역동적 시간'의 구조, 마치 우리 몸의 뼈마디에 붙은 근육처럼, 시간도 함께 누적되어 생생히 살아있는 그런 구조를 통해서 말이다.
>
> 『김민수의 문화디자인』(다우출판사, 2002, P. 62.)

나는 이 지면에서 디자인을 문화적 관점에서 바라봐야 한다는 것, 그리고 서구지향적인 편견에서 벗어나야 한다는 것을 이야기하였다. 그리고 전통의 기반 위에 디자인을 세워야 한다고 말하였다. 그리고 전통 위에 디자인을 세우는 구체적 방법보다 전통을 바라보는 시각의 교정이 필요하다는 점을 강조하였다. 역으로 보면 이러한 내 주장의 이면에는 그렇지 못한 안타까운 현실이 자리 잡고 있기 때문이다. 디자인이란 모래성처럼 '허물어뜨리고 다시 처음부터 시작하는 것' 이 아니라, 차곡차곡 쌓아 가는 복층구조를 만드는 일, 그래서 '그때 그들의 것' 을 '지금 우리의 것' 으로 만드는 일이라는 생각을 감히 해 본다.

Profile

강남대학교 시각디자인 전공 교수. 시각커뮤니케이션 디자이너. 연세대학교 문과대학 철학과를 졸업하고 홍익대학교 대학원 시각디자인과에서 미술학 박사학위를 받았다. (사)한국시각정보디자인협회(VIDAK) 부회장과 사무총장을 역임하고, 현재는 (사)한국현대디자인협회(KECD)에서 총무이사로 활동하고 있다. 그래픽에세이라는 조형형식으로 국내외에서 개인전을 14회 가졌으며, 기획전, 초대전 등의 단체전에 약 100여 회 참여하였다.

기본이 되는 인재가 되자

스펙 만들기

강경락
강남대학교 교양교수부 교수

1970년대 대학이 학문의 전당이자, 낭만이 서린 '청춘예찬'의 최고 무대로 칭해진 적이 있었다. 동시에 이 시기는 산업화를 통해 고도성장하던 시기였다. 대학이 곧 취업의 조건인 시절이었다. 실제로 대학 진학률도 25% 정도였다. 그러나 세계경제의 위기 속에서 한국 사회가 지향하던 고도성장이 한계에 부딪치게 되었다. 여기에 교육에 치중하는 역사적 전통이 작용하면서 대학 진학률이 급속히 증가하였다. 2008년 통계를 보면, 전문대를 포함한 대학 진학률이 83.9%에 달하고 있다. 또한 IMF 위기를 거치면서 우리가 직면하게 된 세계 경제의 불확실성 증대, 개혁개방을 통한 중국의 급속한 성장, 새로운 성장 동력의 저하 속에서 '88만 원 세대'라는 명칭으로 표현되는 청년 실업이 증대하게 되었다. 이제 대학에서 가장 중요한 것은 바로 취업이 되었다. 대학의 취업률은 학생이나 사회가 대학을 평가하는 중요한 기준이 되었고, 대학 안에서도 취업이 잘 되고 안정적인 직장을 얻을 수 있는 특정한 학과와 전공에 많은 학생이 몰리는 양극화 현상이 가속화되고 있다.

스펙과 인재상의 변화

대학을 들어오기 위해서 입시에 매달렸던 대학생들이 요사이에는 취업을 위한 '스펙' 만들기에 매달리게 되었다. '스펙'을 갖추기 위해서 대학 4년이 모자라 1년을 연장하는 5학년이 당연한 시대가 되었다. 학생이 준비하는 스펙은 학점, 영어 및 외국어 점수, 자격증, 어학연수, 해외 봉사 등이다. 그런데 인사 담당자들은 "학점과 점수 등 스펙은 좋은데, 상식은 없고, 전공에 대해서도 아는 것이 없고, 외국어는 그저 그렇고, 도전 정신도 없고……."라는 불만을 토로한다. 이런 현상은 학생들이 준비하는 대부분의 스펙이 양적으로 척도화된 시험을 통해서 얻어진 하드웨어적 스펙이기 때문이다.

학생들이 취업해서 살아가야 할 21세기는 지식문화가 지배하는 사회다. 지식과 문화가 지배하는 사회는 그 이전 어느 시대보다도 사람이 중요한 역할을 하는 사회라 할 수 있다. 즉, 산업사회에서는 기계에 의해 대량생산된 상품이 인간 사회를 변화시켰고, 인간의 욕구가 대량생산된 상품에 맞추어졌던 것이다. 그러나 21세기에는 인간의 욕구가 새로운 상품을 창조한다. 기계가 아닌 인간이 새로운 부를 창출하는 지식문화 사회가 도래하고 있는 것이다. 따라서 21세기 사회는 전통적 생산의 3요소라는 토지, 노동, 자본 이외에 지식이 경제활동의 기본적 매개체로 등장하면서, 지적 창의력, 아이디어, 상상력이 결합된 경쟁력을 가진 인재를 원하고 있는 것이다. 즉, 지식경영의 핵심 주체는 사람이며, 인적 자원이 보유하고 있는 지식을 통한 고부가가치 창출이 경쟁력의 원천이라는 것이다. 환경이 변화되면서 변화된 환경에 적합한 인재를 원하고 있는 것이다.

그러면 과연 새로운 인재상에 맞는 스펙은 무엇인가? 이를 알기 위해 기업이 원하는 인재상을 구체적으로 살펴볼 필요가 있다. 2002년 전국경제인연합회의 자료에 따르면 다음과 같다. 개인 역량이라는 측면에서 보면, 먼저 기본에 충실하되 폭넓은 교양과 끊임없는 자기 계발로 노력하며 변화를 리드하는 전문인을 원한다. 두 번째로 조직역량의 측면에서 의사표현 및 커뮤니케이션 능력을 가진 리더를 원한다. 세 번째로 국제적 감각과 영어, 중국어 등 외국어 구사능력을 갖춘 세계인을 원한다. 네 번째로 인성적 측면에서 인간적이며 올바른 가치관을 유지하되 유연한 사고, 창의력, 도전정신과 열정을 지니고 있는 성취인을 원한다.

스펙 갖추기란

그럼 이러한 새로운 인재 상에 맞추어 어떤 스펙을 갖추어야 할 것인가?

먼저 스펙이란 용어를 보면, 원래 급속히 발전하는 IT기기의 성능이나 특징, 조건을 가리키는 것이었다. 고도성장을 지향하면서 압축 성장을 한 우리 사회에서 스펙은 주로 하드웨어 측면을 강조하였다. 실제로 많은 학생들은 자꾸 겉으로 들어난 조건(하드웨어적 측면)에 집착하는 경향이 있다. 근자에 한국 사회를 강타한 아이폰 열풍에서 보듯이 스펙은 하드웨어적 측면보다 소프트웨어적 측면이 강조되고 있다. 21세기 디지털 사회를 지배할 것은 기본적인 하드웨어의 발전이라는 기반이 필요하지만, 그 관건은 바로 스프웨어적 측면콘텐츠에 있는 것이다. 새로운 시대가 요구하는 새로운 인재상에서 강조하는 것은 하드웨어 스펙을 기반으로 불확실성 속에서 새로운 미래상을 창조해 낼 수 있는 소프웨어적 능력을 갖춘 인재를 원하는 것이다. 따라서 스펙을 기업이 원하는 인재상과 연계하여 하드웨어적 스펙과 소프웨어적 스펙으로 나누어 살펴보고자 한다.

개인기와 스펙

먼저 개인 역량이라는 측면에서 기업이 원하는 새로운 인재는 기본에 충실하되 폭넓은 교양과 끊임없는 자기 계발로 노력하며 변화를 리드하는 전문인이다. 현재 한국 대학의 실상은 좋은 점수를 얻기 위해서 어려운 전공과목이나 힘들게 공부시키는 교양 과목은 회피한다. 따라서 사회와 기업은 대학의 학점과 전문성을 믿을 수 없기 때문에 자격증이라는 또 다른 하드웨어적 스펙을 요구하는 것이다. 그러나 자격증도 시험을 통해 얻을 수 있는 하드웨어적 스펙이기 때문에 이를 응용할 수 있는 소프트웨어적 스펙을 보기 위해서 공모전이라는 또 다른 스펙이 요구되는 것이다. 그런데 원래 우리가 대학에 와서 많은 시간과 돈을 투자하면서 얻어야 하는 것은 단순한 하드웨어적 스펙을 갖추는 것만이 아니다. 대학의 기본 목표는 급변하는 현대 정보의 홍수 속에서 폭 넓은 교양을 바탕으로 문제를 해결하는 능력을 배양하는 것이다. 단순한 정보와 지식을 주입하는 것이 아니라, 변화를 인식하고 새로운 것을 창조할 수 있는 방법과 능력을 배워야 하는 것이다. 즉, 대학교육의 목표는 원래 하드웨어적 스펙을 운용한 소프웨어적 스펙을 배양하는 것이다. 하드웨어와 소프웨어가 모두 있어야 컴퓨터가 돌아가듯이, 대학 4년 교육 동안에 깊이 있고, 체계적인 전공 공부를 통해서 단순한 자격증을 넘어서는 대졸 전문인의 하드웨어 스펙을 갖추어야 하고, 폭넓은 교양 교육과 주변 학문에 대한 공부를 통하여 변화의 방향을 인식하고, 정보의 홍수라는 불확실성 속에서 지식문화를 창조해 내는 소프웨어적 스펙을 키운다면 굳이 공모전이 따로 필요하지 않을 것이다.

세계화와 스펙

두 번째로 국제적인 감각을 갖춘 글로벌 인재다. 학생들이 준비하는 토익이나 토플 점수와 같은 외국어 능력시험이 글로벌 인재의 하드웨어적 스펙이라 할 수 있고, 해외 연수는 소프웨어적 스펙이라 할 수 있다. 즉, 외국어 능력 점수를 통해서 다양한 정보를 획득할 수 있는 언어 능력을 확인하고, 해외 연수를 통해서 다른 문화를 이해하고 이를 통해서 세계에 통할 수 있는 글로벌 감각을 원하는 것이다.

스펙을 갖추기 위해서 학생들은 수업 시간에 토익이나 토플을 공부하고, 큰 비용을 들여서 해외 어학연수를 간다. 여기서 중요한 것은 어학 능력이라는 하드웨어적 스펙은 목표가 아니라 도구라는 점이다. 단순히 언어를 숙달시킨다고 글로벌 감각을 가지게 되는 것이 아니다. 물론, 우리가 세계화 시대에 살고 있지만, 여전히 세계는 다원적인 사회다. 인터넷을 비롯한 디지털문화가 세계를 하나로 묶고 있지만, 다양한 문화적 특성은 여전히 존재한다. 산업화 시대에는 상품에 인간의 욕구를 맞추었기 때문에 대량생산으로 단순히 값싸고 품질이 좋으면 되었지만, 21세기에는 인간 욕구에 상품이 맞추는 시대가 되었다. 따라서 글로벌 감각이란 이런 세계 속 문화의 다양성을 이해하는 것에서 출발하는 것이다. 해외 연수라는 스펙에 주목하는 것은 바로 이러한 다양한 문화를 이해하는 기회가 해외 연수를 통해서 이루어질 수 있기 때문이다. 동시에 그러한 문화의 이해가 언어의 습득과 숙달에 도움이 되기 때문이다.

각 대학들이 글로벌화에 주력하면서, 많은 외국 학생들이 우리나라 대학에 유학을 와 있다. 먼저 이들과 친해지는 것이 글로벌 감각을 쉽게 얻을 수 있는 첫걸음이다. 우리 학생들은 생각보다 외국 유학생들에게 배타적이다. 물론, 그들과 친해지기 위해서 조금은 귀찮고 품이 많이 들어가더라도 낯선 문화적 차이를 극복하기 위하여 노력해야 한다. 내 나라 안에서 이들과 친해지지 못하면서, 밖에 나

가서 외국인들을 이해하고 의사소통을 잘 할 수 있을까? 글로벌 감각을 익히는 첫걸음이 이들과 친해지는 것이다.

그리고 해외 연수를 가게 되면, 많은 비용과 시간을 투자하는 것이니 만큼 최소 비용으로 최대 효과를 내야 할 것이다. 그 첫 번째가 해외 연수 중 한국 학생끼리 어울리지 말라는 것이다. 해외 연수의 목적은 다른 문화를 이해하고, 소통할 수 있는 글로벌 감각을 얻는데 있는 만큼 그 기본 목적에 충실하고자 노력하여야 한다. 여기에 본인의 노력 여하에 따라 글로벌 감각뿐만 아니라 해외 인맥까지 만들 수 있다. 아직 순수한 대학생이기에 여러 가지 조건을 넘어서 친분을 쌓을 수 있다.

마지막으로 각종 국내외에서 행하는 국제적 행사의 자원봉사요원으로 적극 참여하자. 비록 힘은 들겠지만, 봉사도 하면서 국제적 감각도 익히고, 외국인 친구도 쉽게 만들 수 있다. 그리고 그렇게 맺어진 관계를 e메일이나 트위터 등을 통해서 지속되도록 노력하자. 처음에는 어렵겠지만, 처음부터 잘하는 사람은 아무도 없다.

조직과 스펙

세 번째로 조직 역량에서 보면, 의사표현 및 커뮤니케이션 능력을 가진 리더이면서 협력자를 원한다. 과거 산업화 사회는 수직적 조직을 가진 사회였다. 따라서 그 조직에서는 수직적 리더십이 중요하였다. 수직적 조직이 부여한 하드웨어적 리더십에 의해 리더가 되던가, 아니면 그 리더십에 따르는 성원이 되면 그만이었다. 그러나 21세기 급변하는 불확실성 속에서는 거대한 수직적 조직으로는 변화에 능동적으로 대응하기 어렵다. 따라서 21세기에는 급변하는 세계에 능동적으로 대응하기 위해 수평적 조직을 지향한다. 팀의 성격을 가진 수많은 수평적 조직이 각각의 변화에 대응하고자 하면, 수평적 조직의 조직원 각자의 역량과 능력을 바탕으로 모두가 리더이자 협력자가 되어야 한다. 즉, 역할분담과 상황에 따라서 하나의 조직에서 이 프로젝트에서는 리더가 저 프로젝트에서는 성원협력자가 되는 것이다. 따라서 수평적 조직 내에서 소통을 위한 의사표현 및 커뮤니케이션 능력을 갖추어야 한다. 대학입시를 위해서 무한 경쟁을 하면서 자기 중심적으로 변한 신세대에게는 리더가 되기도 협력자가 되기도 쉽지 않을 것이다. 자기 중심적이면서, 외부 의존적인 한국 교육의 폐해를 극복하기 위해서는 오랜 기간 새로운 조직 역량을 배양하기 위해서 노력해야 할 것이다. 따라서 교내외 생활 속에서 스스로 조직 역량을 끊임없이 훈련하고 배양하는 것이 가장 쉽게 할 수 있는 방법이다. 가깝게는 수업 시간에 적극적인 발표와 토론을 통해서 의사표현 능력을 기르는 데 노력해야 할 것이다. 또한 프로젝트와 자신의 스펙을 배양하기 위한 소모임에서 리더이자 협력자로서 역할을 수행하면서 자연스럽게 리더십을 갖추도록 노력해야 할 것이다.

기본기를 갖춘 인재란

마지막으로 인성적 측면에서 창의력, 도전정신과 열정을 지니고 있는 성취인을 원한다. 우리 사회가 전통적으로 교육을 통한 입신양명을 강조하였다. 급속한 산업화 사회로 이행하면서 교육을 통한 사회적 지위의 획득은 더욱 강조되었다. 모두 어릴 때부터 사교육 내지 주입식 교육을 통해서 하드웨어적 스펙에 치중하였다. 즉, 스스로 하드웨어적 틀을 통하여 성취인이 된 것이 아니라, 만들어진 틀에 자신을 맞추는 의존적 인간형을 만들어 낸 것이다. 따라서 그 틀을 강조하다 보니 학벌 위주의 사회가 될 수밖에 없었다. 또한 틀 안에 안주하다 보니 창조적이며 도전정신을 가진 열정을 가질 기회가 거의 없었다. 점수와 시험 위주의 양적 교육이 낳은 당연한 결과였다. 따라서 창의력, 도전정신과 열정을 지니고 있는 성취인이 되기 위해서는 다양한 기회를 통해서 틀에서 벗어나 새로운 경험과 가능성을 시험 할 수 있는 기회가 필요하다. 이런 과정이 바로 아르바이트나 인턴과정이다.

21세기는 이미 만들어진 틀을 쫓아가는 시대가 아니라, 새롭게 만들면서 지식문화사회를 창조해 나가야 하는 시대다. 또한 산업화 사회에서 선진국으로 도약하기 위한 단계에 있는 한국사회는 그 어느 때보다도 창조적이고 도전정신이 필요하며, 난관을 극복하기 위한 열정이 필요한 시기다. 도전과 창조성이 스스로를 변화시키고, 동시에 조직과 사회를 거듭나게 만들어야 한다. 창조력과 도전정신을 가지고, 미래의 불확실성과 급속한 변화를 극복하여야 한다. 오히려 변화를 기회로 여기고, 즐기면서 도전과 창조의 능력을 배양할 때 명실상부한 지식문화사회가 도래할 것이며, 미래 지향적 성취인이 될 것이다.

Profile

고려대학교 사학과를 졸업하고, 동 대학원에서 석사 및 박사학위를 받았다. 고려대학교 사범대학교 역사교육과 겸임교수를 거쳐, 현재 강남대학교 교양교수부에 재직하고 있다. 주 연구 분야는 중국근현대 경제사로 화북농촌 및 근대무역, 공업발전의 상호 관계에 관한 것이다. 『東アジア經濟史硏究』, 『근대 중국 대외무역을 통해 본 동아시아』, 『화북농촌경제연구』 등 다수의 저서와 논문이 있다.

제4장

나의 꿈 나의 삶

청춘이여, 헛된 매춘이여

김승희
서강대학교 국어국문학과 교수

몽환에 가득 찬 좌절과 변화 혹은 자기 혁명의 계절

그렇다. 나는 의미를 찾아서 발광했다. 의미에 미쳐서, 오직 의미 하나만을 찾아서 신촌 언덕과 명동 골목을 뚫고 조용히 홀로 미쳐 가고 있었다.

의미에 미쳐 보지 않은 젊음이 있으랴. 의미에 헛되이 몸을 팔아 보지 않은 젊음이 있으랴. 젊음이란, 그렇다, 하나의 의미를 거머쥐기 위한 헛된 매춘. 어허, 그토록 비애롭고도 감미로운 하나의 허황한 매춘이었던 것이다.

그렇게 겨울이 가고 봄이 와서 나는 스무 살 대학 2학년이 되었다. 그 당시 영문학과 과장이었던, 지금은 타계하신 브루닉 신부님께서 2학년이 된 첫 시간에 말한 것이 생각난다.

"2학년은 Sophomore라고 부릅니다. Sophomore라는 말은 Sophist라는 말, 혹은 Sophisticated라는 말과 같은 어원에서 나온 말로서 좀 골치 아프고 마음이 복잡한 학년이라는 뜻이지요. 그래서 내가 보기엔 2학년 땐 휴학 혹은 자퇴하는 사람도 많고 군 입대에 나가는 남학생들도 가장 많고 또한 학업을 중도 포기하거나 타 학과로 옮기거나 자기 좌절 · 자기 변동을 겪는 사람이 가장 많습니다. Sophomore란 자기 좌절의 시기, 혹은 자기 혁명의 시기, 둘 중 어느 것 하나를 의미하게 됩니다. 하늘 위의 별에 좀 더 가까워지느냐 아니면 두 팔을 내려뜨리고 마느냐, 어느 것 하나를 결정하게 되는 때입니다. 여러분의 슬기와 젊음이 그것을 현명하게 극복하길 바랍니다."

나는 끝까지 신부님의 선량함으로만 뭉친 파란 눈동자를 피하며 영한사전을 뒤적여 보고 있었다.

Sophomore: 2학년생

Sophomoric: 2학년생다운, 어중된 지식을 휘두르는, 아는 체하나 미숙하여 건방진.

Sophisticated: 궤변을 부리는, 견강부회의, 불순한, 순진하지 않은, 굴러먹은, 복잡 미묘한, 고도로 세련된 혹은 약아빠진.

브루닉 신부님의 예언이 적중했던지 나의 2학년은 약간 굴러먹은 것처럼 건방지고, 오만하지만 미숙하고, 어떤 날카로운 두뇌도 감당하지 못하리만큼 궤변적이고도 비현실적인 몽환으로 가득 차서 술렁술렁 흘러가고 있었다. 나는 너무나 몽환에 가득 차 있었기에 그야말로 문자 그대로 이방의 사람이었고 이웃이나 친구들 또한 나에겐 이방인이었다. 아니 현실에 적응력이 뛰어나고 친구들과 대화가 가능하고 선후배로부터 촉망을 받는 모든 사람들은 나에겐 ET와도 같은 우주인들처럼 보일 수밖에 없었다.

대화, 그 대화라는 것이 나에게는 언제나 내 살을 찌르는 아픔과도 같은 것이었는데 나는 도무지 대화라고는 할 줄 모르는 대화불능의 인간이었다. 몽환의 고막으로 도배된 환각의 벽창호 혹은 마야의 고막을 가진 미망의 벽창호 같은 존재로서 나는 똑똑하고도 상식적인 사람들 속에 고립되어 있었다. 무척 고독했지만 그러나 나에겐 어느 누구도 무너뜨릴 수 없는 긍지와 자부심이 있었다.

하루면 잊힐 우주의 거품 같은 현실의 고리대금업자

나는 하루살이로서는 살고 싶지 않았다. 하루면 잊힐 우주의 거품과도 같은 삶. 학점에 연연하고 자기들과 똑같이 상식적이고 똑같이 '현실의 고리대금업' 비슷한 범속한 욕망에만 머물러 있는 사람들로부터 사랑받고……, 그리고 또 무엇이 있던가……? 같이 밥을 먹고 술잔을 부딪치며 같이 싸돌아다닌다 한들 그것이 무언인가? 그것은 집단자살이 아니냐? 집단 전염병적인 행복이나 안도감, 만족감 따위는 나에게 흥미가 없었다. "나는, 아니야. 결코 나만은 아니야. 나는 할 일이 많은 사람이야. 나는 우선 나 자신이 되어야 하고 그리고 또 무슨 불멸의 일을 해야 하고 어딘가 어딘가로 가야 돼. 나는 결코 아니야, 나는 천재로 대관된 어떤 세계를 건설해야 한다……."

그러기에 나는 주변의 친구들과 차 한 잔도 정상적으로 마실 수 없었고, 물론 나를 정상적으로 촉망하는 선후배 한 사람도 없었다. 그것은 차라리 당연하지 않겠는가? 그들에겐 나야말로 정체 모를 우주인 ET에 가까웠을 것이다. 그리하여 나는 신촌 로터리에 있는 왕자다방에서 가서 〈솔리테어Solitaire〉라든가 〈댕글링 컨버세이션Dangling Conversation〉 같은 노래만 애청했다.

다방 아가씨의 눈총을 피하느라 구석진 자리에 몸을 숨기고 내가 가장 좋아하는 노래가 나올 때까지 기다리고 기다렸다. 내가 가장 좋아했던 그 노래들은 당시의 내 혼의 기상도를 그려 준다고 하겠다. 그것은 캔사스의 〈바람 속의 먼지Dust in the wind〉와 잭 존스의 〈이룰 수 없는 꿈Impossible Dream〉이란 노래였다.

〈바람 속의 먼지〉는 마치 불교의 교리와 흡사한 가사를 가지고 있었다. "……모든 것은 바람에 날리는 티끌이네. 똑같은 옛 노래 끝없는 바닷속에 작은 물방울 하나, 우리의 모든 행위는 우리가 원치 않는다 하더라도 흙으로 사라지고 만다네. 집착하지 마오. 하늘과 땅밖에는 아무것도 영원하지 못하리. 그대가 가진 것 모두 털어도 단 1분을 살지 못한다네. 우리의 존재는 먼지와 같은 것. 모든 것이 바람 속의 티끌이라오……."

허무하고 감미로운 그 노래를 듣고 있노라면 마치 이집트의 어떤 폐허, 어떤 유적지의 하얀 잔해 위에 앉아 오직 땅과 하늘과 우주만을 바라보고 있는 한 여자 철학자의 영상이 떠올랐다.

그녀는 먼지로 더러웠으며 누더기 같은 머리칼에 진한 가죽 냄새를 풍기면서 보라색 형광 빛이 흐르는 넋의 갈기를 무한을 향해 박쥐처럼 펄럭이고 있는 것 같았다. 그녀는 움직일 수 없을 만큼 야위어 기진했으며 그러나 지옥처럼 불타는 넋의 환희로 화염처럼 행복해 보였고 자유의 비애로움을 가지고 우주의 먼지들을 몹시 사랑하고 있는 듯이 보였다. 그것은 모든 의미의 무상함을 내려다보고 있는 나 자신의 영상이었다.

우리는 먼지다. 티끌이다. 너무나 가볍기 때문에 더럽지도 않고 순결하게 무지한 백치의 먼지들. 아아, 얼마나 행복한가, 내가 먼지라는 사실은. 우리 모두가 먼지라는 사실은. 오오, 얼마나 편안한가. 멍청이처럼.

그 여자의 영상은 어떤 미개의 꽃 한 송이처럼 나를 매혹시켰다. 그리하여 그 노래를 들으면 나는 무를 찾아가는 구도자처럼 허허로움을 느낄 수 있어 좋았다.

내 끝없는 고통은 청춘의 제단 앞에서 차라리 하나의 샤머니즘

N이여, 반야꽃이란 어쩌면 먼지가 잔뜩 묻고 오래오래 태고처럼 시들어 버린 어느 종이꽃 같은 게 아

닐까요. 오직 무와 화장터의 먼지만을 잉태하고 있는 상여꽃 같은 게 아닐까요. 나의 N이여, 나는 말하고 싶습니다. 젊음이란 한낱 광증 같은 것입니다. 헛된 매춘 같은 것입니다. 그리하여 나는 의미들을 찾아 미친 듯이 배회합니다. 세상의 모든 책과 음악에 간음합니다. 오, 그러나…… 그러는 동안 나는 사생아와도 같은 거친 무無를 잉태하게 되었습니다. 그리고 참을 수 없는 무의 만삭이 되었습니다. 나의 N이여, 말해주소서, 반야꽃이란 먼지 묻은 상여꽃이라고, 우주의 먼지로 뭉친 회색 곰팡이꽃 같은 것이라고. 그리고 고개를 끄덕이면서 이제 나를 사면해 주소서…….

나는 다방의 흰 벽에 떠오른 N의 눈빛 때문에 온몸이 할퀴어지는 듯했다. 노래에 젖은 안도와 편안감도 잠시뿐이었고 내 몸속에선 의미를 찾으려는 할큄이 언제나 지칠 줄 모르고 시작되는 것이었다.

누가 말했던가. 시인이란 의미라는 천사와 싸우는 무의 악마라고. 그런 나의 모습을 N은 아주 냉엄하고도 가소로운 눈빛으로 한없이 피할 수 없도록 바라보고 있는 것이다. 그 아름다운 눈빛은 말하는 듯했다.

"벌써 우주의 먼지가 되려고 하느냐. 벌써 무상을 터득하려고 하느냐. 팝송가수의 노래 하나로 벌써 도에 만취하려고 하느냐. 벌써 해탈하겠다는 것이냐? 그건 흉내야. 시인이란–내가 분명히 말하지만–결코 해탈해서는 안 될 족속들이라는 것을. 해탈하는 순간, 시가 있겠느냐, 문학이 있겠느냐, 너는 아직도 더 의미라는 천사와 싸워야 해. 해탈이란 주인공 없는 시와 같은 거야. 너는 철저하게 너

자신을 자신의 에고의 주인공으로서 더욱 발견해야만 하는데 벌써 무상의 도에 취했다고? 죽지 마, 죽어서는 안 돼, 내가 너를 사랑한다고 아직 말하지도 않았는데……."

항상, 결코, 마지막으로 내적 토론적 결론을 맺는 것은 N이었다. N은……현실적으로는 나에게 마치 초혼된 넋과 같이 공허하고도 허황된 존재였으나 정신적으로는 나의 모든 것이 가장 직접적인 연관을 맺고 있는 하늘 아래 단 하나의 사람이었다. 나는 부처 앞의 제단에 향불을 피우는 신도들처럼 그의 제단 앞에 나의 고통을 쌓아 바쳤다.

고백록처럼 아름다운 청춘의 제단 앞에서 나의 끝없는 고통은 차라리 하나의 샤머니즘이었다. 아시아적인 아폴론과도 같은 N의 지성과 학문은 어느 사이엔지 내 것의 불문의 헌법처럼 되어 가고 있었고 어느덧 나의 일상생활은 하나하나가 그로부터 천상재판을 받아야만 의미가 있는 듯이 느껴지고 있었다. 나는 누더기가 될 때까지 그의 글들을 가방 속에 넣고 다녔다. 조각글까지도, 거기엔 이런 말도 있었다. 절망한다는 것은 시인의 위대하고도 고결한 의무이기 때문에.

Profile

서강대학교 영어영문학과를 졸업하고, 동 대학원 국어국문학과에서 석사 및 박사학위를 받았다. 현재 서강대학교 국어국문학과 교수로 재직하고 있다. 1973년 『경향신문』 신춘문예 시 부문에, 1994년 『동아일보』 신춘문예 단편소설 부문에 당선되었다. 작품집으로 『태양미사』, 『왼손을 위한 협주곡』, 『미완성을 위한 연가』, 『냄비는 둥둥』, 『산타페로 가는 사람』, 『33세의 팡세』 등이 있다. 1991년 소월시문학상, 2006년 '올해의 예술상' 을 수상했다.

공모전 당선이 지렛대가 되어

김현태
비타민커뮤니케이션즈 크리에이티브디렉터

첫 경쟁에서 고배를 마시고

미대에 진학하기 위해서 고등학교 1학년 때부터 미술학원을 다녔다. 학교에서는 미술반 활동을 열심히 했고, 전문계고등학교 디자인과이므로 실기에 전념할 시간이 많았기 때문에 누구보다도 그림에 자신이 있었다. 지금 생각해 보니 그때부터 상에 대한 욕심이 많았던 것 같다. 미술 실기대회에 자주 참가했고 상도 많이 탔다. 자연스럽게 나의 목표는 홍익대 산업도안과로 정해졌다.

그 당시 예체능 입시는 실기시험 50%, 내신 성적 30%, 학력고사(지금의 수능) 20%의 홍익대류(실기비중이 높음)와 실기시험 40%, 내신 성적 30%, 학력고사 30%의 서울대류의 입시전형으로 나뉘어져 있었다. 내신은 일반계고등학교 학생들에 비해 월등히 좋았고, 학력고사 성적이 평균에 비해 조금 낮기는 했지만 나는 자신 있게 홍익대 산업도안과에 응시했다. 경쟁률은 약 7:1, 결과는 불합격이었다. 이 실패를 스스로 받아들이기 힘들었고, 부모님께 죄송한 마음뿐이었다. 3년 동안 비싼 화실비를 내주시는 대신 재수는 안 하기로 이미 부모님과 약속했던 터라 더욱 혼란스러웠다. 미술학원 원장님은 재수를 권했고, 집에서는 후기대 시험을 보라고 했다. 미대로서 나름 명문인 국민대, 중앙대, 한양대에도 관심이 없었는데 후기대라니……. 더군다나 서울 소재 후기대학에는 시각디자인과가 있는 곳이 몇 군데 없었다. '누구 아들 어디 대학 갔대!' 라는 주위의 반응을 많이 의식하고 있었기에 심리적으로 더욱 위축되었다. 결국 부모님의 뜻에 따라 천안에 있는 호서대 응용미술학과에 원서를 냈다. 후기 또한 경쟁률은 12:1을 넘었다. 실기시험 때까지 시간이 많았지만 허탈한 마음에 열심히 준비하지는 못했다. 그러나 시험결과는 예술대학 수석입학과 1년 장학금 면제! 부모님께서 무척 기뻐하셨고 그렇게 나의 대학생활은 시작되었다. 천안 하면 생각나는 것이 호두과자밖에 없었던 내가 고속버스를 타고 천안으로 학교를 다니니 처음에는 기가 막혔다. 학교의 네임밸류에 대한 스트레스가 심했다. 그렇게 겉돌면서 한 학기를 보냈다.

그래픽 디자이너를 공부하다

호서대학교 응용미술학과는 내가 3회 입학이라 4학년 선배가 없었다. 또한 재학 중에 군대를 가는 경우가 많아서 3학년마저도 남자는 3명밖에 없었다. 2학기가 시작되면서 학과 게시판에 공모전 수상소식들이 붙었다. 3학년 선배가 작업한 포스터가 수상을 한 것이다. 나는 여기에 관심을 갖게 되었고, 조교를 하던 그 3학년 선배와 친해졌다. 선배의 작업을 도우면서 공모전에 대한 이야기를 듣고 작업과정에 흥미를 느끼게 되었다. 하지만 1학년이라 작업할 능력이 부족했고, 다만 우리나라 디자인 단체들의 회원전 작품집과 공모전 도록들을 보면서 작가와 작품을 분석하는 일에 재미를 붙였다. 한국시각디자인협회KSVD회보, 한국그래픽디자인협회KOGDA 회원전 도록, 홍익시각디자이너협회 도록, 대한산업미술가협회 도록 등 거의 모든 도록을 보고 연구했다. 특히, 지금은 없어진 KSVD 회보와 월간디자인 잡지는 많은 정보와 함께 나에게 그래픽 디자이너에 대한 동경을 갖도록 만들었다. 회원전에 참여하고 싶어서 대학을 졸업하자마자 가장 먼저 KOGDA에 가입했을 정도니까. 참고로 지금까지 한국시각정보디자인협회VIDAK에 가입하여 활동하고 있다. 그러나 내 작품을 포함하여 대부분의 회원전 작품들이 예전의 아날로그 시절보다도 성의가 부족하다고 생각이 들 때가 많다. 작업여건이 예전보다 훨씬 좋아졌음에도 불구하고 말이다. 한번쯤 생각하고 반성해 볼 문제다. 아무튼 디자이너에 대한 공부가 내게 준 의미는 매우 컸다. 가치관과 목표의식을 가져다주었고, 작업에 대한 열정을 심어 주었다.

광고 공모전에 눈을 뜨다

2학년 때 광고디자인을 가르칠 새로운 교수님이 오셨다. 지방대학이라는 자격지심을 가지고 있는 우리에게 광고 공모전이라는 것이 있다는 것과 광고를 어떻게 해야 하고 어디서부터 출발해야 하는지, 공모전 준비는 어떻게 해야 하는지를 자세하게 설명해 주셨다. 공모전에서 수상을 많이 하면 자신감뿐만 아니라 좋은 경력이 되어 취업에도 큰 도움이 된다고 말씀하셨다. 그것은 지방대학이라는 컴플렉스를 극복하기에 충분한 무기였다. 나는 그때부터 공모전에 올인하고자 마음을 먹었다.

광고는 포스터작업과는 또 다른 맛이 있었다. 몇 명이 팀을 이루어 공동으로 아이디어를 발전시키고 브레인스토밍을 통해 새로운 Creative를 발휘하는 재미가 새로웠다. 대홍기획 DCA 대학생 광고대상이 나에게는 첫 번째 광고 공모전이었다. 여름 내내 모기에 물려가면서 강의실에서 선후배 팀원들과 동고동락했던 기억이 생생하다. 결과는 입상. 많이 힘들었지만 묘한 매력에 도취되어 가고 있었다.

하나의 공모전이 끝나면 서울로 가서 다음 공모전 요강을 받아와 팀을 짜고 밤을 새워 준비하며 그런 과정 속에서 나만의 인프라를 빠르게 구축해 갔다. 광고 공모전이 없을 때는 디자인 공모전 준비를 했다. 남보다 1년 빠르게 포스터작업을 했다. 포스터 또한 남다른 매력이 있는 작업이었다. 판넬을 배접하고, 노루풀에 노루지 바르고(고등학교 3년간 배접과 노루풀 작업을 많이 했던 터라 나름 일가견이 있었다.), 에어브러쉬에 실크스크린 등 스케일이 큰 작업 또한 흥미로웠다. 산업디자인전, 산업미술가협회 공모전, 일러스트레이션전 등 공모전 준비를 하며 대학생활에 활기를 찾기 시작했다. 통학할 때 1시간여 정도 고속버스 안에서의 시간도 아이디어 개발에 쓰니 소중한 시간으로 느껴졌다.

당시 광고 공모전의 으뜸은 누가 뭐래도 조선일보 광고대상이었다. 마감 며칠 전부터는 충무로가 말 그대로 난리가 났다. 스튜디오, 제판집 가릴 것 없이 기성인에서 학생까지 공모전 준비하는 사람들로 넘쳐났다. 흑백제판의 메카 삼일제판에서 처음 제판을 접했다. 이곳은 당시 우리나라 광고의 현 주소였던 곳이다(예전 신문광고는 흑백광고로만 제작됐다.). 접수 마지막 날에는 그곳에서 제일기획, 코래드, 대홍기획 등 기성인들의 작품도 많이 볼 수 있었다. 결국 그중에서 대상 작품도 나오곤 했는데 참 흥미로운 광경이었다. 지금의 인터넷 문화에서는 만끽할 수 없는 풍경 중 하나였다. 그런 분위기에 동참하고 있다는 것만으로도 마냥 즐거웠던 때였다.

겨울방학 동안 준비한 제일기획 대학생 광고대상에서 우수상을 수상하고 휴학 후 군대를 갔다. 재미있는 것은 군대에 가서도 3개의 공모전에서 수상을 했다는 것이다. 입대 후 한동안은 불가능했지만 일병 때부터 부대에서 틈틈이 준비하고 휴가와 외박을 이용해서 출품했다. 그렇게 할 필요까지는 없었는데, 아마도 공모전에 미쳐 있었기 때문에 가능한 일이었다고 생각된다.

광고로 전국을 평정하다

제대를 하고 교수님 연구실에서 연구생으로 일했다. 한 달에 반 이상은 학교에서 잠을 잤고, 3학년이 되면서 더욱더 공모전에 매진하였다. 제일기획 광고대상에서 우수상과 Copy상, 대홍 DCA 광고대상에서 우수상과 장려상, 진로 광고대상에서 우수상, LGAD 광고대상에서 장려상, 산업미술가협회 공모전에서 은상과 특선, 조선일보 광고대상 부문상 등 때로는 한 대회에서 상을 2개씩 타기도 했다.

어떤 아이디어로 접근했을 때 주목을 받을 수 있는지에 눈을 뜨게 되었다. 그것은 단지 테크닉의 문제가 아니었다. 브레인스토밍뿐만 아니라 신문기사를 꼼꼼히 챙겨 읽고, 서울에 오면 교보문고에 들러 상식책을 보고, 황학동 벼룩시장에서 독특한 소품을 미리 사두었다. 좋은 아이디어는 생활 속에 있고, 그 속에서 잠자고 있는 요소들을 적절하게 적용시킬 때 좋은 광고가 된다는 것을 깨달았기 때문이다. 어떻게 보면 광고이론의 기본적인 것인데, 우리는 그것을 교수님으로부터 생생하게 배웠고 실천에 옮겼다.

호서대학교 학생들은 광고를 잘한다. 상 타는 법을 안다는 말이 그냥 나온 말이 아니다. 공모전을 많이 할 때는 학과 내에서 30개 팀이 동시에 준비를 하곤 했다. 팀이 많고 서로가 경쟁을 하다 보니 팀 간의 좋은 아이디어는 남 모르게 숨길 때가 있다. 그런데 좋은 아이디어를 서로 공유하자는 취지에서 제출하러 가기 전날 밤 강의실에 선후배가 모두 모여서 간단한 다과와 함께 모든 작업물을 벽에 붙여 놓고 투표와 토론을 하는 시간을 가졌다. 거의 100여 점에 달하는 광고를 한 번에 볼 수 있는 기회가 되고, 그렇게 함으로써 좋은 광고를 보는 안목을 키울 수 있었다. 또한 작품을 제출하기 직전에는 영양보충이란 명목으로 교수님을 모시고 숯불삼겹살 파티를 하며 서로를 격려하기도 했다. 이밖에도 사진데이를 정해 광고촬영을 같이 진행하기도 하고, 사진인화도 공동으로 하는 등 호서대학교만의 광고 백배 즐기기 노하우가 있었다. 이런 것이 호서대학교가 광고 공모전에서 수상을 많이 하게 된 저력이라고 믿는다.

무엇보다 수상을 하는 횟수가 늘어나면서 자신감이라는 큰 장점을 얻게 되었다. 아무리 경쟁이 치열하고 과제 품목이 어렵다 하더라도 조금만 열심히 하면 수상할 수 있다는 생각의 변화가 가장 큰 성과였다. 광고에 대해서는 전국 최고의 학과를 만들자는 교수님과 학생들의 의지로 우리는 한 걸음 한 걸음 전진했다.

상엔 관심 있고 상금엔 관심 없다

1회 선배들이 한국통신 광고현상공모에서 상금 50만 원을 탔다. 학과에서 공동 작업을 하여 처음으로 받은 상금이었다. 선배들은 학과에 전액 기증을 했고, 후발 수상자들도 계속해서 기증하는 계기가 되었다. 이런 방식으로 상금 기증이란 전통이 생기면서 많은 액수를 모으게 되었고, 몇 년 후에는 모은 상금의 일부를 학교에 장학금으로 기부하기도 했다.

이것이 지금의 AD장학금으로 발전하였다. 당시 교수님께서 이런 말씀을 하셨다. "앞으로 후배들이 한 학년 정도는 전원 전액 장학금을 받고 학교를 다닐 수 있는 전통을 만들어 보자." 당시에는 시각디자인 전공자들이 한 학년 평균 20여 명 정도였고, 은행이자가 15%대의 고금리 시절이었으므로 불가능한 일만은 아니었다.

해가 갈수록 상금은 쌓여 갔고, 비록 가끔씩 불협화음이 들려오기도 했지만 다른 학교에는 없는 오직 호서대학교만의 광고전통으로 자리 잡게 되었다. 20년이 지난 지금도 후배들이 상금을 기증한다는 이야기를 들었다. 나 역시도 많은 상금을 기증했지만 결코 후회는 없다. 그때 상금에 욕심을 냈다면 아마도 많은 수상실적은 불가능했을지도 모른다. 하나, 둘 트로피 모으는 재미에 빠져 있는 것이 더 행복했고 상금은 내 것이 아니라고 생각할 때 더 마음 편하게 작업에 몰두할 수 있었다.

졸업 후 광고대행사인 대홍기획에 근무할 때도 수상 횟수는 늘었지만 그때도 역시 상금에 연연하지는 않았다. 주로 팀 비용으로 보관해 두었다가 팀 워크숍 경비로 사용하곤 했다. 예전의 대홍기획은 다른 대행사보다도 사람 사는 냄새가 진한 대행사라는 말을 들었다. 그래서인지 누군가 큰 상을 타면 그 상금으로 전 직원이 먹을 떡을 맞추어 다 같이 나누어 먹곤 했다. 떡 돌리며 생색내는 것 또한 공모전 수상이 주는 뿌듯함 중의 하나였다.

나의 키워드는 공모전 최다 수상

대학 3학년 때 공모전 싹쓸이 수상에 이어 4학년이 되어서도 공모전에 더욱더 박차를 가하였다. 공모전에 올인하며 보낸 대학생활이 너무나 빨리 지나갔다. 의대처럼 2년 더 공부했으면 하는 생각도 할 정도였으니까.

제일기획 대학생광고대상 수상을 필두로 우리 과 처음으로 대한민국산업디자인전에 포스터를 출품하여 수상하였다. 산업디자인전은 학생부문이 따로 없기에 일반인들과 경쟁하는 것이라서 그 의미가 더욱 컸다. 응용미술학과에 다니는 나로서는 광고디자인 전공이기는 했지만 누구보다도 그래픽 디자인을 중요하게 생각했다. 사실 호서대학교는 광고디자인에 지나치게 편중되어 있다는 주위의 평가에 일리가 있다. 어느 정도는 그래픽 파트와의 균형을 맞추어야 학과도 더 빠르게 발전할 수 있는데 말이다. 당시의 일본 그래픽 디자이너의 대부격인 가메쿠라 유사쿠가 이런 말을 했다. "그래픽 디자이너는 포스터에 동경하고 도취하며 때론 매너리즘에 빠지곤 한다. 이는 한 단계 전진할 수 있는 과정이다." 참으로 공감되는 말이다. 그래서 나는 지금까지도 포스터 디자인에 애착을 가지고 있다. 왜냐하면 포스터 디자인은 그래픽 디자이너에겐 교과서와 같기 때문이다.

대학 졸업반 때 주위에서 나에게 '지금까지 공모전에서 얼마나 많이 수상했어?' 라는 질문을 종종 했다. 이상한 질문이 아닌 이유는 그 당시에 '김현태=공모전 수상' 이란 공식이 있었고, 나 역시도 가끔 정말 많은 상을 탔구나 하는 생각이 들 정도였으니 말이다. 대학 때까지 총 38개의 상을 수상했다. 최다 수상이라는 정확한 근거자료는 없지만, 다른 학교에 계신 모 교수님께서 내가 전국 대학생들 중에 최다 수상자일 것이라는 칭찬을 해 주셨다. 선수는 선수를 알아본다고 시상식이나 브로슈어를 통해 자주 접하는 타 대학의 공모전 선수들이 있다. 조선대 아무개, 계명대 아무개, 경원대 아무개와 같은 이들의 공통점은 모두 지방대 학생들이었다. 이들에게도 공모전은 명문대를 뛰어넘을 수 있는 한 방법이었던 것이다. 그런 자신감이 서울대, 홍익대 등의 학생들과 겨루어도 실력에서 전혀 밀리지 않는다는 것을 일깨워 주었고, 궁극적으로 학교에 대한 컴플렉스를 프라이드로 바뀌게 했다.

제로베이스 스타트

당시 광고 전공 학생들에게 광고대행사 입사는 선망의 대상이었다. 그러나 대부분의 광고대행사들이 공채모집을 하지 않았기 때문에 취업의 문은 매우 좁았다. 다행히 몇 개의 대행사 크리에이티브 본부에는 인턴십 제도가 있었고, 공모전 수상 경력을 앞세워 인턴십 면접을 통과하고 난 후 두 번의 인턴기간을 통해 목표로 삼았던 대홍기획에 입사할 수 있었다. 대홍기획에서의 첫 사회생활은 제로베이스 스타트였다. 대학 2학년 때 팀을 구성하여 광고 공모전을 준비할 때에는 선배와 같이 작업을 했지만 그 후로는 거의 후배들과 작업을 했기에 본의 아니게 리더 역할을 많이 했다. 하지만 회사에서는 가장 막내였으므로 정신 없이 업무에만 열중해야 했다. 게다가 바로 위 디자이너 선배가 몸이 안 좋아 6개월 간 휴직한 상태여서 눈코 뜰 새 없는 첫해를 보냈다. 결국 1년 동안 공모전은 꿈도 꾸지 못했다. 이렇게 공모전에 대한 열정이 식어 가지는 않을까 하는 불안감도 있었지만 이듬해 새로운 목표를 세웠다. 10년 안에 대홍기획에서 가장 많은 상을 타자!

94년 봄에 대한민국산업디자인전에서 특선을 하였고, 그 해에 조선일보 광고대상에서도 본상을 탔다. 그리고 본상 수상은 계속 이어졌고, 마침내 31회 대한민국산업디자인전에서 기관장상과 34회 조선일보 광고대상에서 그렇게 바라던 대상을 수상하였다. 대한민국산업디자인전 수상 특전으로 5개월간 영국왕립미술대학RCA에 연수를 갈 수 있었다. 비록 짧은 기간이었지만 소중한 경험을 많이 할 수 있었다. 그리고 조선일보 광고대상 대상 수상으로 세계 최고의 광고제인 칸느페스티벌에 다녀왔다. 해외연수를 다녀오고 나서부터는 나름의 가치관이 바뀌었고 그 후로는 출품하지 않았다.

국내출품도 좋지만 포스터 작업은 해외 포스터 비엔날레나, 트리엔날레 위주로 도전하기로 하고 그때부터 정보를 모으고 준비를 했다. 그리고 나서 국제 컴페티션에서는 뉴욕 페스티벌, 피나클 어워드, 파리 포스터살롱, 바르샤바 포스터비엔날레 등에서 수상하게 되었다. 대홍기획 자체 제작물을 심사하여 연말에 시상하는 대홍 어워드에서도 다수의 상을 수상하기도 했다. 그로 인해 차장진급도 동기생들보다 1년 빨리할 수 있었다. 어느 정도 정해 놓은 목표를 이루었는데, 대한민국산업디자인전 대통령상의 목표는 이루지 못하고 결국 접게 되었다.

공모전은 나를 알리고 우리를 알리는 광고다

IMF 한파가 끝날 무렵 나의 삶에 또 다른 변화가 생기게 되었다. 잘 다니던 직장에 사표를 냈다. 시기가 시기인 만큼 남들은 잔뜩 몸 사리고 웅크릴 때인데 그것도 인정받고 한창 잘 나갈 때 사표를 낸다고 하니, 아내와 주위의 반대가 심했다. 그러나 일에 대한 에너지가 넘쳤고 그 에너지를 마음껏 펼치기 위해서는 변화가 필요했다. 제일기획과 연봉협상을 마치고 출근일까지 정했지만 개인적인 사정 때문에 고사하게 되었다.

결국 1개월 후에 대홍기획에서 같이 근무했던 몇 명의 Creator와 함께 당시의 기획사무실과는 조금 다른 형태의 Creative Agency를 설립하게 되었다. 주 업무는 광고회사들의 경쟁 프리젠테이션에 참여하여 Creative 전략과 키워드를 잡아 주는 일이었다. 몇 명 안 되는 작은 회사의 존재감을 알리는 방법으로 경쟁 PT에서의 좋은 승률 못지않게 공모전 수상도 자연스럽게 회사를 홍보하는 데 많은 역할을 했다. 조선일보 광고대상 본상 5개에 바르샤바 포스터

비엔날레 연속 수상, 그래피스 포스터 애뉴얼 2회 선정, 뉴욕 페스티벌 파이널리스트, 대한민국 광고대상 금상과 우수상 등 크고 작은 상들은 지금의 회사를 10년 넘게 이끌고 갈 수 있는 원동력이 되었다.

재미있는 짓을 하자

사실 요즘은 일 핑계로 공모전에 많이 소홀해진 것이 사실이다. 그리고 주위에서도 이제 그만 좀 하라고 눈치를 준다. 하지만 내게 늘 열정을 일깨워 주고 취미와 같은 것이 공모전이다. 어찌 보면 삶에서 목표성취의 한 방법이었고, 그 방법을 즐기면서 매진했기에 많은 것을 얻을 수 있었다고 생각한다. 언제까지 더 할지는 모르겠지만 흥미를 느끼는 한 멈추지 않을 것이다. 그리고 공모전이 아니더라도 이와 비슷한 다른 목표를 정하고 도전하며 살고 싶다. 나와 대부분의 사람들은 오늘도 경쟁을 하며 살아가고 있다. 학교에서도, 직장에서도, 친구 간에도……. 그런 경쟁을 억지가 아니라 즐기며 하는 것이 행복한 삶인 것 같다.

그동안의 많은 수상 뒤에는 보이지 않는 좌절도 있었고, 슬럼프는 물론 낙선에 대한 후유증도 남들보다 컸다고 생각한다. 하지만 그것마저도 즐기고 있다는 생각으로 다음을 준비하고 다시 도전하는 것이 나의 본모습일 것이다. 이 글을 쓰면서 지난날을 되돌아보았지만 정말 후회 없이 한 가지에 몰두했던 것 같다. 그리고 지금은 하고 싶은 것 없이 생활한다는 생각이 든다. 올해도 거의 막바지에 이르렀다. 2010년에는 재미있는 짓을 하며 미치도록 살아봐야 하지 않을까? 가슴 설레면서 말이다.

Profile

호서대학교, 홍익대학교 산업미술대학원을 졸업하였으며, 현재 비타민커뮤니케이션즈 크리에이티브디렉터로 근무하고 있다. 한국일보 광고대상 은상(1992), 조선일보 광고대상 대상(1997), 대한민국 광고대상 금상(2006), 파리 국제 포스터살롱 선정(1998), 바르샤바 국제 포스터 비엔날레 선정 4점(2000, 2002, 2006), 뉴욕 페스티벌 파이널리스트(1999, 2005), 대한민국 산업디자인전 기관장상(1996), Design Year Book Creatio 선정(2009) 등 공모전에서 총 84회 수상했다.

나는 사람이 적게 간 길을 택하였다고

김동언
강남대학교 국어국문학과 교수

주변인과 개척 정신

나의 대학시절 총장이셨던 이한빈 박사는 가끔씩 전체 학생을 상대로 특강을 하셨다. 내가 다녔던 대학교는 서양인 선교사가 세운 학교라 일주일에 두 번 예배를 보게 되는데, 이 예배의 설교 시간을 활용해 우리에게 하고 싶은 메시지를 주시곤 했었다. 예배가 끝나면 잔디밭에 앉아 학생들과 담소를 나누고, 언제나 적극적으로 학생들에게 희망을 주시려 했다. 당시 총장님은 오른손을 힘차게 들어 올리며 '마지널 맨marginal man, 주변인, 경계인' 이라고 목소리를 높이시던 모습이 인상적이었다. 총장님께서 '마지널 맨' 을 왜 그리 강조하셨는지를 이해한 것은 대학을 졸업하고도 한참이 지난 뒤였다.

1970년대 총장님의 화두는 '창조' '개척' 과 같은 '새로움' 이었으며, 그를 위해서는 '주변인' 의 분발적 사고가 필요하다는 생각을 하지 않았나 싶다. 1973년 총장님께서 저술한 『창조와 개척』(삼화출판사)에서 대부분의 성공적인 쇄신은 신분이 낮은 층에서 나온 야심적인 개인들에 의하여 이루어졌다는 '주변인 이론'에 기대어, 주변인 중에서 남보다 먼저 새로운 아이디어와 방법을 추구하는 사람이 나올 가능성이 높다고 주장했다. 이러한 주변인이 비교적 자유롭게 성공할 수 있는 사회가 되어야 근대화되고 발전된다는 것이다.

총장님의 '마지널 맨'은 서울에 있는 큰 대학이 아닌 지방에 있는 한 작은 대학의 학생들에게 희망을 담은 독려의 메시지였던 셈이다. 한 사회의 주류는 이미 가지고 있는 권한을 독점적으로 행사하면서 새로운 변화에 나서려 하지 않는 경향이 있지만, 비주류는 더 이상 잃을 것이 없기에 권한을 쟁취하기 위해서 국면 전환의 창조적 발상을 해야 하며, 그렇게 할 때 역사 발전에 기여하게 된다는 당부였던 셈이다.

'마지널 맨'의 사전적 의미는 "둘 이상의 이질적인 사회나 집단에 동시에 속하여 양쪽의 영향을 함께 받으면서도, 그 어느 쪽에도 완전하게 속하지 아니하는 사람"으로 풀이되고 있다. 이러한 해석은 양면성을 가질 수 있다. 즉, 어느 한 주류에 속해 있지 않은, 어떻게 보면 어정쩡한 별 볼일 없는 사람으로 볼 수도 있을 것이고, 양 주류 사회의 문화를 모두 이해하는 여유 있는 사람, 좀 더 창조적인 발상이 가능한 사람으로 볼 수도 있을 것이다.

경계인이라는 이름으로 유명해졌던 재독 사회학자 송두율 교수는 기존 학문 영역의 경계를 넘어 새로운 분야를 개척하거나, 아니면 여러 문화의 접촉을 통해서 새로운 문화나 예술의 영역을 찾아가는 것도 경계인의 개념으로 해석하였는데, 이것은 '주변인' 이 단순히 변두리에 있는 사람, 사회의 비주류라는 차원을 넘어 새로운 발전을 꾀하는 원동력이 될 수 있음을 시사하고 있는 것이다.

대세를 거스르고

나는 산골에서 태어났다. 사방이 산으로 가려져 비행기만 볼 수 있는 보잘것없는 산골 마을이지만, 그곳에서의 어린 시절은 한없이 행복하고 즐거웠다. 마을을 흐르는 수려한 주천강과 그 주변 풍광은 나를 품는 그릇이었고, 뒷동산과 작은 마을 안길은 내 놀이터였다. 동네는 일가친척이 주류를 이루고 있는 데다, 초등학교에는 이모부나 삼촌이 선생님으로 근무하고 있었으니 아쉬울 것이 없는 주류의 삶이었다.

문제는 다음이었다. 더 배우기 위해서는 큰 곳으로 유학을 떠나야 했다. 그리하여 중학교는 읍邑 소재지로, 고등학교는 시市 소재지로, 대학은 도청 소재지로, 대학원은 서울로, 그야말로 계단을 하나씩 오르듯 옮겨 다녔다. 학교를 메뚜기처럼 이리저리 옮겨 다니는 생활에 익숙해지면서, 친구 만들기는 언제나 무에서 유를 창조해야 하는 입장이 되었다. 고등학교는 고등학교 소재지의 중학교 출신들이 주류를 이루기에 그들끼리는 이미 친구였지만, 나는 새롭게 접근해야만 했다. 아마도 각개 약진을 하며 학창 생활을 보냈다는 표현이 맞을 것이다. 이러한 학창 생활은 나를 주류로부터 멀어지도록 안

내하였다.

대학을 가기 위해서 대학입학 예비고사를 치러야 했다. 당시 예비고사는 지금의 수능과 비슷한 것이기는 하지만, 자격고사 성격을 가지고 있었다. 1969년부터 시작된 예비고사는 일정 점수 이상을 받아 합격해야만 대학 본고사 시험을 칠 수 있는 자격을 준 제도였다. 1972년부터는 지역별 점수 커트라인이 있어, 해당 지역의 점수를 넘겨야 해당 지역 대학의 본고사에 응시할 수 있었다. 당시에는 제1지망은 서울로 하고 제2지망은 자기 고향으로 하는 사람이 대부분이었다.

나는 모두 몰려가는 서울이 싫었다. 사범대학을 진학하고 싶었던 나는 꽤 알려진 사범대학이 있는 지역을 1지망으로 하고 고향을 2지망으로 신청하였다. 지금 와서 생각하면 이것은 무모한 행동이었다. 서울에는 한 번 떨어져도 갈 수 있는 대학이 많았지만, 내가 신청한 지역들은 지망한 대학에 떨어지고 나면 마땅히 갈 만한 곳이 없었다. 당시는 지금과 달리 대학이 그리 많지 않았다. 현실을 무시한 채, 대세를 거스른 결과는 불합격으로 결론지어지면서 시련을 만나게 되었다.

실험대학의 축복

1973년부터 문교부는 대학 교육 개혁을 실험적으로 추진해 나간다는 취지에서 '실험대학' 을 실시하였다. '실험대학' 은 일부 대학에서 시범적으로 시행한 후 전 대학으로 확대하겠다는 것으로, 졸업 이수학점 감축, 신입생 계열별 모집, 부전공제와 복수전공제 채택 등을 골자로 했다. 1973년에 10개 대학이 실험대학에 선정되었는데, 내가 입학한 대학도 당시 이 제도를 시행하고 있었다.

실험대학은 그야말로 실험하다가 끝난 제도가 되었다. 계열별 모집은 학과별 장벽을 없앤다는 긍정적인 측면에도 불구하고 학생지도의 어려움과 인기학과로의 집중을 야기해 결국 학과별 모집으로 되돌아갔다. 2000년대에 유행했던 지금의 학부제가 학과제로 전환되는 최근 추세와 같은 논리였던 셈이다.

실험대학은 나에게는 선물이었다. 특별히 기존의 학과별 정원제를 지양하고 계열별 정원제를 택하여 2학년 진급 시에 학생의 자유의사에 따라 전공을 정하게 한 것이 결국 내 인생의 방향을 결정지어 주었기 때문이다. 뿐만 아니라, 부전공이나 복수전공제를 허용함으로써 인접하는 학과의 공부를 할 수 있는 길을 열어 놓은 것도 큰 혜택 중 하나였다.

적성이 언어에 맞았기 때문에 영문과, 국문과, 일문과 등이 있는 어문계열에 입학하였다. 예나 지금이나 어문계열의 최고 인기학과는 영문학과였기 때문에 영문과 전공을 고려하기도 했으나, 끝내 국문과의 길을 택하였다. 당시는 학과의 정원을 두지 않았기 때문에 원하는 대로 전공을 정할 수 있었다. 90명 정원 중에 영문과에 간 학생이 70명 가까이 되었던 것 같다.

국문과를 택한 이유는 두 가지였다. 하나는 모두 몰려가는 영문과에 묻혀 가는 것이 마음에 들지 않았다는 점이다. 예의 무모한 거스름의 병이 도진 것이다. 둘은 영어로는 내 마음대로 공부하기도 어려울 뿐 아니라, 미국인과 경쟁해서 이기기도 어렵다는 생각이었다.

국문과를 전공으로 정하고 나니, 다음은 무엇을 공부할 것인가가 문제였다. 예나 지금이나 국문과 하면 떠오르는 것은 시, 소설 같은 작품을 쓰거나 평론하는 것이다. 실제로 국문과 전공자의 대부분은 이러한 내용을 공부하고 싶어 한다. 국문과에 입학하는 상당수의 학생들이 이러한 성향을 가지고 있기 때문일지도 모른다. 나는 이들 공부가 적성에 맞지 않았다. 창작에 능력이 있는 것 같지도 않고, 남들이 다하고 싶어 하는 문학과는 다른 무엇을 하고 싶었다. 돌이켜 보면, 비주류의 세상으로 나를 자꾸 끌어들이는 어떤 힘이 작용하는 것만 같았다.

국어사전과 국어학

고민을 거듭하던 어느 날 '국어사전'을 만나게 되었다. 문학청년이었던 조성권 씨는, 후에 그는 금융계로 나아가 다른 길을 걸었지만, 내 고민을 듣고 나서 '국어사전'도 국문과에서 공부할 과제가 아니냐고 되물었다. 그 순간 일종의 전율을 느꼈다. 국어를 정리하고 연구하는 것도 한 번 해 볼 만한 일이라는 생각이 들었다. 그 길로 서점으로 달려가 이희승 선생의 『국어대사전』(1961, 민중서관)을 구입했던 기억이 아직도 선연하다.

국어사전은 이렇게 해서 나를 국어학이라는 학문의 세계로 이끌었다. 당시나 지금이나 국어학에 관심을 갖는 학생은 한 학년에 한두 명 나올까 할 정도로 적었다. 국어사전 때문에 국어학을 마음에 두었지만, 대학의 어디에서도 국어사전에 대한 강의는 들을 수 없었다. 음운론, 문법론, 국어사 등 이론적 과목만이 기다리고 있었다. 특히, 미국에서 영어학을 공부하고 막 귀국한 영문과 김충배 교수님(후에 한국영어영문학회장을 지냄)의 변형문법에 대한 강의에 함몰되면서 국어사전은 기억의 저편으로 사라져 버리고 말았다. 이론 중심의 순수 국어학이 학계의 중심이었던 당시 풍토에서 이는 어쩔 수 없는 과정이었다. 응용학문의 성격인 국어사전 같은 실용적이고 구체적인 것은 관심도 없었으니, 그에 관련된 강의를 찾아보기 어려운 것은 당연하였다.

뇌리에서 잊혔던 국어사전은 1980년대 중반 학술원 부설의 국어연구소에서 표준어 사정 작업을 하면서 새롭게 다가왔다. 많은 국어사전을 접하면서 국어사전이 수록 어휘에서뿐 아니라, 정밀한 뜻풀이나 풍부한 용례 모두에서 부족하다는 것을 절감했다. 처음 국어학으로 전공을 정하면서 막연히 만났던 '국어사전'을 구체적이고 진지하게 성찰하는 시간이었다. 이것이 인연이 되어 후에 『표준국어대사전』(국립국어원, 1998)이나 『한국어대사전』(고려대 민족문화연구원, 2009)의 집필에 관여하기도 하였다. 끝내는 『국어비속어사전』(프리미엄북스, 1998)을 직접 편찬 · 발간하게 되면서, 국어사전이 내 연구의 한 중심축이 되었다.

가지 않은 길

노벨상 수상작가 파울로 코엘료는 자기 집과 이웃집 사이에 있는 나무 때문에 분쟁을 겪게 된다. 그 나무는 코엘료의 터에 있지만 이웃집 지붕으로 낙엽을 떨어뜨린다는 이유로 이웃집 농부의 불만을 사게 된다. 코엘료는 나무를 베는 것이 싫어, 농부에게 땅을 팔고 도시로 이주하는 것이 어떻겠느냐는 제안을 한다. 농부는 땅을 팔 수 없으며, 이곳을 떠날 생각이 전혀 없다고 말한다. 코엘료는 농부가 익숙한 이곳을 떠나 새로운 세상으로 나간다는 것이 얼마나 어려운 일인가를 새삼 생각하게 된다.

그리하여 그는 명상 에세이 〈가지 않은 길〉(『흐르는 강물처럼』, 박경희 역, 문학동네, 2008)에서 다음과 같이 묻는다.

> "너나없이 대학은 꼭 가야 한다고 믿으며, 결혼하고, 자식을 낳고, 그 아이들을 또 대학에 보낸다. 그런 삶을 되풀이하며 아무도 스스로에게 묻지 않는다. '난 좀 다르게 살 수 없을까?' 라고."

그는 로버트 프로스트의 시로 대답을 대신한다.

> 먼 훗날 어디선가
> 나는 한숨을 쉬며 이야기할 겁니다.
> 숲 속엔 두 갈래 길이 있었다고,
> 나는 사람이 적게 간 길을 택하였다고,

그리고 그것 때문에 모든 것이 달라졌다고.

남이 가지 않는 길을 찾는 사람들이 점점 없어져 간다. 기존의 익숙한 것에 길들여 있기에 큰 흐름에 거역하기 어렵고, 새로운 변화나 도전에는 늘 머뭇거리게 된다. 코엘료는 대학을 나와야 뭔가를 얻을 수 있다고 믿던 시절, 모든 사람들이 대학을 가야 했고, 그 결과 솜씨 좋은 제빵사, 골동품상, 조각가, 작가들이 사라져 갔다고 믿고 있다.

나는 운명처럼, 의도하든 아니든, 모든 사람들이 가는 길이 아니라 그렇지 않은 길을 골라 가려고 애썼다. 반대 방향으로 가고자 했던 인자因子를 몸 안에 가지고 있었는지 모르겠다. '마지널 맨' 을 외치시던 총장님에게서 비주류의 창조적 발상을 읽는다는 것은 주류의 길에 들어서지 못한 자를 위한 변명이 아닐 것이다. 주변인 혹은 비주류가 가진 유연한 사고를 바탕으로 역동적 에너지가 분출될 수 있을 것이기 때문이다. 모든 사람이 가는 길이 아니라, 남이 가지 않는 길을 찾아 거꾸로 가다가 우연히 만났던 '국어사전' 이 내 인생을 결정지어 줄 줄을 누가 알았겠는가?

Profile

숭전대학교(대전) 국어국문학과를 졸업하고, 동 대학원에서 석사학위를, 고려대학교 대학원에서 박사학위를 받았다. 국어연구소(학술원) 연구원, 캐나다 UBC 방문교수, 국어학회 및 한국어학회 이사, 강남대 한국어교육원장, 교수협의회장을 역임하였으며, 현재 강남대학교 국어국문학과 교수로 재직 중이다. 저서로 『텬로력뎡과 개화기 국어』, 『국어비속어사전』, 『한국어의 이해와 탐구』, 『국어표현론』 등이 있다.

나의 유학생활 컬럼비아 대학교에서 꿈을 키우다

이홍직
강남대학교 사회복지학부 교수

국내에서의 유학준비

대학생활 3년을 마감하고 맞이한 겨울 방학쯤이었던 것으로 기억한다. 학부 전공 심화과목을 수강하고 난 후, 전공분야에 대해 애착과 관심을 가지기 시작하였으며, 보다 더 구체적으로 공부하고 싶다는 계획을 가지게 되었다. 그 시절에는 국내에 존재하는 대부분의 전공 관련 서적은 외국의 문헌을 번역 및 편역한 것이었으며, 강의를 담당하신 분들도 대부분 외국의 교육기관에서 수학하신 분들이라, 전공에 대한 내용을 이해하고, 관심을 키워 나가기 위해서라도 외국어 학습이 선행되어야 한다고 판단하였다. 즉, 전공분야의 새로운 학술적인 논의를 빠르게 접할 수 있고, 국제인으로서의 어학과 문화 면에서 소양을 쌓을 수 있을 것이라는 점에서 나는 미국의 대학원 과정에 진학하기로 결심하였다.

이러한 유학을 구체화하기 위해서는 어학을 비롯한 학업 준비와 대학원 지원을 위한 기타 절차상의 준비를 진행하여야 했다. 어학에 있어서는 약 6개월 정도 교내에서 진행하는 토플 강좌의 수강을 통해, 기출 문제의 확인, 점검 등 입학에 필요한 요건을 충족시켰으며, 전공분야의 학업에 있어서는 교수님과 선배님의 소개로 접한 전공 관련 원서를 접하는 시간을 늘려 나갔다. 아울러, 대학원 입학을 위한 절차를 확인하고 필요한 서류와 양식을 준비하였다.

이전에는 지금처럼 유학에 대한 인터넷이나 다양한 매체를 통한 정보가 충분하지 않았기에, 학교나 프로그램의 선정에 있어서는 교수님과 선배님의 자문, 기타 문화원, 한미교육위원회, 사설 유학원 등을 통해 지원할 학교의 기초적인 특성을 파악하고, 각 학교로부터 입학 관련 안내서와 지원서를 신청 · 접수하였다. 아마도, 지금은 인터넷을 비롯한 다양한 경로를 통해 직접 학교의 정보를 열람하고, 원서접수도 가능하니, 이러한 유학준비 과정은 이전에 비해 훨씬 편리해졌다고 생각한다.

일반적으로 미국의 대부분 학교는 8월 또는 9월에 대학원 프로그램의 첫 학기가 시작된다. 그러므로 대학원에 입학하고자 하는 학생은 이러한 일정을 감안하여 늦어도 입학 전년 말이나, 당해 연도 3, 4월 즈음까지 지원을 하면, 그 결과가 4, 5, 6월 정도에 입학여부가 결정 · 통고된다. 이러한 일정에 따라 나는 입학에 필요한 사항을 조목조목 점검하고 준비하여, 1993년 6월 최종으로 미국 클리블랜드에 소재한 케이스웨스턴리저브 대학교라는 곳의 대학원 과정에 입학하게 되었다.

부모님과 친구 등 주변에서는 비교적 한국에 잘 알려진 학교나,

한인들이 많이 거주하는 뉴욕, LA, 시카고 등지에 소재한 학교를 권유하였다. 그럼에도 불구하고 나는 비교적 생소한 지역에 소재한 학교를 선택하였다. 이렇듯, 최종으로 진학할 학교와 프로그램을 선정하는 데 있어서 나는 비교적 한인이 적게 거주하고 있어 보다 영어 및 미국의 문화를 풍부하게 접할 수 있을 것이라는 점, 그리고 이 학교가 전공분야에서 지니는 고유한 학술적 전통과 교육프로그램을 경험할 수 있다는 점 등이 크게 작용한 것 같다.

유학생활

먼저 미국의 대학은 형식이나 절차보다는 실용적인 측면을 강조하는 교육방식을 채택하고, 학생 자신이 계획한 교육목적을 달성하기 위해 교육계획을 마련하고, 주도적 학습이 이루어진다는 것이 내게는 가장 이채롭게 느껴졌다. 예컨대, 일괄적으로 구조화되지 않았기에 단순한 출석을 통한 평가가 아닌, 질의응답 등을 통한 수업에의 실질적인 참여도와 학습내용의 파악 정도가 중요한 평가의 기준으로 활용되었다.

수업은 일방적인 강의에 의한 교육내용을 전달하는 경우보다는 사전 예습과 복습한 내용을 바탕으로 활발한 상호 의견을 교류하고, 자신의 학습내용을 점검 · 정리하는 시간이었다. 그러므로 수업시간보다는 자신이 준비하는 예습 · 복습에 훨씬 많은 시간과 역량이 요청되었다. 사회과학을 전공하고자 다른 문화권으로 유학 간 나로서는 구체적인 교과과정에 대한 이해보다도 우선, 미국사회에 대한 이해가 더욱더 중요한 과제였던 것으로 기억한다. 즉, 신문과 여러 매체에서 전달하는 기사와 보도에 주의를 기울여 사회적 분위기와 현안을 파악하고, 이를 바탕으로 실제에 활용할 수 있는 지식을 축적하는 데 상대적으로 많은 투자를 했던 것으로 기억한다.

아울러, 사회과학을 전공한 나로서는 교내외 인턴십, 아르바이트, 그 밖의 여러 행사에 적극적으로 참여하고자 노력했다. 외국인 학생모임, 멘토링 프로그램, 학생회 활동 등 다양한 활동에 관심을 가지고 참여함으로써, 직접 다양한 정보를 접하기도 하고, 새로운 정보와 도움을 제공하는 조직을 소개받는 계기가 되었던 것 같다. 이러한 과정에서 다양한 친구들을 만나게 된 것도 유학생활을 통해 얻은 큰 수확이라 할 수 있다. 특히, 국제학생과 학자를 위한 부서, 라이팅클리닉, 진로지도 상담소 등은 학술논문에 대한 교정 프로그램, 국제학생 적응, 문화이해 프로그램, 박사과정 진학이나 취업 관련 역량개발프로그램 등 내게 각별한 도움이 되었던 것 같다.

이러한 상황에서는 현지 동료학생과의 원활한 관계형성과 정보교류가 필수적이다. 그러나 한국에 비해 학부나 학과라든지, 전공 분야별 집단의 경계는 모호하여, 자신이 적극적으로 참여하지 않으면, 학생들과의 교류 기회를 가지기란 쉽지 않았다. 아마도 이러한 상황이 일정부분 과거의 내성적이고 소극적인 성격을 과감하게 바꾸게 해 준 것 같다. 어학을 비롯한 문화 적응 정도가 낮은 경우에는 더욱이 대인관계와 사회성을 기르기 위한 노력을 해야만 했다. 교수님과의 관계에 있어서도 마찬가지였다. 적극적으로 명확한 목적을 가지고 사전에 약속 시간을 정하고서야 비로소 상담을 할 수 있었으며, 이러한 경험의 축적으로 점차 다양한 주제에 대해 보다 자연스럽게 논의할 수 있는 기회를 가지게 되었다.

이러한 다양한 활동 역시도 항상 일방적이지는 않았다. 내가 한국인으로서 가지고 있던 특수한 경험과 문화는 미국의 교수님이나 동료학생들에게도 생소한 만큼, 한국은 호기심의 대상이 되었고, 중요한 대화거리가 되었다. 심지어는 나를 통해 한국을 이해하는 기회를 가지기도 했다. 그야말로 민간외교관의 역할을 한 것 같다. 처음에는 한국이 어디에 위치하는지도 몰랐던 한 미국 친구는 한국의 역사와 사회에 관심을 가지며 한국어 강좌를 수강하였고, 졸업할 때즈음에는 한국어로 더듬거리며 자기소개를 할 수 있었다. 한국에도 몇 차례 방문하였으며, 최근까지도 때때로 내게 반가운 편지나 메모를 보내기도 한다. 나에게는 그야말로 대학에서 전공에 대한 학습뿐 아니라, 연구, 봉사, 그리고 여러 친구를 만나고 다른 사회의 특수성과 상대성을 이해하는 좋은 기회가 되었다.

학기 중, 주 중의 생활은 건조한 전공분야에 대한 학업의 시간이라 한다면, 주말과 방학은 철저히 학기 중 학교의 교육과정에서 접할 수 없는 다양한 배움의 기회와 경험을 하는 시간이었다. 어학능력에 있어서도 학술적인 전문용어가 아닌 일상생활에 쓰이는 시사영어, 생활영어는 이러한 경험을 통해 향상된 것 같다. 비교적 한국에는 잘 소개되지 않은 도시인 클리블랜드와 그곳에 거주하는 미국의 소시민들의 생활과 그들의 문화에 대해, 지금 내가 충분하지는 않으나 어느 정도 이야기할 수 있는 것은 아마도 대부분이 정규학기가 아닌, 전공분야가 아닌 이러한 방학 중의 체험에 의한 것이라 생각된다. 바라건대, 유학기간만큼은 하루 24시간을 충실하게 활용하기 바란다.

한 지역에 1년여 정도 지내니 일상생활과 학업을 진행하는 데 큰 어려움을 느끼지 않을 정도가 되었다. 시간의 활용에 있어서도 좀 여유가 생겼다. 아마도, 이렇게 판단한 1년 후인 유학 2년차부터는 수업에 더 비중을 두었던 것 같다. 영어사전을 펼치는 빈도가 줄며, 새로운 어휘를 습득하는 것에 대한 노력이나 새로운 문화적 차이를 살피는 데는 좀 소홀해졌던 것 같다. 첫 유학생활을 하는 시점에 만났던 한 일본학생의 영어능력은 유학 1년차에 결정이 나고, 그 이후는 쉽게 어학능력이 늘지 않았다는 말이 떠오른다.

유학생활을 마치고

유학을 하는 기간 동안은 세세한 하루하루의 일과에 민감한 시기였다. 그때는 개인적으로 유학을 통해 처음으로 혼자 일상을 꾸려 나가며, 과거의 나를 성찰하고, 현재의 나를 발견하고, 미래의 나를 만들어 가는 과정이었다고 생각하였다. 그러나 유학을 마친 후 어느 정도 시간을 지낸 지금에 와서 되새겨 보면 유학이 가지는 의미는 조금 다르게 다가온다. 지난 유학생활에 성실하였다는 호평보다는 미숙하고, 부족하고, 아쉬웠던 점이 종종 기억에 남는다. 학생으로서 보낸 학창시절 2년이 아니라 내 인생의 일부분으로 어떻게 가꾸어 나갔는지를 생각하면 더더욱 그러하다.

석사과정을 이수하고 귀국하여 군 복무를 하며, 박사과정 유학을 준비했다. 박사과정을 위해서는 클리블랜드가 아닌 뉴욕에 소재한 학교로 목적지를 선택했다. 아마도 클리블랜드에서 계속 학업을 진행하였더라면 적응도 빠르고 더 편리하게 유학생활을 할 수 있었을지도 모른다. 그러나 새로운 환경과 상황에 대한 호기심으로 다시 새로운 도시, 새로운 프로그램에 도전했다.

전반적으로 내 유학생활을 돌이켜 보면, 몇몇 부분에서 아쉬운 점은 있으나 큰 후회가 있어 기억하고 싶지 않은 시간은 아닌 것 같다. 중요한 판단착오나 큰 후회는 없다. 아마도 이렇게 미소를 지어 가며 유학시절의 추억에 대한 글을 쓸 수 있었던 것은 편안한 유학생활이어서가 아니라 여러 어려움을 극복할 때마다 얻은 행복한 순간들이 같이 떠오르기 때문인 듯하다.

너무 많은 이야기를 제한된 지면에 담아내기가 쉽지 않다. 요컨대, 명확한 목표의식을 가지고, 편리만을 찾지 말고, 시간을 최대한 활용하기를 바란다. 두서없고 여러 면에서 부족하나마 먼저 유학을 경험한 선참의 글이 여러분의 유학생활에 조금이나마 참고가 되었으면 한다.

요즘은 내가 유학을 하던 시기보다 더 많은 다양한 기회가 있는 것 같다. 부지런히 세심하게 준비하여 주어진 기회를 여러분의 것으로 만들기를 바란다. 강한 열망과 의지를 지니고 아름답고 즐겁게 회상할 수 있는 유학담 이상의 인생담을 만들었으면 한다. 여러분의 아름답고 성공적인 인생담을 기대한다.

Profile

연세대학교 사회사업학과를 졸업하고, 미국 오하이오 주 케이스웨스턴리저브 대학교 만델응용사회과학원에서 사회행정학석사과정을 이수하였으며, 뉴욕 주 컬럼비아대학교 사회사업대학원에서 박사학위를 받았다. 연세대학교 사회복지연구소 연구원, 두뇌한국 21 이화여자대학교 뉴거비넌스 연구사업단 연구교수를 거쳐 현재 강남대학교 사회복지학부 교수로 재직 중이다.

대형사고*

류석춘
연세대학교 사회학과 교수

내가 '공부를 해 볼 필요가 있다' 는 생각을 심각하게 고려하기 시작한 시기는 2년 5개월의 군복무를 마치고 79년 가을 3학년으로 복학하여 불투명한 장래를 걱정하면서부터였다. 그 또래의 고만고만한 생각을 주워 담았다가 버리고 하는 날들이 계속되면서 학점을 잘 받기 위한 공부보다는 궁금한 것을 스스로 밝혀 보는 노력이 의미가 있겠다는 생각이 자리를 잡아 가고 있었다.

지금도 마찬가지이지만 그 당시 대학에서 배우는 내용은 거의 대부분이 서양 사회에 관한 것이었다. '사회의 계급구조는 어떻게 짜여 있으며, 민주주의의 원리는 무엇이고, 시장경제의 경쟁이 가져다주는 장점은 어떠어떠한 것이 있다.' 는 내용은 모두 하나같이 서양을 준거로 한 것이었고, 많은 경우 교재는 영어로 된 원서였다. 학부

* 이 글은 『인문학 @ 미래를 여는 길』(연세대문과대학교수 30인, 전통과현대, 2001)에서 류석춘 교수님의 글을 재수록하였습니다.

생활 초반부에는 우선 영어로 된 원서가 주는 중압감에 시달려야 했고, 후반부에는 사회과학에서 자주 쓰이는 현학적 용어jargon의 빈번한 출몰에 주눅이 들지 않을 수 없었다. 특히, 그 용어가 서양 역사의 깊숙이 숨겨진 곳에서 끌어 올려진 경우 내 빈약한 상상력은 감당하기 어려운 좌절을 맛볼 뿐이었다.

당시 나는 아무리 열심히 읽어도 원서 5쪽의 내용을 소화하지 못한 채 수업에 들어갈 수밖에 없는 '지진아' 였다. 고작 내가 할 수 있는 일이란 교수님의 눈길을 피하며 강의실의 '고개 숙인 남자' 가 되는 일이었다. 이런 대학생활의 스트레스를 풀어 보겠다고 어줍지 않은 '방황' 이 시작되었다. 예나 지금이나 젊은이들의 방황에 약방의 감초같이 따라 다니는 '술, 담배, 이성' 을 나는 이 기회에 완전 마스터하며 '지진아' 라는 열등감에서 벗어나 보고자 발광하였다. 그리고는 군으로 도망갔다.

그러나 도망간 군에서 나는 뜻하지 않게 참으로 많은 것을 보고 배웠다. 가장 확실한 배움은 대학에서 어렵게 읽던 원서의 내용이 한국의 현실, 특히 군이 관련되어 있는 현실과는 전혀 맞지 않는다는 사실을 구체적인 경험으로 확인한 것이었다. 한국 사회에서는 자발적인 결사체보다 관변단체가 중요하고, 자유경쟁이 아니라 정경유착이 지배하고 있으며, 계급의식보다는 연고주의가 사람들의 선택을 좌우하고 있는 것을 나는 생생히 목격할 수 있었기 때문이다.

학교로 돌아온 나는 제법 의젓할 수 있었다. 그리고 대학에서 가르치고 있는 서양의 학문을 보다 넓은 시각에서 바라볼 수 있게 되었다. 서양적인 개념과 논리의 전개가 나에게 '장애' 로 다가올 때 나는 그것이 왜 그럴 수 있는가를 이제는 정면에서 수용할 수 있게 된 것이다. 과거에 나를 '지진아' 로 만들던 것들에 대해 정정당당히 도전할 수 있었고, 더 이상 열등감을 느끼지 않을 수 있었다. 나는 이렇게 반항하였다. "내가 영어를 서양 사람보다 못 하는 것은 당연한 일이고 원서의 필자보다 못하는 것은 더더욱 당연한 일이다. 그리고 서양 역사로부터 비롯된 개념과 논리 체계를 손쉽게 이해하지 못하는 까닭은 내가 '지진아' 이기 때문이 아니라 오히려 그들이 내게 익숙하지 않은 영역의 문제를 논의하고 있기 때문이다."

이렇게 하여 대학생활의 한 고비를 넘기나 했더니 산 넘어 산이 기다리고 있었다. 바로 밀려나는 느낌을 떨칠 수 없는 졸업을 맞이해야 하는 현실이었다. 장래는 회색빛으로 불투명하기만 하였고 나는 아무런 준비도 되어 있지 않았다. 또 다른 좌절의 시간을 맞이하여 나는 이런저런 가능성을 저울질하느라 세상의 문턱을 맴돌며 물고기같이 입질만 하고 있었다. 그러나 결국 최종적인 결정은 하나의 우연과 하나의 필연이 결합하면서 다가왔다.

하나의 우연이란 미국의 대학원에서 날아온 합격을 알리는 편지였다. 하나의 필연은 군 생활의 경험이 제공해 준 한국 사회에 대한 실질적 이해였다. 이 두 가지가 결합하면서 나는 '내가 정말 궁금해하는 것을 공부해야겠다.' 는 오기와 만용을 부리게 되었다. 그리고 이 오기와 만용이 남들의 웃음거리가 되지 않도록 해야 한다는 자존심 덕분에 고생길이 시작된 줄도 모르고 '공부' 라는 엄청난 일을 시작하였다. 결과에 대한 자신감의 결핍을 오기로 보충하며 버틸 요량을 한 것 이외에는 다른 뾰족한 대책이 전혀 없었다.

그러나 '내가 궁금한 것을 스스로 밝혀 보겠다.'는 나의 당시 신념을 지금의 시점에서 돌이켜 보면 그것은 정말 너무나 엄청난 '대형사고'를 친 일이었다. 이 작업을 제대로 하기 위해서는 다음 두 가지 일을 차례대로 풀어 나가야 했기 때문이다.

하나는 우선 서양의 문물을 제대로 배우는 소위 '근대화' 과제를 수행해야 했고, 다른 하나는 우리가 서양과 다른 이유를 밝히는 '주체'의 문제를 해명하는 일이다. 그래서 '근대화론'으로 시작된 나의 공부는 '종속이론'으로 이어졌고, 다시 종속이론의 뒤에 있는 '마르크스주의'와 이를 비판한 '베버Max Weber' 등으로 넘어가며 끝이 보이지 않는 길로 연결되어 갔다. 다른 한편 '왜 한국 사회는 다른가?'의 해답을 찾기 위해 우리 역사를 거슬러 올라가기도 했고, 동시에 서양과 남미 그리고 동남아의 여러 나라와 비교하는 작업을 하며 끊임없이 이론과 사실을 재구성해야 했다.

힘겹고 어려운 일이다. 중간 중간 능력의 한계를 느낄 때마다 때려치울 것을 생각해 보기도 한다. 아무도 모르는 순간의 오기와 그 오기를 뒷받침하기 위한 자존심을 남몰래 쓰레기통에 집어던지고 없었던 일로 해 두고 싶을 때가 한두 번이 아니다. 그러나 다른 한편 보람을 느낄 때도 없지 않다. 모자라는 논문이지만 고민하던 내용을 차분히 정리하여 다른 사람들에게 평가받기 위해 발표할 때마다 가질 수 있는 자부심이 그것이다. 특히, 작은 내용이더라고 새로운 주장을 전개하여 인정을 받게 되면 그 기쁨은 이루 말할 수 없다. 물론, 경우에 따라서는 그 결과가 논쟁의 대상이 되기도 했지만, 그것이 거꾸로 공부한 보람을 재확인해 주기도 한다. 그리고 다른 무엇보다도 나의 오기 덕분에 나는 뜻하지 않게 모교의 교수가 되는 행운을 누릴 수 있기도 했다.

지금 학부와 대학원에서 '공부를 하겠다' 고 마음먹고 있는 후배들을 보면 한편으로는 대견한 생각이 들지만 다른 한편으로는 안쓰러운 마음을 떨칠 수가 없다. 내가 겪어 왔고 또 현재 겪고 있는 좌절과 성취의 사이를 오가며 그들은 그들 나름의 '대형사고' 를 예비하고 있기 때문이다. '공부를 한다' 는 것에 대한 '오기' 는 어쩌면 필요악일지도 모른다. '공부를 한다' 는 것은 개인적 동기가 어찌되었건, 그것이 나의 경우와 같이 군 생활을 거치며 우연히 얻게 된 산지식일 수도 있고, 또한 80년대 식의 치열한 운동의 산물일 수도 있으며, 혹은 더 가까이 90년대 식의 걷잡을 수 없는 혼란일 수도 있지만, 결국에는 자신의 몫으로 남게 되는 '오기' 와 '자존심' 을 만족시켜 주는 결과를 얻어야 하기 때문이다.

Profile

연세대학교 사회학과를 졸업하고, 미국 일리노이 대학교 대학원 사회학과에서 석사학위 및 박사학위를 받았다. 현재 연세대학교 사회학과 교수로 재직하고 있다. 저서로 『한국의 사회발전: 변혁운동과 지역주의』, 『한국의 시민사회, 연고집단, 사회자본』, 『한국의 사회자본: 역사와 현실』 등이 있다.

나는 지금도 꿈을 꾼다

조혜은
시인

무언가를 쓰고 싶다는 생각을 한 것은 초등학교 2학년 때였다. 그건 아마도 아빠가 요약하여 불러주던 책 내용을 원고지에 받아 적어 가며 과학 독후감 숙제를 했던, 초등학교 1학년 시절을 막 지나온 뒤였을 것이다. 나는 가로로 줄이 쳐진 노트 한 권을 옆에 끼고 다니며 매일 하루에 한두 장씩, 무언가를 쓰곤 했다. 그때만 해도 부모님은 작은 선물가게를 운영하셨는데, 나는 가끔씩 저녁 준비를 하는 엄마 대신 가게를 보곤 했다. 그럴 때면 어김없이 나의 노트 역시 동행하여 가게의 유리 테이블 위에 놓인 채, 내가 느낀 것들을 막힘없이 써 내려갈 수 있도록 도왔다. 누군가가 안경을 쓴 나에게 불편할 것이라고 말하면 나는 노트에 적었다. '안경을 낀 사람은 행복해요.' 안경을 벗으면 세상이 모두 흐릿하게 보였는데, 나에게는 그 모습이 분명하게 존재하는 진짜 세상보다 더 아름다워 보였기 때문이다. 물론, 그때 내가 쓴 이 글은 마음의 영역에서는 용납될 수 있을지 모르겠으나, 현실에서는 그저 그럴 듯한 거짓말일 뿐이었다.

하지만 창작이란 '지어내는 것' 아닌가. 과연 '무엇을' '어떻게' '얼마나 잘' 지어내느냐 하는 문제가 있겠지만, 그 당시 내게 창작이란 어린아이가 공상하는 거짓말까지도 어른들이 구현하는 진실로 포용할 수 있는 무한히 확장된 세계일 따름이었다.

이처럼 창작이란 복잡하고 어려운 일이 아니다. 나의 경우뿐 아니라 누구에게나 창작이란, 살면서 한번쯤은 경험할 수 있는 세계이며 이 글을 읽고 있는 모두가 이미 공유하고 있는 경험이라고도 말할 수 있을 것이다. 창작을 비롯하여, 어릴 때부터 우리는 인식하지 않더라도 무수히 많은 직업세계의 기초 단계에 노출되어 왔다. 하지만 굳이 따지자면 창작의 세계를 탐구하는 것만큼 손쉬운 일도 없을 것이다. 결국 이 말을 하기 위해 길게 돌아왔다. 작가가 된다는 것은 무언가 대단한 준비가 필요한 일은 아니다. 나는 그렇게 생각한다. 시간이 지날수록 값비싼 만년필을 준비해야 하는 것도 아니니 말이다. 나와 너, 우리가 속한 세계, 그리고 그것을 써야 할 이유만 존재한다면, 쓰는 일과 써진 것들에 대해 경험하기만 하면 된다.

서로의 몸속을 보여줄 만큼/ 거리는 이제 아주 사적인 공간이므로*

나는 가끔씩 친한 친구들에게 내가 쓴 글을 보여 주곤 했는데 내 생각의 다름을 인정받길 원하면서도 한편으로는 그들이 내 생각에 공감해 주길 바랐다. 중학교 때였다. 독서반 숙제로 유서를 썼는데, 청소시간에 나의 유서를 읽으며 눈물을 흘리는 친구를 보았다. 우리는 그것이 모두 지어낸 이야기라는 것을 알고 있었다. 하지만 현실에서 떨어져 나온 무엇이라도 현실과는 완전히 분리될 수 없다는 것 역시 배우지 않았음에도 알 수 있었다. 작가의 꿈을 꾸었던 사람이라면, 혹은 꿈꾸지 않았어도 글쓰기의 욕망을 노트 위에 실현한 적이 있었던 사람이라면 모두 이와 같은 경험을 하지 않았을까. 아마도 이런 경험들이 나를 전혀 알지 못하는 타인에게도 나의 글이 공감을 불러일으킬 수 있을 것이라는 생각을 확고히 해 주었을 것이다. 그러므로 내가 쓴 글을 가까운 누군가에게 보여 주거나 혹은 반대로 가까운 이의 글을 읽고 공감하는 경험은 꼭 필요하다.

나는 첫 번째로 합평 모임의 중요성에 대해 이야기하고 싶다. 강남대 인문학부 동아리인 '시나락'과 함께했던 시간은 나의 대학생활에서 가장 행복했던 순간일 것이다. 대학교 3학년 때, 김행숙 선생님께서 시를 써 보라는 권유와 함께 나를 '시나락'에 소개해 주셨다. 우리는 김행숙 선생님의 지도하에 일주일에 한 번씩 만나 정해진 시집을 읽거나 서로의 시를 읽어 주며 합평할 기회를 가졌다. 어느 경우나 마찬가지겠지만, 내가 무언가를 쓰고자 한다면 관련된 책을 읽고, 텍스트를 꼼꼼히 분석하는 것은 작품을 쓰는 것과 비등하게 중요한 일이다. 우리는 혼자서는 감당하기 힘든 시집을 함께 읽어 나가는 과정에서 서로에게 질문하고, 다양한 의견을 교환하며 보다 폭넓게 사고할 수 있었다. 합평 모임을 통해 여러 가지 연습을 할 수 있었는데, 기성 시인들의 작품을 읽음으로써 어떻게 써야 할 것인가에 대한 답을 구할 수도 있었고, 여러 가지 스타일을 내 작품에 실험해 보며 내게 맞는 스타일을 찾아갈 수도 있었다. 또한 작품을 보는 눈을 기를 수 있었다. 이 과정이 반복되면 시를 쓰는 과정이 전보다 세심해지고, 스스로의 작품을 점검해 나갈 수 있게 되는 것이다.

하지만 무엇보다도, 내 시를 읽어 주고 어떤 오해도 없이 시를 통해 나의 모든 것을 관통할 수 있는 친구들을 만날 수 있었다는 게 가장 좋은 점이었다. 우리는 모두 시를 쓰지만 시를 쓰는 이유는 다 다르다. 누군가에게 시는 통로이지만 또 다른 누군가에게는 미로일 수 있다. 정답이 없다는 것. 그것이 내가 문학을 평생 마음에 담고 싶은 이유이기도 했지만, 한때는 문학을 멀리하고 싶었던 이유이기도 했다. 나에게 시는 상처였다. 나는 시를 통해서 나의 상처받은 마음을 내보였고, 또 친구들의 시 속에서 그들의 상처를 읽기도 했다. 그래서 동시에 나에게 시는 상처의 치유이기도 했다. 이것은 곧 내 시가 더 이상 내 속에만 갇혀 있는 문장이 아닐 수 있다는 말이었고, 동의를 구하지 않아도 내 시를 통해 타인의 '공감'을 끌어낼 수 있을지 모른다는 의미였다. 즉, 합평 모임의 참여는 내 주변 세계와 나를 정돈하고 그 속에서 시가 되는 지점을 발견해 쓸 수 있도록 도와준다. 꼭 매번 참여할 필요는 없겠지만 한 학기에 단 몇 번이라도 이렇게 나를 점검하고, 주기적으로 글을 쓰고, 기성 작품을 꾸준히 읽고, 친구의 글을 뜯어보는 것만으로도 등단하기까지의 충분한 연습이 될 수 있다. 물론, 그저 자리를 채우는 것이 아니라 구성원들끼리

서로 격려하고 자극이 되도록 노력해야 할 것이다. 이런 모임은 졸업 후에도 글을 쓰고자 하는 마음만 있다면 구성원들 스스로가 새롭게 조직해 등단 이후에도 계속 이어나갈 수 있을 것이기에, 시인이 되길 원하는 학생이 있다면 합평 모임을 추천하고 싶다.

그런데 모임에는 나가는데 시가 써지지 않아 고민인 사람들이 있을 것이다. 무엇을 쓸 것인가? 아직도 그 고민을 하고 있다면 내가 다음으로 하고 싶은 말은 어떻게 되든 일단 써 보라는 것이다. 등단을 하고 나서 후배들에게 가장 많이 받은 질문이 있다면 "등단하기까지 시를 몇 편이나 쓰셨어요?" 였다. 편수가 중요한 것은 아니지만 분명히 말할 수 있는 것은 게으르게 일 년에 한두 편만 쓰고 침착하게 고치는 것으로는 어림없다는 것이다. 나는 내가 다른 친구들보다 비교적 늦게 시 쓰기에 입문했다는 것과 시에 대한 지식이 턱없이 부족하다는 것을 알았다. 3학년에 복학했을 당시, 나는 특수교육과 학생이었고 다른 학생들보다 3살이나 나이가 많았다. 복학하고 좀 재미있는 수업을 듣고 싶어서 교양 대신에 '문예창작론' 수업을 수강했는데, 그곳에서 운 좋게 김행숙 선생님을 만나게 된 것이다. 만약 그때 창작론 수업을 수강하지 않았다면 나는 지금과는 전혀 다른 모습으로 살고 있을 것이 분명하다. 선생님을 뵙기 전까지 나는 시라는 것을 써 본 적도 없었으며, 시라는 장르가 나와 맞을 것이라는 생각조차 해 본 적이 없었다. 하지만 선생님께서 내 과제를 보시고는 어느 날 수업이 끝난 뒤 "시를 써 보지 않겠느냐?" 라고 물으셨을 때, 가슴이 두근거렸다. 그러고 나서 도서관에서 처음으로 시집을 빌린 뒤, 한동안 집에 가지 못하고 도서관 계단 앞에 앉아 두근거리는 가슴을 짚어 보았다. 시인이 되라는 것도 아니었고, 그저 선생님께서 물어봐 주셨을 뿐인데. 하지만 나의 이 과잉 반응이 결과적으로는 내가 시인이 될 기회를 만드는 시발점이 되었던 것 같다.

그 후로 나는 언제나 의식적으로 시를 썼다. 처음 한 한기 동안은 실습 때문에 동아리 모임에 참여할 수 없었음에도 지속적으로 시를 써서 선생님께 들고 갔다. 선생님께서는 많은 말씀을 해 주시지는 않으셨다(아마도 말을 할 필요가 없을 만큼 형편없는 글이었기 때문일 것이다.). 하지만 언제나 웃는 얼굴로 시가 될 수 있는 구절을 짚어 주셨고, 지금도 기억나지만 "시를 쓰는 것도 참 재미있지 않니?"라고 물어봐 주셨다. 정말 시를 쓰는 것이 재미있었다. 지금처럼 '검열'이라는 것이 활발할 필요도 없었고 또 아무것도 모르고 쓸 수 있던 시절이라 그랬겠지만, 내 시를 봐 주시는 선생님이 계시다는 것 때문에 더 신이 나서 썼던 것 같다. 배우는 단계에서 조금 잘 쓰고 못 쓰고는 중요한 것이 아니라고 생각한다. 처음 과제로 시를 낼 때, 일기 글을 고쳐서 냈던 내가 시가 무엇인지 어떻게 알고 썼겠는가. 중요한 것은 누가 얼마나 꾸준히 써 나가느냐 하는 점인 것 같다. 아무리 탁월한 감각을 가진 친구라고 해도 쓰지 않는다면 그 감각을 발휘할 수 없기 때문이다. 나는 꾸준히 원고를 만들어 나갔고, 그 점에 있어서는 주변 누구보다도 성실했다고 자부할 수 있다. 모임에 나갈 수 없을 때면 나태해지지 않으려고 일부러라도 원고뭉치를 만들어서 선생님이 보실 수 있게 교실 밑으로 던져 넣고 집으로 갔다. 또

모임 카페에 지속적으로 시를 올렸고, 그것을 위해서라도 꾸준히 작품을 만들어 내려고 노력했다.

내가 가장 싫어하는 핑계가 있다면 바쁘다는 것이다. 바쁘다는 말은 무언가 자신의 일을 완성시킨 뒤에 그것으로 인해 바빴다고 해야 맞는 것이지, 아무것도 하지 않은 상태에서 할 말은 아닌 것 같다. 바쁘기 때문에 시를 못 썼다고 말하는 후배들에게 나는 가끔 그런 말을 해 주고 싶을 때가 있다. 꼭 우리가 아니어도 세상에 시를 쓰려고 하는 사람은 많고 많으며, 거기다가 잘 쓰기까지 하는 사람 또한 많다. 변명을 만들기 전에 종이 위에 몇 줄 시를 적어볼 것을 권한다.

마지막으로 나는 후배들이 분명한 목표를 가졌으면 한다. 처음 선생님께서 시를 써 보라고 하셨을 때 내게 2년의 시간을 제시하셨다. 물론, 내가 3학년이었다는 이유가 컸겠지만, 졸업하기까지 2년만 열심히 써 보자고 하셨고 나는 그 말을 내 목표로 삼았다. 꼭 등단을 해야겠다는 것은 아니었다. 하지만 2년이 지난 뒤에는 투고할 수 있을 만한 원고들을 모아야겠다고 생각했다. 그러기 위해서 목표로 삼은 원고량이 100편이었다. 매일 생각나는 문장들이 있으면 어디든 적어 놓았고, 일주일에 한 번 시간을 정해 정리했다. 어떻게든 한 편의 시가 되게 하려고 했고, 한 달이 지나면 합평한 것들을 위주로 퇴고했다. 시집도 주기적으로 읽기 시작했다. 내가 분명한 목표를 가지는 것은 물론 선생님이 계셨기 때문에 가능했던 일이다. 시를 쓴다는 것은 많은 부분 혼자만의 고투겠지만, 나의 위치를 점검하고 한 단계 더 성장해 나가기 위해서는 다른 사람의 조력이 필요하다.

혼자서도 할 수 있는 사람이 있겠지만, 어쨌든 내게는 선생님이 계셨고, 목표로 했던 기간 내에 등단할 수 있었다. 현실적인 목표를 세우는 것도 중요하지만, 목표가 정해졌다면 그것이 이루어질 수 있도록 목표에 맞춰 노력하는 자세도 필요하다. 하지만 목표가 중요한 것은 그것을 꼭 이루어야 하기 때문이 아니라, 목표를 가짐으로써 내 꿈에 대해 스스로 더 단단해질 수 있기 때문이라고 생각한다. 어쩌면 등단이라는 것은 형식이고, 시인이 되기 위한 최소의 관문일 수 있다. 등단 이후까지를 길게 내다보고 지금부터 차근차근 목표를 세워 나가길 바란다.

누군가가 목표를 세우고 열심히 써 가며 시인이 될 준비를 하고 있다면, 나는 이제 그에게 몇 가지 현실적인 조언을 해 주는 것으로 이 글을 마치고 싶다. 누군가의 직업 선택에 있어 중요한 것은 내가 추후 그 직업에 얼마나 잘 적응할 수 있느냐 하는 것이 아닐까. 그러니 시인생활에 잘 적응하려면 어떻게 해야 하겠는가? 생계를 유지할 수 있는 직업을 가지도록 준비하라고 말해 주고 싶다. 잘 알고 있듯이 재능과 능력 차원이 아닌 생계유지 차원에서 시인을 직업이라고 말하기엔 껄끄러운 부분이 있다. 그나마 내가 시를 쓰면서도 조금 마음이 편한 것은 특수교육이라는 전공이 있기 때문이기도 하다. 지금은 유보한 상태지만 다른 직업을 가지고 시를 쓸 수 있다는 것은 여러 가지 면에서 편리하다. 특히, 그 직업이 관련계통에 있다면 더 유리할 것이다. 학생 때는 시간과 기회가 풍부하다는 장점이 있다. 시를 쓰는 것이 많은 시간을 필요로 하기는 하지만, 온종일 시간만 투자한다고 해서 되는 일도 아니다. 시험 준비처럼 특정한 준비를 해서 등단을 할 수 있는 것도 물론 아니므로, 그 사이 출판 계통의 일이나 임용 준비를 하는 등 자신이 할 수 있는 일을 찾아 준비했으면 좋겠다는 바람이다. 다른 직업을 갖는 것이 시를 쓰는 데 더 신선한 자극이 될 수도 있다.

순수예술분야로의 진출은 다른 어떤 직업보다 더 자유롭다는 장점이 있다. 내가 나의 경계를 한정하지만 않는다면 관련 계통의 다양한 일을 직업으로 삼을 수 있다. 시인의 예를 들자면 소설이나 희곡, 음악 분야로 진출하는 사람도 있고, 공부를 지속하여 창작을 강의할 수도 있을 것이다. 생각지도 못한 전혀 다른 분야의 일을 할 수도 있지만, 어쨌든 대학시절 동안 스스로의 가능성을 다방면으로 탐구해 보았으면 좋겠다.

쉿! 나의 편린들**

만약에 시인이 되는 길을 알기 위해 이 글을 읽는 사람이 있다면, 미안하지만 나는 시인이 되는 방법 같은 것은 알지 못한다. 좋은 선생님과 좋은 친구들. 좋은 기회를 만났을 뿐이다. 그래서 이 글을 쓰는 것이 몹시 부끄럽지만, 원고를 쓰는 것은 말하고 싶은 게 있기 때문이다. 시를 쓰는 것이 좋고, 시를 통해서 꼭 말하고 싶은 것이 있다면 그게 누구든 시인이 되었으면 한다. 순수예술분야를 통틀어 말하자면, 우리에게는 다른 어떤 직업보다도 이 일을 택해야 할 이유가 뚜렷하게 존재하기 때문이다. 이것이 내가 이 글을 쓰고 있는 '이유' 다. 등단은 미세한 시작일 뿐이다. 아무도 말하지 않는 것을 말하기 위해 나는 지금도 꿈을 꾼다. 그리고 쓰는 것이 포기되지 않는 어떤 순간에, 이 글을 읽는 누군가도 첫 번째 꿈에 도달해 있을 것이다.

* 이 제목은 『아이스크림과 늑대』(이현승, 랜덤하우스, 2007)의 〈우는아이〉 중에서 차용.
** 이 제목은 『간절한 문장』(서영식, 애지, 2009)의 〈큐브〉 중 '안녕, 나의 편린들' 을 변용.

Profile

강남대학교 특수교육과 졸업, 2008년 현대시로 등단. 등단작은 2008년 월간 문예지 『현대시』를 통해 발표된 시 〈89페이지〉 〈무늬를 가진 것들〉 〈4분의 4박자〉다. 주 관심사는 시를 통해서 전공과 관련된 '장애' 에 대한 이야기를 풀어 나가는 것이다.

길이 없으면 길을 만들며 간다

송주영
일본 갤러리 쿄 대표

성공하신 많은 분들의 전례가 중요한 선택의 순간에 유익한 정보로서 도움이 되고 있으리라 생각한다. 내가 쓰는 이야기는 아직 성공이라고 하는 것과는 거리가 있는 40대 중반 한 인간의 망설임과 어설픈 선택의 연속인 인생 과정의 이야기다. 그러므로 고속도로의 표지판과 같은, 정차역이 확실한 지하철과 노선표와 같은, 인생정보가 아니다. 더욱이 목표지점이 확실해서 어디쯤 가고 있는지 정확한 좌표를 알려 줄 수 있는 길잡이가 되는 이야기는 더더욱 아니다. 이렇게 좌충우돌하면서도 '조금씩은 앞으로 나아가는구나!' 하며 하루하루 자족하며 사는 평범한 경험 이야기다. 이런 삶에서도 여러 가지 선택을 해야 하는 것과 그 선택은 인간의 머리 수만큼 다양한 결과를 가져온다고 추상적으로 생각하며, 타인의 삶과 비교하면 더욱 길 찾기가 어려워진다고 확신하는 절대적 자기만족의 비중이 큰 나의 어쭙잖은 이야기를 적어 볼까 한다.

길의 추억

평행선의 선로를 보고 있으면 어디까지 뻗어 있나 궁금한 적이 많았다. 다음 역은 어디일까? 기차를 타고 있는 사람들이 한 없이 부럽기도 하였다.

초등학교 5학년 때 끝없이 이어져 있을 것 같았던 신촌역 출발 교외선을 타고 종착역 문산에 가 보았던 기억이 난다. 탐험과도 같았던 나만의 여행. 기대감, 두려움에 들 뜬 가슴으로 가만히 앉아 있지를 못하였다. 한 역, 한 역 지날 때마다 내리고 타는 사람들을 보았고, 어느덧 한산해진 차량 안에 우두커니 서 있는 나를 보면서 무서움도 느꼈다. 내리고 싶었지만 표 값이 아까워서 그랬는지, 제 딴에는 도중하차라는 불명예를 가지고 싶지 않았는지, 종착역까지 그냥 좌석에 앉아 기차가 달리는 방향으로 차창에 기대어 목을 쭉 빼고 있었다. 기대했던 기차여행의 낭만을 만끽하기는커녕 무사귀환해야 한다는 비장함으로 다시 왔던 곳으로 돌아올 땐, 극도의 피곤함에 졸다가 종착역인 신촌역에서야 정신을 차렸다. 그래도 내심 대단한 여행이었다고 자부하면서, 이불 속에서 내일 학교에서의 자랑거리를 정리하였다.

며칠 뒤 나의 멀고도 험했던 그 여행을 아무렇지도 않게 매일 통학하는 급우가 있다는 사실을 알게 되기까지는, 나에게는 대단한 모험이자 화제였고 심지어 나와 함께 그 모험을 같이하고 싶다는 친구도 있었다. 그러나 편도 약 두 시간이 걸리는 통학 길을 개근하고 있던 그 친구는 나의 모험을 잠재웠고, 나에게 꽤 대단한 존재로 자리

매김하였다. 졸업 무렵의 그의 작문이 기억난다. 걸어서 학교에 다니고 싶었다고, 집으로 돌아갈 땐 매일 다른 길로 가고 싶었다고, 기차는 지긋지긋하다고 쓰여 있었다. 벗어남이 없는 가지런한 철도길, 그 친구는 한 번도 중간 역에서 내린 적도 지나친 적도 없이 몇 년을 그렇게 다녔던 것이다.

그 친구와 내가 같은 중학교를 진학한 후, 나의 제안으로 같은 초등학교 졸업생들과 함께 자전거로 그의 집을 방문했을 때, 그 친구의 놀라는 모습을, 그리고 신촌으로 돌아오는 길에 그가 내 자전거 뒤에 동승하고 번갈아 페달을 밟으며 즐거워하던 모습을, 그리곤 다시 지긋지긋하다던 기차를 타고 돌아가며 고맙다고 하던 모습을 자랑스럽게 가슴에 담아 두고 있다.

사회인으로의 첫발

대학을 졸업하고 20년이 지났지만, 나에게는 아직도 생생한 기억의 단편들이 불쑥 떠오르곤 한다. 나는 대학 생활을 학업보다는 동아리 활동과 봉사 활동을 통해 자기만족하며 보냈다. 그러다 어느덧 4학년이 되어 외면하고 있던 현실이 눈앞으로 다가왔다. 막연한 비전을 가지고 했던 유학 준비, 오르지 않는 토플 성적으로 그 실현 가능성에 대해 지인들이 의구심을 표명하는 것을 애써 무시하던 중, 넘을 수 없는 벽으로 다가왔던 군 입대가 나에게는 탈출구로 여겨졌다. 어차피 가야 할 군대라면 빨리 가는 것이 좋겠다는 여자친구의 때맞춘 충고는 두려움을 뒤로 하고 입영을 결심하는 또 하나의 계기가 되었다. 그러나 27개월의 군 복무 후 복학, 그리고 제로에 가까운 나의 인생계획과 달리 치밀해 보이던 졸업 동기생들의 취업활동과 진로모색은 나를 허둥대게 하기에 충분하였다. 그 초조함은 입사원서를 준비하는 과정에서 드러나고 말았다.

(주)대우 무역부문에 입사원서를 내러 갔다. 마감 날이었다. 대학졸업예정증명서와 성적증명서를 첨부하였는데, 인사부의 접수담당자가 서류 확인 중 다시 서류를 반환하는 것이었다. "왜 영문입니까? 국문으로 다시 내세요!" 자신의 시계를 보며 비웃는 듯한 목소리로 "시간이 없네요."라고 말하였다. 정신이 아득해지고 멋쩍고……. 사실 서둘러 준비하느라 남아 있던 영문서류를 가져올 수밖에 없었다. 그러나 거기서 물러서면 입사원서 접수창구에서의 낙방이라는 최악의 사태가 벌어질 것이 뻔한 일이었다. 조그마한 목소리로 영문이 안 된다는 규정은 읽지 못했다고 둘러대면서 불쌍한 표정을 보였던 것 같다. 대기업에 혹시나 입사할 수 있을지도 모른다는 기대감보다 그 자리에서 접수가 되었다는 안도감으로 같이 입사원서를 낸 대학동기에게 밥을 샀다. 대학동기가 걱정스러운 표정으로 내 행동의 황당함을 상기시켜 주었다. 그러나 그때 나는 접수창구 인사부 직원의 당황한 표정을 떠올리고 한껏 도취해 있었다.

운이 좋았던지 서류전형과 필기시험을 연이어 통과한 후 3차 면접시험 날, 얼마나 긴장이 되던지 화장실에 빈번히 드나들고 면접시험으로 준비했던 여러 암기 사항이 떠오르지 않는 것에 적잖이 당황하고 있었다. 3명의 지원자가 6명의 면접관 앞에 앉았다. 영어를 잘하는 지원자가 영어로 자기소개를, 또 한 명은 최고의 대학을 우수한 성적으로 졸업했다고 하였다. 그리고 내 차례가 왔다. 면접관이 "특이하게 영문으로 일부 서류를 냈네요. 영어를 좋아하는가 보군요!"라고 서두를 꺼냈다. 자기소개를 준비하던 그 순간, 나의 대답은 "아닙니다. 미리 발급받았던 영문서류가 있어서 제출하였습니다. 그리고 영어보다는 한국어를 좋아합니다."라고 솔직하고 평범하기 그지없는 대답을 하고 말았다. 덕분에 능숙한 한국어로 면접이 시작되었다.

"입사를 하게 되면 어떤 직장생활을 할 것 같습니까?"라는 질문에는 초등학교 때의 기차여행을 떠올려 이렇게 대답하였다. 종착역까지 그냥 타고 가지는 않을 것이고, 바깥 풍경도 보고, 같이 타고 있는 사람들도 보고, 중간 역에 내려 보기도 하고, 시간이 걸려도 자전거를 타고 둘러가기도 할 것이고, 직장생활도 그렇게 해 보고 싶다고 했던 기억이 난다. 그리고 첫 직장 생활은 그렇게 시작되었다.

즉흥적인 직업 전환

결혼 후 직장생활에 큰 선택의 시기가 찾아왔다. 전혀 다른 업종의 회사에서 같이 일해 보자는 제안이 들어왔던 것이다. 군 제대 후 가톨릭교회 산하 '애덕의 집'(연고자 없는 중증신체장애자의 보호시설)에서의 봉사 활동 중 장애자 캠프를 2년간 도

왔는데, 그 활동이 당시 케이블 방송사 발족과 함께 방송 프로그램으로 편집되면서 그 방송제작사의 PD로 일해 달라는 제안이었다.

객관적인 조건으로는 전 직장과 비교도 안 될 조건을 제시한 자그마한 다큐멘터리 방송제작사였지만, TV 방송 프로그램을 할 수 있겠다는 황당한 꿈은 첫 직장의 많은 사람들의 만류와 충고를 무시하게 할 정도로 자극적이었다. 그래서 가족들에게는 일단 비밀로 하고 직업전환을 하게 되었다. 지금껏 주변에서 당시 나의 선택에 대해 왜 그랬냐는 의문을 가지고 있는 가까운 분들에게 정확한 대답은 못 하겠다. 다만, 그 역에서 내리고 싶었던 것 같다. 더욱이 전 직장에서 우수사원으로 표창을 받은 다음 달의 결정이었으니까 말이다. 내 의지로 행한 첫 번째 선택이었다.

일본에 가다

첫째 아이가 돌을 맞이할 즈음, 또 다시 선택을 해야 했다. 직장에서의 업무가 일본어를 필요로 했기 때문이었다. 학원에도 다녀 보았지만 별로 늘지 않았다. 회사 내에 일본어학교를 유학하고 온 동료의 정보로 가볍게 일본유학을 직장에 타진하자, 의외로 쉽게 1년 기한을 약속으로 허락을 받았다. 이 또한 주변의 사람들에게, 가족에게, 친지들에게 적잖은 걱정과 반대를 불러일으켰다. 나 자신에 대한 의문도 일었고 두려움도 생겼다. 생각하면 할수록 복잡하고, 상담하면 할수록 자신감을 잃어 가는 느낌이었다. '내 나이 벌써 30이 넘었는데!' 하고 생각하니 더욱 그러하였다.

1년만 갔다 오는 것이 뭐 별것도 아닌데……. 사실은 '일단 유학 가서 경험해 보고, 그곳에서 할 만하면 어떻게 해 봐야지!' 하는 자신의 어설픈 계획성이 두려웠던 것이다. 그때 아내가 "하고 싶은 것이라면 해 봐야지. 목적지를 모르는 여행이 더 재미있을지도 모르잖아!"라고 격려해 주었다. 친구들의 우려와 충고 속에서도 "넌 일 잘 벌리잖아. 한번 해 봐! 그리고 여태껏 네 마음대로 해 왔는데 뭘 망설여. 잘 해 왔고, 잘 할 거야. 가면 되도록 빨리 와라!"라는 격려는 아이의 돌잔치 후 일본행을 감행하게 하였다. 긴 여행을 떠난다는 기대감과 긴장감이 가득찼다.

동경에서 예정 없는 여행을 시작

가족체재가 허락되는 유학 비자를 발급받을 수 있는 전문학교의 일본어과를 선택하여 1996년 3월, 생애 처음 외국에서 거주지를 찾기 시작하였다. 학교의 기숙사는 가족이 거주할 수 있는 환경이 아니었다. 아는 사람 한 명 없고 얄팍한 일본어 능력으로 월세를 구하기란 그야말로 매일매일이 탐험이었다. 말도 안 통하는 외국인이 집을 구한다고 사전을 들고 부동산중개소에 들어가자 모두 황당하고 당황한 표정으로 정중하게 거절당하기를 수십 번, 그런 와중 소개받은 첫 번째 집을 감사하게 생각하고 서둘러 계약하였다. 그러나 가족과 함께 살 집을 빨리 구해야겠다는 생각에 앞뒤 가리지 않고 구한 월세 아파트는 약간의 문제가 있었다. 더운 여름날, 뜨거워지는 천장 때문에 공원에서 더위를 식히던 날도 많았고, 새벽에 간혹 들리는 다투는 소리에 놀라 깨는 일도 있었다. 일본어가 안 되니 무슨 일인지도 모르고 지내던 중, 이웃집에 불법체류하는 외국인과 야쿠자(일본의 조직 폭력배)와 관련된 다수의 사람들이 살고 있다는 사실을 알게 되어 2개월도 지내지 못하고 이사를 하게 되었다. 계약 해약 시 중도해약이라는 이유로 보증금을 받을 수 없다는 사실을 알게 되었을 때 내가 무지함 속에서 너무나도 무모한 계약을 했다는 것을 깨달았다. 약간의 사기성도 있었던 것 같다. 계획에 없었던 지출로 생활비도 점차 바닥을 보일 즈음, 약간이나마 향상된 일본어로 아르바이트를 해야겠다고 생각하였다.

아르바이트 시작

유학생의 학업 외 활동에 제한이 있는 관계로 선택의 폭은 넓지 않았다. 그러다가 라면 가게의 주방 설거지와 청소를 하는 아르바이트를 구하였다. 물론, 처음 해 보는 일이었다. 부끄럽기도 하고 왜 이 고생을 하나 고민하기도 했다. 서울에서의 생활이 그립고, 친구들이 보고 싶었지만 이곳에는 가족들이 같이 있었다. '언제 이런 경험 해 보나!' 긍정적으로 생각하니 차츰 익숙해져 가는 것이 신기하기도 했다. 더욱이 아는 사람이 별로 없으니, 상대적 열등감도 덜 했다고 할까? 라면 가게에서 팔다 남은 도시락이 버려지는 것이 아깝고 해서, 집에 가져와 아내와 아이들과 오순도순(?) 나눠 먹는 것도 즐겁다고 생각했다. 아직 어린 딸은 아무것도 모르고 좋아하고, 속 깊은 아내는 싫은 내색을 하지 않았다. 나도 별로 깊이 생각하지 않기로 작정하니 편안해지는 것을 느꼈다. 지금, 아니 오늘 내가 할 수 있는 것에 대한 감사랄까, 아니면 내일에 대한 자신감이랄까, 조금씩 나아지면 된다고 생각하니 지금의 상황에 대한 수치심도 사라지는 것을 느꼈다.

이왕이면 다양한 것을 해 보자고 결심했고, 나아가 이 경험들을 자랑으로 여기면서 자부심을 가지고 서울로 돌아가야겠다고 생각하였다. 캡슐호텔서의 청소, 심야 유흥가에서의 구두 장사, 신문구독선전물 배포 등 참 여러 가지 경험을 하였다.

일본체재를 위한 일 꾸미기

1년이 지나 일본어학교 졸업이 다가오자 아직 부족하기만 한 일본어 능력에 대한 아쉬움과 차츰 익숙해져 가는 동경에서의 생활에 즐거움을 느꼈다. 외국인이라는 핸디캡을 어드밴티지로 활용하여 영화를 연구하는 대학원의 외국인 연구생으로 등록하고 다시 1년 과정의 학교생활을 시작하였다. 학생이라는 신분이 주는 주변의 호의를 이용하여, 변함없는 아르바이트와 일거리를 찾아 나서는 반복된 생활이 서울에서의 대학생활 중 느겼던 젊음을 다시 일깨워 주는 듯 시간이 흘렀다. 일본에 온 지 2년의 시간이 흘렀고, 서울로 돌아가야 할 때가 돌아오고 있었다. 아이가 커 가고 아내의 고생이 눈에 보이니 다시 두려움이 찾아 왔다.

그래서 이곳 동경에서 후회 없이 지냈는지 자문자답을 통해 실마리를 찾고자 하였다. 자부심을 가질 만큼 성과가 있었는지, 이제부터 무엇을 하고 싶은지 확신할 수 있는 것이 하나도 없었다. 다만, '조금만 더 있으면 뭔가 보일 텐데!' 라는 자신에 대한 아쉬움이 컸다. 결론은 이곳에서 조금 더 있어 보자는 것이었고, 그 결과를 휴직 상태인 서울의 회사에 일본 사무소를 열어 보지 않겠냐는 제안으로 주재원 비자를 취득할 명분과 할 일을 만들어 가기로 하였다. 결국 회사의 승낙으로 방송에 관련된 합법적인 취재 활동과 안정된 일본 체재 자격을 확보하게 되었다. 다만, 운영비는 일본 현지에서 내가 활동하여 충당한다는 조건이었다. 아르바이트를 병행하며 차츰 취재활동의 영역을 넓혀 가자, 동경에서의 생활이 안정을 찾아가고 막연한 자신감이 생기는 것을 느꼈다. 그러나 이런 안도감은 그리 길게 가지 못하였다.

30대 중반을 넘어 버린 한 가정의 가장으로서 가족들의 인생설계를 도와야 한다는 당연한 의무감이 강해졌던 것 같다. 나의 일방적 선택으로 점철되었던 시간이 너무 길어짐에 따라 가족에게 미안함이 커져 갔다. 이제는 그들의 인생에 필요한 선택을 할 수 있는 여건과 시간을 만들어야 한다고 생각하였다. 다시 한 번 왜 일본에 머무르고 있는지, 향후 어떤 일을 계속할 수 있는지, 한국으로 언제 돌아가야 하는지, 참 많이 고민하였다.

내가 할 수 있는 일을 찾아서

단순히 생각하기로 하였다. '연구생까지 하였으니, 대학원은 마쳐 보자!' 였다. 예술 경영을 테마로 한 MBA과정을 과감하게 선택하여, 2003년 논문심사가 통과돼 경영학석사학위를 받았다. 남들한테 보일 수 있는 훈장이 하나 생긴 것 같았다. 아내와 초등학생 딸과 3살짜리 아들과 같이한 졸업식, 사실 눈물이 나도록 좋았다. 일본으로 올 때 가족에게 했던 자그마한 약속을 지킨 것이다. 국제전화로 축하한다, 고생했다는 부모님의 목소리에 수화기를 든 손이 심하게 떨렸다.

가족과 친척, 친구들이 "이제는 일본에서 자리 잡는 게 어떠냐!" 라는 격려와 훌쩍 커 버린 아이들이 이곳 환경에 적응하여 밝게 자라는 모습은 나로 하여금 또 하나의 선택을 할 수 있게 하였다. 언제든 돌아갈 수 있다는 자신감을 애써 가지며, 이곳에서 떳떳한 터전을 만들기로 하였다. 이어 내가 이곳 동경에서, 일본 사람보다 조금 더 잘 할 수 있을 것 같은 아이템을 모색하였다. 남들이 안 하는 것을 해 보자는 것이었다. 흔히 동경에서 사업으로 생각하는 아이템에서 벗어나 자부심을 가지고 지속적으로 할 수 있는, 만약 나의 아이들이 이곳에서의 생활을 앞으로도 선택한다면 그들도 자부심을 가질 수 있는 터전이 무엇인지 생각하였다. 또한 회화繪畵를 전공한 아내가 같이할 수 있는 일이라면 더욱 좋겠다고 생각했다. 더불어 나의 아이들이 오랫동안 같이할 수 있는 일이라면 좋겠다고 생각했다.

창업

이곳은 동경, 일본인들이 주인인 이곳에서 외국인인 내가 한국인으로서의 절대적 가치라고 생각하는 자존심을 지키며 존재할 수 있는 방법은 무엇일까? 그것은 한국문화를 소개하는 갤러리를 운영하는 것이었다. 투자에 비해 이익이 적다는 통상적인 이유와 벤칭할 수 있는 비즈니스 모델과 외국인이 특정문화를 소재로 한 전례가 거의 없는 사업 아이템이었다. 상상을 해 보고 계산을 해 봐도 그럴 것 같았다. 그러나 그러한 공간 속에 멋진 작품들이 걸려 있고 내가 그 속에 있을 것을 생각하니 전시회를 준비하는 작가가 된 것처럼, 아니 나의 성을 만들고 지키는 성주가 될 것 같은 달콤한 상상은 이미 나를 분주하게 움직이게 하고 있었다. 마침 〈겨울연가〉라는 드라마의 히트로 지금까지 볼 수 없었던 한국에 대한 관심이 높아져 있던 것도 무관하지 않았다. 하지만 연예인에 대한 관심과 한국문화, 특히 예술에 대한 것은 별개였다. 여전히 한국정부 지원의 행사가 주를 이루는 문화이벤트는 국가홍보의 목적성이 강하여, 나 자신도 참가하기가 어색하고 어려웠던 경험이 있었다. 더구나 재일 한국인을 위주로 한 행사는 일본 속에서 한국문화의 독특성보다는 우월성을 강조하는 듯해서, 일본인들의 참여와 진정한 이해를 도모하는 데에 한계를 느꼈다. 나의 공간을 만들고 내가 이해할 수 있는 살아 있는 생활 문화를 소개하고 관심이 있는 고객을 불러 모을 수 있다면, 그들이 진정 원하는 것이 무엇인지를 시간이 걸려도 알 수 있다면, 내가 제공하는 문화 콘텐츠의 대가는 비즈니스적인 찬스로 창출될 것으로 믿었다.

상상을 현실로 옮기는 것은 쉽지 않다는 것쯤은 누구나 잘 아는 사실이다. 하지만 그래도 가장 중요한 것은 상상을 하는 것이라고 생각한다. 그리고 그것을 현실화시키는 과정은 무엇보다도 재미있는 시간이다. 자신이 가지고 있는 지식을 중심으로 하나하나 해결하고 다음 단계로 넘어가는 과정은 즐거운 게임이라고 생각했다. 물론, 주변의 많은 사람들의 걱정과 조언, 그리고 벤칭이라 불리는 마케팅적인 충고는 원치 않아도 들릴 정도로 귓가에 맴돌았다. 물론, 감사할 일이다. 그러나 미안하게도 귀찮게 느껴지는 경우가 많았다. 부정적 상상은 일을 준비하는 나의 재미를 경감시켰기 때문이다. 게임의 버튼을 조작하는 주체인 나는 정신을 산만하게 하는 다양한 부정적 정보에서 벗어나고자 자기 암시에 몰두하였다.

'어느 누구도 나의 상상을 대신해 주지 않고, 완전히 알지 못한다. 나보다 이 일에 대해 많이 고민하고 사색하는 사람은 없다. 길을 따라 가면 누구나 똑같은 종착지에 가겠지만, 자신이 원하던 여행의 목적지로 가는 길이 아니라면, 찾아야 하고 간혹 만들기도 해야 한다. 얼마나 재미있는 일일까? 누구를 위한 위인 같은 길잡이 역할은 꿈도 꾸지 않는다. 나의 앞길을 찾기도 버거운 이 평범함을 인식하며, 내 자신이 선택한 방향에 자부심을 갖자. 선택은 자신이 하는 것이다!' 라는 식의 암시였다.

자금의 부족은 지금까지의 어설픈 선택으로 해결되는 종류의 문제가 아니었다. 주변의 가족과 친구들에게 부탁하여 빌리고 투자받고 한 금액 만으로는 동경 시내에서 원하는 조건을 갖춘 장소를 빌리기는 불가능한 듯이 보였다. 그래서 부동산을 경영하는 큰 회사를 찾아갔다. 대학원에서 작성한 논문과 비즈니스 플랜을 가지고 프레젠테이션을 할 기회를 달라고 하였다. 자금의 부족과 경험의 미천함을 솔직히 피력하고, 왜 갤러리를 하고 싶은지를 설명하였다. 일반적인 계약 시 지불해야 하는 보증금과 월세는 나의 능력을 벗어난 것으로 인식하고 있음을 강조하고, 대신 갤러리의 존재는 그 건물의 가치를 높여 줄 수 있다는 내용의 프레젠테이션을 하였다. 부동산 회사의 담당자가 나에게 "목숨을 걸고 최선을 다하겠다는 생각으로 세운 계획입니까?"라는 질문에 나는 이렇게 대답하였다. "저는 아직까지 저의 최선을 모릅니다. 이것이 일생에 한 번 목숨을 걸 만한 일도 아니라고 생각합니다. 다만, 저는 앞으로 나아가는 길을 만들고 있는 단계일 뿐입니다. 오늘 당신들과의 만남은 그 과정일 뿐입니다. 여러분에게 이익이 되는지, 안 되는지만 가지고 판단해 주십시오. 저는 저의 가족과 자부심을 위해 약속을 지킬 것입니다. 또한 제가 지킬 수 있는 조건을 제시하고 있는 것입니다."라고 대답하였다.

일본에서 사업을 하는 사람들이 나에게 자주 묻는 말이 "어떻게 그런 조건으로 장소를 빌렸어요?" 그러나 갤러리를 시작한 후, 나는 되도록이면 장소를 빌렸을 때의 과정을 떠벌리지 않기로 했다. 통상적으로 있을 수 없는 계약을 하였기 때문이다. 또한 그것이 그들에게 잘못된 정보로 전달될까 우려되기도 하였다. '계약기간 없음, 보증금 없음, 보증인 불필요, 월세는 시세의 50%, 또한 경영적으로 어려울 시기는 6개월까지 체납 가능' 한 계약이었다. 나는 이 계약으로 회사를 설립하고 일본 체류자격으로 투자 경영 비자를 받게 되었다. 나의 새로운 길이 만들어진 것이다.

나의 길은

갤러리를 시작한 지 7년이 지난 지금, 나는 변함없이 갤러리를 운영하며 동경에서 살고 있다. 그간 많은 사람들의 도움이 있었고 지금도 필요하다. 나는 지금도 상상한 것을 주변 사람들에게 이야기한다. 그러나 변함없는 조언과 걱정은 여전하다. 간혹, "하던 것이나 잘하지, 뭘 또 계획해?"라고 따끔한 충고도 받는다. 이는 완전하지 않은 것에 대한 질책일 것이다. 그러나 완전함은 어렵다. 완전함을 향해 가다 보면, 최선을 다하고 있다고 생각하면, 절벽을 만났을 때 일어나기 힘들다.

자신의 최선에 대하여 무한한 가능성을 가져야 한다. 스스로 눈가림과 자신을 아끼는 변명을 해 보라. 살다보면 실수도 하고 이런저런 허물도 드러난다. 그런 자신을 용서하지 못하면 한 걸음도 나아가지 못한다. 중요한 것은 스스로 용서한 행동을 다시는 하지 않도록 노력하는 것이다. 아직 나아가고 있는 도중이라고 자신에게 관대해져야 한다. 목적지를 정하지 말기를 바란다. 그러면 초조해 지기 마련이다.

사람 수만큼이나 많은 경우의 수가 있다. 모두 같을 수는 없다. 자신이 가고 있는 길에 앞서 가고 있는 사람이 보이지 않아도 그리 걱정 할 필요가 없다. 당신이 나아가면 그것이 곧 길이기 때문이다. 길을 잘못 들었다고 낙심할 것 없다. 나 있지 않은 길을 간다고 두려워할 것도 없다. 모두 비슷하다. 자신의 길을 가는 것에 집중하라. 옆길, 다른 사람이 가고 있는 길도 그리 다르지 않다. 험한 산이나 계곡 혹은 돌밭을 만날 수도 있겠지만 사람이 지나가면 없던 길이 생겨나고 새로운 지도가 만들어지기도 한다. 잘못 든 길이 자신만의 지도를 만든다. 가끔은 더 이상 나아갈 수 없는 절벽을 만나기도 할 것이다. 그러면 왔던 그 길로 돌아가지 말고, 조금 비켜 돌아가는 길을 찾아보라. 그것이 자신의 선택을 후회하지 않게 하는 눈가림일지라도 새 길을 가 보자. 새로움으로 나아가기가 의외로 수월해질 것이다.

여행을 떠나 보자

매일 여행을 떠난다고 생각해 보라. 갔던 길의 왕복보다는 다른 길을 택해 보라. 길을 묻지 말고 걸어 보라. 나는 여행이란 길 위의 학교라고 생각한다. 그 학교에서는 단순하게 사는 삶, 돈이 없어도 주눅 들지 않고 당당하게 사는 삶이라는 과목을 최고로 잘 가르친다. 길 위의 움직이는 학교에서는 운명과도 같은 새로운 만남이 기다리고 있을지도 모른다. 만남은 서로 사랑하는 법, 이해하는 법을 가르쳐 준다. 또한 자신을 용서하는 법, 화해하는 법도 가르쳐 준다. 그리고 인생을 새롭게 설계하는 기술과 길을 만드는 법을 가르쳐 준다. 그래서 사람들은 종종 여행을 떠난다. 자신이 판단하고 선택하는 것에는 즐거움이 있다. 주변 사람들과 함께 그 결과를 나누는 것, 그 느낌은 성공이라는 종착역이 아니라, 당신에게 익숙한 길을 기록한 새롭고도 멋진 지도가 될 것이다.

오고 가는 길에서 만나는 우연도 기대해 본다.

Profile

이화여자대학교 사범대학 부속중 · 고등학교, 한양대학교 사회학과를 졸업하였다. 1992년 (주)대우 무역부문 입사, 1995년 (주)미딕스코리아 방송프로덕션을 거쳐 1996년 일본으로 가족들과 함께 이주하여 1998년 (주)미딕스코리아 방송프러덕션 일본 사무소 설립하였다. 2003년 일본대학 대학원 졸업 후 그해 유한회사 '쿄' 기획 설립하여 현재 갤러리 쿄(www.gallerykyo.com)라는 전시장과 아트숍(시모기타자와 ART+)을 운영하고 있다.

저자 소개(수록순)

박의수
강남대학교 교육학과 교수

김우창
이화여자대학교 석좌교수

이어령
이화여자대학교 명예석좌교수

손봉호
고신대학교 석좌교수, 서울대학교 명예교수

장회익
서울대학교 명예교수

박철홍
영남대학교 교육학과 교수

류태영
농촌 · 청소년 미래재단 이사장, 건국대학교 명예교수

황필호
(사)생활철학연구회 회장

곽철완
강남대학교 문헌정보학과 교수

오세진
강남대학교 경영학부 교수

정영수
인하대학교 교육학과 교수/동 대학교 부총장

김열규
서강대학교 명예교수

김행숙
강남대학교 국어국문학과 교수

최미선
여행 전문 작가

박기성
강남대학교 응용수학과 교수

김보연
강남대학교 대학원생

황매향
경인교육대학교 교육학과 교수

이영미
대중예술 평론가

장호현
강남대학교 회화디자인학부 교수

김근영
강남대학교 도시공학과 교수

조승호
강남대학교 컴퓨터미디어정보공학부 교수

허 욱
강남대학교 회화디자인학부 교수

강경락
강남대학교 교양교수부 교수

김승희
서강대학교 국어국문학과 교수

김현태
비타민커뮤티케이션즈 크리에이티브디렉터

김동언
강남대학교 국어국문학과 교수

이홍직
강남대학교 사회복지학부 교수

류석춘
연세대학교 사회학과 교수

조혜은
시인

송주영
일본 갤러리 쿄 대표

인생 선배가 들려주는 대학생활 이야기
대학 참살이의 길

2010년 6월 23일 1판 1쇄 발행
2010년 11월 16일 1판 2쇄 발행

지은이 • 박의수 · 김우창 · 이어령 외 공저
펴낸이 • 김진환
펴낸곳 • (주) 학지사
121-837 서울특별시 마포구 서교동 352-29 마인드월드빌딩 5층
대표전화 • 02)330-5114 팩스 • 02)324-2345
등록번호 • 제313-2006-000265호

홈페이지 • http://www.hakjisa.co.kr
커뮤니티 • http://cafe.naver.com/hakjisa

ISBN 978-89-6330-374-1 93370

정가 13,000원